«Ich setzte mich auf eine Bank am Hamburger Hauptbahnhof und freute mich über jeden Vorbeikommenden, der nicht nach den Typen aussah, mit denen ich meine Jugend verbracht hatte. Hier gab es Menschen zwischen zwanzig und dreißig, mir kam es vor, als hätte ich diese Gruppe in Travemünde nie auf den Straßen gesehen. Wie auch, in einem Ort, den fast jeder nach der Schule sofort verlässt? Ich beobachtete die jungen Leute und dachte, hey, da gehörst du jetzt dazu. Willkommen im Club. Ich hatte nicht die Absicht, allzu bald nach Travemünde zurückzukehren, jedenfalls nicht zu mehr als einem Tagesausflug, und auch das würde erst einmal reichlich Zeit haben, mindestens, was weiß ich, zehn Jahre. Zehn Jahre sind eine unvorstellbar lange Zeitspanne, dachte ich, das muss erst einmal ausreichen. Heute weiß ich, dass dieser Gedanke der wahrscheinlich einzige Vorsatz in meinem Leben war, den ich vorbildlich eingehalten habe. Es hätte vielleicht sinnvollere gegeben, aber was weiß man als Abiturient schon?»

Maximilian Buddenbohm, geboren in Lübeck, lebt in Hamburg und arbeitet als Controller. Er ist außerdem freiberuflich als Autor tätig. Seit vielen Jahren betreibt er ein sehr populäres Blog – *Herzdamengeschichten*. Seine regelmäßige Kolumne erscheint in den Lübecker Nachrichten.

MAXIMILIAN BUDDENBOHM

MARMELADE IM ZONEN- RANDGEBIET

Geschichten übers Erwachsenwerden

Rowohlt Taschenbuch Verlag

Originalausgabe
Veröffentlicht im Rowohlt Taschenbuch Verlag,
Reinbek bei Hamburg, März 2012
Copyright © 2012 by Rowohlt Verlag GmbH,
Reinbek bei Hamburg
Umschlaggestaltung ZERO Werbeagentur, München
(Foto: plainpicture / Lubitz + Dorner)
Satz Minion PostScript, PageOne, bei
Dörlemann Satz, Lemförde
Druck und Bindung Druckerei C. H. Beck, Nördlingen
Printed in Germany
ISBN 978 3 499 62803 0

Mit Dank an die Herzdame

Ich bin ein altes Brauereipferd, aus einer anderen Epoche
War das im Pleistozän – oder letzte Woche?

Rainald Grebe,
Die neunziger Jahre

INHALT

NOUVELLE VAGUE – ODER WAS?

1987

Die Tradition verlangte es, sich nach der offiziellen Abiturfeier in der Schule mit dem ganzen Jahrgang am Abend ordentlich zu betrinken, und das taten wir dann auch. Wir
waren der schlechteste Jahrgang, der das altehrwürdige Lübecker Gymnasium bis dahin verlassen hatte; die Lehrer
wurden nicht müde, auf dieser Tatsache herumzureiten. Sie
erwähnten unser Versagen unhöflicherweise sogar in den
Reden, die sie beim großen Festakt vor unseren Eltern in der
Aula hielten, obwohl wir nach all den Jahren überraschend
versöhnlich gestimmt vor ihnen auf den Bänken saßen. Die
Kämpfe hätten jetzt eingestellt werden können, wenn es
nach uns gegangen wäre. Wir würden schließlich ab morgen
in anderen Städten einer strahlenden Zukunft entgegen-
gehen, während die Lehrer unerbittlich weiter in die Schule
mussten. Fast konnten sie uns plötzlich leidtun, sie schienen
trotz unserer miserablen Noten die eigentlichen Verlierer
der jahrelangen Kampfhandlungen zu sein.

Der Direktor, den alle wegen seiner unübersehbaren Ähn-
lichkeit mit der Serienfigur aus dem Fernsehen «Pan Tau»
nannten, blickte noch ein letztes Mal drohend und mit hoch
erhobenen Augenbrauen auf uns herab und schüttelte danach eine Weile einfach nur den Kopf. Hätte er seine Zau-
bermelone aufgehabt, wir wären zweifellos alle nach ein

paar seltsamen Fingerbewegungen und einem geheimnisvollen Blick von ihm für immer vom Erdboden verschwunden, und die Lehrer wären gerächt gewesen, gerächt für alles das, was sie bei uns nicht erreicht hatten. Einen Moment sah er aus, als wollte er etwas ergänzen, was nicht in seinem Redemanuskript stand; er blieb nach seinem letzten Satz einfach stehen, den mahnenden Zeigefinger noch in die Luft gereckt. Sein Blick wanderte über die Bankreihen. Dann zuckte er aber nur mit den Schultern und überließ den Rest der Veranstaltung dem Oberstufenleiter, der uns einzeln aufrief und uns die Zeugnisse übergab. Dazu ein formeller Händedruck und ein knappes «Dann mal viel Erfolg» für jeden.

Wir wussten, dass auch Thomas Manns Leistungen auf unserer Schule nicht gerade phänomenal gewesen waren, und zwar nicht einmal in Deutsch, sie waren auch in diesem Fach schlichtweg ungenügend. Das Zeugnis lag noch im Schularchiv, zumindest eine Abschrift davon. Das fanden wir sympathisch und tröstlich, denn Thomas Mann hatte es nach seinen erfolglosen Lübecker Schuljahren immerhin zu etwas gebracht, wenn auch in München, was etwas befremdlich war. Seine Büste hing aber unübersehbar im Schulflur, an der liefen wir jeden Tag vorbei. Das war also möglich, dahin konnte man es trotz erbärmlicher Leistungen in der Schule schaffen, dass man einmal in Bronze über allen hing. Dieses Aufblühen in späteren Jahren schien bei uns allerdings niemand aus dem Lehrerkollegium für möglich zu halten. Wir wurden das Gefühl nicht los, dass sie nach der Abiturfeier heilfroh waren, uns endlich komplett loszuwerden.

In den Jahrgängen unter uns gab es die ersten Popper. Diese Jugendbewegung hatte fast zehn Jahre gebraucht, um von Hamburg aus Lübeck zu erreichen, die Friseure mussten bei uns lange warten, bis ihr Berufsstand durch die

Oberstufenschüler endlich eine bis dahin ungeahnte Aufwertung erfuhr. Als der erste Fiorucci-Laden nicht weit von unserer Schule aufmachte, standen wir staunend vor dem Schaufenster. Geld für Kleidung auszugeben, darauf muss man auch erst einmal kommen, dachten wir und entzifferten die Preisschilder. Für die Summen, die darauf standen, hätte man viele Platten kaufen können. Die Popper konnten sich im Gegensatz zu uns bestens benehmen, auch im Unterricht, da passten die Manieren hervorragend zu den adretten Kaschmirpullovern. Sie wollten später etwas werden im Leben, sie wussten, dass sie irgendwann ihre furchtbaren Schuhe mit den unsäglichen Bommeln daran selbst finanzieren mussten, und dieses Wissen trieb sie an. Wir Älteren standen auf dem Pausenhof, in unseren Pullovern, die noch unsere Großmütter für uns gestrickt hatten, und unseren gebraucht gekauften Bundeswehrparkas mit den vielen Buttons daran. Wir standen neben den durchgestylten Jüngeren und starrten sie an wie seltsame Tiere. Allein diese Frisuren, wir kamen da gar nicht drüber weg. Sie starrten zurück und lachten über uns, der Respekt vor Primanern war leider ausgerechnet mit meinem Jahrgang schlagartig ausgestorben.

Abgesehen von dem tragischen Umstand, dass ich bei Mädchen kein Glück hatte, war dies die größte Ungerechtigkeit in meinem jugendlichen Leben. Als ich von der Sexta in die Quarta kam, wurden die lateinischen Klassenbezeichnungen auf den altsprachlichen Gymnasien in der ganzen Stadt plötzlich abgeschafft, einfach so. Es gab von heute auf morgen keine Tertianer mehr, keine Sekundaner, keine Primaner. Ich fühlte mich bereits als Kind um eine glänzende Karriere betrogen. Kaum hatte man es endlich mühsam geschafft, kein Sextaner mehr zu sein, da war man plötzlich gar nichts mehr. Sechste Klasse, wonach klang das denn bitte?

Da hätte man gleich zur Realschule gehen können. Auf dem Primanerhof, der immer noch so hieß wie seit Hunderten von Jahren, wimmelten nach der Reform auch die ganz Kleinen zwischen den höchsten Jahrgängen herum. Es gab keine Privilegien mehr, und aller Zauber war verflogen.

Auch darüber sprachen wir am Abend der Abiturfeier, als wir uns in der Stadt auf dem Kohlmarkt trafen und Bierkästen aufeinanderstapelten, um sie dann im Laufe der Nacht leerzutrinken. Über die zahllosen in der Fußgängerzone umherrollenden leeren Flaschen, die Glasscherben und die zerbrochenen Kästen würde in den nächsten Tagen ein verbitterter Artikel in den *Lübecker Nachrichten* stehen, auch das gehörte längst zur Tradition. Wir waren die Jugend, wir mussten verkommen sein. Wir wussten genau, was unsere Pflicht war und was von uns erwartet wurde.

«Aber wenn wir noch Primaner gewesen wären, so wie früher, dann hätte sich alles anders angefühlt», sagte ich irgendwann am späten Abend zu einer Gruppe von Mitschülern, die unter den Rathausarkaden saßen, Tüten rauchten und Bier oder den Erdbeersekt von Aldi tranken. «Es hätte alles mehr Würde gehabt. Primaner. Das hört man doch.»

Meine Freunde stimmten mir zu. «Nach uns wird es jedenfalls schlimmer», sagte einer, «das geht doch jetzt alles den Bach runter.»

Ein Mädchen meinte, wir seien wahrscheinlich der letzte brauchbare Jahrgang des Jahrhunderts.

Ich nickte, das war sicherlich richtig, was meine Freunde da sagten, und sehr tiefsinnig war es auch. Wir waren schon so betrunken, dass wir uns alle wortreich gegenseitig bei allem recht gaben. Viele von uns würden sich nicht wiedersehen, das war an diesem Abend schon klar, die vielleicht endgültige Trennung von allen Gefährten stand in wenigen Stunden bevor. Wir waren betont nett zueinander. Es hatte keinen Sinn mehr, jetzt noch einen Streit anzufangen, es hatte keinen Sinn mehr, auch nur verschiedener Meinung zu sein.

Oberprimaner, dachte ich, als ich am frühen Morgen zur Untertrave ging, um den ersten Bus nach Hause zu nehmen. Früher hätte man schon an diesem Wort gemerkt, dass man erwachsen geworden war. Oberprimaner, bei diesem Stichwort hätte man sich den ersten Anzug gekauft und wäre mit der ganzen Welt schlagartig per Sie gewesen. Früher war alles einfacher.

Ich wartete am Vormittag nach der langen Feier in der Fußgängerzone, bis mein Kater halbwegs abgeklungen war. Dann verließ ich Travemünde, den Küstenort vor Lübeck, in dem ich die letzten zehn Jahre gewohnt hatte, und fuhr mit dem Zug nach Hamburg. Ich hatte Kopfschmerzen und einen etwas rebellischen Magen, daher setzte ich mich ausnahmsweise in den Nichtraucherwagen, in dem die obligatorisch verbiesterten Rentnerinnen, die vom Kurzurlaub am Strand zurückkamen, misstrauisch auf meine kaputten roten Jeans, meinen «AKW nee»-Button und meinen alten Rucksack aus Militärbeständen starrten.

Ich sah aus dem Fenster und konzentrierte mich angestrengt auf meinen Magen. Ich atmete langsam und bemühte mich, nicht an Lebensmittel zu denken, denn das hätte fatale Folgen gehabt. Die alten Damen auf den Sitzen neben mir packten belegte Brote aus, sobald der Zug losfuhr, und fingen an zu essen. Inständig hoffte ich, dass es sich nicht um Käsebrote handelte und mich der Geruch nicht erreichte. Schließlich wollte ich mein wunderbar neues und freies Erwachsenenleben nicht damit beginnen, in einen Regionalexpress zu kotzen, das wäre mir unwürdig vorgekommen, als wäre es kein gutes Zeichen für die unmittelbare Zukunft. Es war warm im Abteil, der sonnige Frühlingstag war schon heiß wie im Hochsommer. Die alten Damen hatten natürlich etwas gegen offene Fenster und tödlichen Fahrtwind, das machte es mir nicht einfacher. Klimaanlagen in Zügen gab es noch nicht. Einen Moment später, als die Brote verzehrt und die Krümel sorgsam vom roten Kunstleder der Sitze gefegt worden waren, nahm ich den stechenden Geruch von Erfrischungstüchern wahr. Ich zerrte am Ausschnitt meines T-Shirts, atmete konzentriert durch und dachte an klares Wasser; das half manchmal, wie ich aus Erfahrung wusste.

Im letzten Jahr war ich oft genug morgens in fragwürdigem Zustand im Doppeldeckerbus von Travemünde nach Lübeck zur Schule gefahren, ich war in Übung. Der Zug fuhr quälend langsam, und vor dem Fenster zogen blühende Rapsfelder vorbei, gegen das dramatisch leuchtende Gelb half keine Kopfschmerztablette. Dann grüne Kuhweiden, Hecken und kleine Buchenwäldchen. Wir hielten in Orten, die so aussahen, als würde man dort niemals aussteigen wollen, menschenleere Bahnsteige in Bad Oldesloe und in Reinfeld. Graue, große Getreidesilos direkt neben den Gleisen, Staubwolken hinter Lastwagen mit Werbung für Landmaschinen und Viehfutter. Menschen, die hinter dem Bahnhof in Vorgärten standen, Unkraut zupften und ausdruckslos den Zug anstarrten. In beiden Orten stieg niemand aus oder ein. Der Schaffner stand fast die ganze Fahrt über rauchend in der offenen Tür des Nichtraucherwagens, blätterte in seinem dicken Buch mit den Verbindungen, Bahnhöfen und Gleisnummern und starrte zwischendurch aus dem Fenster ins Leere. Kurz vor Hamburg nahm er noch ein paar tiefe Züge und drückte die Kippe am Türrahmen aus, bevor er endlich das Abteil betrat, einen Gruß murmelte und lustlos die Fahrkarten abknipste. Die Damen mit den Broten fragten, auf welchem Gleis der Zug in Hamburg halte, und wiederholten die Nummer dann immer wieder, als wäre es wichtig, sich das zu merken. Als ob es nicht vollkommen egal gewesen wäre. Hauptsache Hamburg, dachte ich, Hauptsache Endstation. Ich musste dringend aus diesem Zug raus und an die frische Luft.

Ich war froh, als endlich die absurd hässliche Fassade des Kaufhauses Horten vor dem Fenster auftauchte, es war der sympathischste hässliche Anblick der Welt. Wenn man diese Fassade sah, das wusste man als Lübecker, dann war man in der richtigen Großstadt angekommen, dann fuhr man in den Hamburger Hauptbahnhof ein, und der Zug würde in ein paar Sekunden halten. Ich nahm meinen Rucksack, drängte mich an den Rentnerinnen vorbei, die lebhaft schnatternd ihre wahnwitzigen Gepäckmengen sortierten, stieg aus und blieb eine ganze Weile einfach auf dem Bahngleis in der großen Halle stehen. Ich sah mir die Leute um mich herum an. Menschen aus verschiedenen Ländern, Menschen aller Altersgruppen. Hier waren die Rentner nur ein kleiner Teil der Menge, nicht die deutliche Mehrheit wie in Travemünde. Hier gab es Menschen, die Kleidung in allen denkbaren Stilrichtungen und Farben trugen, nicht nur das ganzjährige genormte Senfgelb, Sandbeige oder Taubenblau der immer gleichen Seniorenwindjacken am Strand.

Ich setzte mich auf eine Bank am Gleis und freute mich über jeden Vorbeikommenden, der nicht nach den Typen aussah, mit denen ich meine Jugend verbracht hatte. Hier gab es Menschen zwischen zwanzig und dreißig, mir kam es vor, als hätte ich diese Gruppe in Travemünde nie auf den Straßen gesehen. Wie auch, in einem Ort, den fast jeder nach der Schule sofort verlässt? Ich beobachtete die jungen Leute und dachte, hey, da gehörst du jetzt dazu. Willkommen im Club. Ich hatte nicht die Absicht, allzu bald nach Travemünde zurückzukehren, jedenfalls nicht zu mehr als einem Tagesausflug, und auch das würde erst einmal reichlich Zeit haben, mindestens, was weiß ich, zehn Jahre. Zehn Jahre sind eine unvorstellbar lange Zeitspanne, dachte ich, das muss erst einmal ausreichen. Heute weiß ich, dass dieser Gedanke der wahrscheinlich einzige Vorsatz in meinem Leben war, den ich vorbildlich eingehalten habe. Es hätte vielleicht sinnvollere gegeben, aber was weiß man als Abiturient schon?

Ich fuhr mit der U-Bahn weiter zu der Wohnung in Eimsbüttel, in der ich ein Zimmer gemietet hatte. Dort setzte ich mich auf das Fensterbrett und blickte auf die Osterstraße und einen seltsam dunklen, fast schwarzen Karstadt-Betonklotz. Ich hatte keine Ahnung, was ich jetzt machen sollte, ich hatte mich mit Planung noch nicht befasst. Aber das war natürlich wie in den Filmen, das würde sich ergeben, das beunruhigte mich nicht. Ich sah mir das Menschengewimmel an, den Verkehr auf der Straße, die Passanten, die am Imbiss gegenüber stehen blieben und eine Currywurst oder Pommes aßen. Unzählige Stunden brachte ich damit zu, mir den richtigen Soundtrack für diesen Film zu überlegen, für meinen Lebensfilm, der jetzt, nachdem der Vorspann mit dem ganzen Kleingedruckten endlich abgelaufen war, richtig losgehen sollte.

Kamera auf die Osterstraße, eine Großstadtszene mitten in Hamburg, erst einmal die Umgebung zeigen, die Zuschauer einstimmen. Dazu Musik, ohne Musik war ein guter Filmanfang nichts wert. So etwas wollte gut überlegt sein, mit dem falschen Soundtrack taugte am Ende die ganze Produktion nichts mehr. Ich legte Platten auf und sah immer wieder prüfend aus dem Fenster. «With or without you» von U2 hatte etwas Treibendes, Drängendes, das fand ich passend. Ich trommelte den schnellen Rhythmus an den

Fensterrahmen. Dass ich zum Thema «with you» noch keine Erfahrungswerte vorzuweisen hatte, konnte ich ignorieren, hier kannte mich schließlich keiner. «On a bed of nails she makes me wait», das ließ sich auch auf meine zukünftigen Freundinnen anwenden, die ließen mich ebenfalls warten, sogar seit Jahren schon. Die andere aktuelle Single von U2, «I Still Haven't Found What I'm Looking For», die passte auch. Das konnte man inbrünstig mitsingen, voller Verzweiflung, nichts gefunden zu haben, nicht einmal in Hamburg, wo es doch alles gab. Nicht dass ich lange gesucht hätte. Nicht dass ich überhaupt wusste, was ich eigentlich suchte, außer Frauen. Aber egal, Hauptsache nichts gefunden, darauf kam es in dem Lied schließlich an, es war wie für mich geschrieben.

Wieder und wieder spielte ich die beiden Singles ab. Manchmal gingen Passanten zufällig im Takt der Musik über die Straße, manchmal war es sogar eine gutaussehende Frau, ein wippender Rock, hohe, klackernde Hacken, Frauenbeine in Strumpfhosen. Ich drehte die Musik voll auf, ich sang mit, ich war wirklich angekommen. Zwischendurch strahlte ich die Menschen an, die zu mir hochsahen. Niemand lächelte jemals zurück, es störte mich nicht. Sie lebten alle bereits irgendein normales Leben, ich war am Start und hatte alles, alles noch vor mir. Die freie Auswahl, wie seit Jahren erträumt, ich konnte einfach irgendetwas machen. Leider kam ich gerade auf nichts. Ich hatte mich in den letzten Monaten ausschließlich um das Abitur gekümmert, nicht um die weitere Zukunft. Das machte aber nichts, der Film ging erst los, alles noch offen, es liefen die ersten Minuten. Eine Kamerafahrt die Straße entlang, man sieht eine Tür in einem Altbau aus der Gründerzeit, eine Hauswand, die Kamera schwenkt nach oben, ein Fensterbrett, da sitze ich und sehe hinunter in meine Zukunft.

Komischer Film, dachte ich dann aber nach ein paar Wochen, als ich wieder stundenlang auf dem Fensterbrett saß, rauchte und runter auf die Osterstraße sah, komischer Film, in dem sich einfach nichts zu ergeben scheint. Nouvelle Vague – oder was?

Eine sehr lange Einstellung mit umherlaufenden Passanten, dann noch eine, dann noch eine. Kamera auf die Füße, auf die Beine der Menschen, Großstadtsymbolik, bis es auch der letzte Kinobesucher verstanden hat, aber irgendwann ist es auch gut. Zwischendurch auffliegende Tauben vor regenverhangenem Schwarz-Weiß-Himmel, Autos, die an Ampeln halten und durch Pfützen wieder anfahren, Busfenster mit undeutlichen Gesichtern hinter beschlagenen Scheiben. Währenddessen wird das Publikum langsam nervös. Es war das Jahr, in dem *Der Himmel über Berlin* gedreht wurde, aber das wusste ich zu diesem Zeitpunkt nicht, sonst hätte ich die Bilder sicher noch ein paar Wochen länger schön gefunden und ungeheuer geistreiche Sätze vor mich hin gemurmelt.

Ich saß am Fenster und sah hinunter, tagelang. Ich wartete. Es kam mir weiter nicht so vor, als hätte ich irgendetwas tun müssen. Ich hatte das sichere Gefühl, es würde bald etwas passieren, einfach so. Vielleicht würde eine Frau hochsehen und ein Gespräch mit mir anfangen. Vielleicht würde ich auf irgendeine entscheidende Idee kommen. Nichts passierte. Niemand bemerkte mich auf meinem Fensterbrett, und ich hatte keine andere Idee, als ab und zu die Platten umzudrehen. Dann klingelte endlich das Telefon, und ich hatte einen Job. Der Rest ergab sich dann tatsächlich. Die nächsten zehn Jahre liefen einfach so ab.

FRAU VON WALTHER
LÄSST BITTEN

Sie habe mir einen Job in einem Marktforschungsinstitut verschafft, hatte meine Mutter am Telefon gesagt. Geh einfach mal hin, sagte sie, irgendetwas gibt es da immer zu tun, so aushilfsweise, das wird dann schon. Dann nannte sie mir einen Namen, Frau von Walther, die kannte sie aus Travemünde, die wisse Bescheid, da könne ich mich melden. Sie hatte auch gleich einen Termin für mich vereinbart. Gut, sagte ich, mache ich dann. Warum auch nicht?, dachte ich. Ich hatte nichts anderes zu tun, und ich brauchte allmählich Geld. Irgendetwas würde ich jetzt anfangen müssen, Hauptsache, es passierte endlich wieder etwas. Es wäre mir lieber gewesen, ich hätte beim Zigarettenholen meine Traumfrau getroffen und die nächsten Monate mit einer wilden Liebesgeschichte zugebracht, aber da dieses Ereignis leider ausblieb, konnte ich auch erst einmal arbeiten gehen. Also runter vom Fensterbrett und hinein in die Zukunft.

Ich schrieb mir die Adresse auf und sah auf den Stadtplan, den ich mir beim Einzug an die Wand über mein Bett gepinnt hatte, um die fremde Stadt wenigstens halbwegs zu verstehen. Die Adresse war weit im Westen von Hamburg, ich musste sogar zwei Nadeln aus der Raufasertapete ziehen und den Plan noch etwas weiter als bisher ausklappen; die Randbezirke hatten mich bisher nicht interessiert. Ich suchte mit dem Finger weit draußen, in der Nähe der Elbe. Eine Gegend, in der ich noch nie gewesen war. Ich musste anscheinend zweimal die Bahn wechseln, um hinzukommen, dann noch in den Bus umsteigen und ein ganzes Stück zu Fuß gehen. Meine Güte, dachte ich, als ich vor dem Plan auf dem Bett kniete und mir die Verbindung zusammenbastelte, da war es tatsächlich einfacher, von Travemünde nach Lübeck zu fahren.

Kurz vor dem Ziel nahm ich beim Umsteigen die falsche Bahn und wartete dann endlos lange auf einen Bus. Nachdem ich mehrmals nach dem Weg gefragt hatte, stand ich nach einem längeren Marsch endlich vor der richtigen Adresse, einem Bauernhaus, das nicht einmal annähernd nach Büro aussah, eher nach Denkmalschutz und Museumsdorf. Ich sah mich um, gegenüber war noch so ein Bauernhaus, ein sehr gepflegtes, prächtiges sogar. Mit einem bunt blühenden Garten davor, Kräuter und Blumen in üppiger Fülle. Vor dem Haus ein uralter, mächtiger Baum, seine Krone überragte die Straße in ganzer Breite. An der Hauswand ein Glaskasten mit Poster darin. Hier tagte der Heimatverein, hier gab es Musikabende, Jazz auf der Diele und dergleichen. Diese Gegend war ganz sicher nicht die Kulisse, die ich mir für meine Karriere in der Großstadt vorgestellt hatte. Ich ging noch einmal zum Straßenschild zurück, aber es war alles zweifelsfrei richtig.

Am Tag davor war ich noch einkaufen gewesen, Bundfaltenhose und Seidenhemden, schwarz glänzende Schuhe. Mir war eingefallen, dass mein punkiger Schülerlook aus Lübeck vielleicht doch nicht in ein Hamburger Büro passte. Am Bahnhof gab es die *Männer-Vogue*, ich hatte darin nachgesehen, was die Männer auf den Anzeigenseiten so trugen, damit ich ungefähr Bescheid wusste. Mit Travemünder Kriterien, das war mir klar, konnte man in einer Millionenstadt nicht mehr auskommen. Und überhaupt gehörte zu einem Neuanfang auch ein neuer Stil, das war naheliegend. Man geht einkaufen und macht, nachdem man sich umgezogen und ein wenig vor dem Spiegel gedreht hat, als anderer Mensch weiter. An meinem Sakko steckte trotzdem noch der alte «AKW nee»-Button, man musste seine Jugend schließlich nicht ganz verraten, nur weil man etwas Geld verdienen wollte. Ich war nach diesem Einkauf plötzlich modisch ziemlich weit vorne und sehr zufrieden mit meiner Kleidung. Aber ich fragte mich in dieser Umgebung doch, was mir das jetzt nützen sollte, zwischen diesen Bauernhäusern. Vielleicht hätte eine schlichte Latzhose für diesen Teil Hamburgs auch gereicht.

Ich ging um das Haus herum, dessen Nummer auf meinem Zettel stand, um den richtigen Eingang zu finden. An der Stirnseite des Gebäudes war ein offenstehendes Scheunentor, man hörte schrilles Lachen von drinnen. Ich sah hinein. In einem großen Raum, der ehemaligen Tenne, saßen drei ältere Damen an Tischen vor Bergen von Briefen, vor Hunderten, wenn nicht Tausenden von Sendungen. Kleine Briefe, große Briefe, Päckchen, Pakete. Etliche Regale an den Wänden, in denen weitere Briefe lagen, dicht an dicht, mit Gummibändern gebündelt. Sie rissen die Sendungen mit Messern auf, nahmen Papierbögen heraus und knallten einen Stempel darauf. Dann blätterten sie in den Papieren, sahen etwas nach, schrieben etwas in Listen, warfen den Briefinhalt schließlich auf Aktenwagen und rissen schon den nächsten Umschlag auf. Dabei tranken sie Sekt und waren trotz der eintönig wirkenden Arbeit anscheinend bestens gelaunt.

Eine der Damen bemerkte mich nach einer Weile. Sie stieß ihre Kolleginnen an, zeigte auf mich und rief begeistert: «Herrenbesuch! Wir kriegen Herrenbesuch!» Sie strahlte mich an. «Na, mein Jung, wat willste denn?»

Sie goss sich und den anderen beiden noch einen Schluck

Sekt ein, hielt die Flasche schräg zu mir hin und sah mich freundlich fragend an.

Ich schüttelte den Kopf. Jetzt ein Glas Sekt, und der Tag wäre gelaufen gewesen. «Ich möchte zu Frau von Walther», sagte ich.

«Ganz sicher?», fragte die Frau, die mich angesprochen hatte, und fing dann an zu lachen, als hätte sie den Witz des Jahres gerissen.

Die anderen beiden fielen johlend ein. Wenn dies hier ein normales Büro war, dann war die Arbeitswelt entschieden anders, als ich sie mir bis dahin vorgestellt hatte, und zwar nicht nur, was die Architektur betraf. Die Frauen erklärten mir mit Lachtränen in den Augen den Weg zu Frau von Walther. Aus dem Bauernhaus heraus, um das angrenzende weiße und neuere Haus herum, in das große gelbe Haus aus den Fünfzigern hinein, da im dritten Stock, linke Seite, zweite Tür. Ich hatte Mühe, es mir zu merken, zumal die Frauen durcheinanderredeten, sich gegenseitig widersprachen und anscheinend verschiedene Wege durch die Anlage in Betracht kamen.

«Er kann doch auch zwischen den Büschen durch», warf eine von ihnen immer wieder ein, ohne dass die anderen beiden darauf eingingen.

«Na, dann lauf mal», sagte die Frau mit der Sektflasche schließlich immer noch kichernd, «du siehst aus wie ein ganz Schlauer, du schaffst das schon.»

«Ein ganz Schlauer, genau so sieht er aus», riefen die anderen beiden und winkten mir zu.

Ich hätte mir die Krawatte vielleicht doch nicht umbinden sollen, dachte ich, wahrscheinlich komme ich damit zu streberhaft rüber. Ich ging aus der Tenne und um das Haus herum, nahm die Krawatte heimlich hinter einer Hecke ab, rollte sie zusammen und steckte sie in die Tasche. Mit einem offenen oberen Hemdknopf fühlte ich mich gleich viel entspannter. Allzu förmlich schien es hier sowieso nicht zuzugehen. Ich schritt über das Gelände; das Institut bestand aus mehreren Gebäuden, die nicht miteinander verbunden waren. Alte Apfelbäumchen auf dem Rasen dazwischen, sicher noch aus der Dorfzeit des Stadtteils, die so lange nicht her sein konnte. Die neueren Häuser ringsum waren aus den Fünfzigern, Sechzigern oder noch jünger, dazwischen noch überall die alten Bauernhöfe. Die Stadt war nach dem Krieg über das Dorf hinweggebrandet, die alten Gehöfte lagen wie Inseln zwischen den neuen Blöcken.

Auch in dem gelben Haus, einem langweiligen Bürobau aus den Fünfzigern, stand die Tür weit offen, und ich ging hinein. Ich stand vor einem Empfangstresen, der nicht besetzt war. Aus einem der Flure, die von der Eingangshalle abgingen, hörte ich ein vielstimmiges «Happy birthday to you», dann knallte schon wieder ein Korken. Wirklich erstaunlich, dachte ich und ging, ohne mich angemeldet zu haben, langsam die Treppen hoch in den dritten Stock. Ich war durch den falschen Zug und den langen Fußweg schon ziemlich spät dran und wollte nicht noch länger warten. Bis eine Abteilungsfeier zu Ende war, konnte es womöglich dauern. Ich ging dennoch sehr langsam, damit ich bei dem Termin nicht mehr so verschwitzt wirkte, denn in den S-Bahnen war es heiß gewesen, und ich war schnell gelaufen, um das Haus endlich zu finden. Es war angenehm kühl im Treppenhaus, Marmorstufen und gekachelte Wände, in die Mosaikbildchen im Geschmack der Wirtschaftswunderzeit eingearbeitet waren. Aus den Fluren im ersten und zweiten Stock hörte man nur das monotone Tippgeräusch von Schreibmaschinen und gelegentlich leises Gemurmel und klingelnde Telefone; offensichtlich waren hier doch nicht alle komplett verrückt. Einige Menschen schienen auch normal zu arbeiten.

Ich steckte mein Hemd noch einmal sorgfältig neu in die Hose und sah nach, ob meine Schnürsenkel auch zu waren. Jetzt bloß keine peinlichen Fehler machen und beim Vorstellungspräch aussehen wie ein Schüler, der gerade vom Spielen hereinkommt. Ich wirkte ohnehin immer viel jünger, als es meinem Alter entsprach, daher musste ich mir etwas mehr Mühe als andere geben. Nur ein paar Stufen noch bis zum dritten Stock, nur noch ein paar Sekunden, um mich in die entscheidende Form zu bringen. Über mir hörte ich allerdings schon wieder seltsame Geräusche.

Auf dem letzten Treppenabsatz stand ein großer Kopierer, über den sich eine junge Frau mit langen blonden Haaren geworfen hatte. Sie lag mit bebenden Schultern auf der Glasplatte, unter dem weit geöffneten Deckel, schlug mit den Fäusten schwach gegen das Gerät und schluchzte erbärmlich. Da ihr Arm dabei den Startknopf berührte, machte das Gerät unentwegt grün blitzend Kopien von ihrem Dekolleté, schwarzgraue Blätter, die eines nach dem anderen unbeachtet aus dem Auswurfschacht zu Boden fielen. Manche segelten sogar die Treppe herunter und landeten direkt vor mir auf den Stufen. Ich sammelte ein paar Seiten auf und stand eine Weile ratlos hinter der weinenden Frau. Sie nahm mich aber nicht zur Kenntnis, und ich traute mich auch nicht, sie anzusprechen, sie hätte wahrscheinlich einen furchtbaren Schreck bekommen. Schließlich ordnete ich den Stoß ihrer Dekolletékopien, legte ihn behutsam neben ihre Füße, machte vorsichtig die Tür auf und ging leise an ihr vorbei in die dritte Etage.

Hinter der Tür blieb ich kurz stehen und lauschte. Die Frau weinte draußen weiter, wahrscheinlich hatte sie mich gar nicht bemerkt und würde sich gleich wundern, wieso ihre seltsamen Kopien so ordentlich auf einen Stapel gefallen waren. Ein paar Meter weiter, und ich stand in einem

Vorzimmer, in dem eine Sekretärin, jedenfalls nahm ich an, dass sie eine war, auf einer riesigen Kugelkopfschreibmaschine tippte, was einen unglaublichen Lärm machte. Maschinengewehrsalven in Kriegsfilmen, eine nach der anderen. Ich wusste nicht, ob die Maschine an sich so aggressiv klang oder ob das kriegerische Geräusch von der heftig auf die Tasten einhämmernden Sekretärin herrührte, die dabei bemerkenswert finster guckte. Mit Kugelkopfmaschinen hatte ich noch keine Erfahrung. Die Sekretärin hatte eine Zigarette im Mundwinkel und verzog das Gesicht, weil der Rauch ihr in die Augen stieg. Dann legte sie die Zigarette mit einem ärgerlichen Gesichtsausdruck auf der Schreibtischkante ab, die schon etliche schwarzbraune Brandlöcher hatte. Sie starrte auf das Papier in ihrer Maschine.

«Scheiße, verdammte», sagte sie, zog das Blatt mit einem Ruck heraus, knüllte es zusammen und warf es wütend in den Papierkorb. Dabei sah sie mich. Sie setzte sich übertrieben gerade hin, hob die Brauen, richtete mit einer ironischen Geste ihr Haar und wartete. «Na?», fragte sie dann, als ich anscheinend zu lange nichts sagte.

«Dadraußen steht eine Frau am Kopierer und weint», sagte ich und zeigte hinter mich, von wo man immer noch leises Schluchzen hörte, wenn die Schreibmaschine gerade keinen Krach machte.

«Ja», sagte die Sekretärin uninteressiert, «das weiß ich. Wenn man es nicht auf die Reihe kriegt, mal eben zwei DIN-A4-Seiten zu kopieren, dann sollte man vielleicht auch heulen, was? Oder?»

Ich nickte unbestimmt. Ich wollte mich hier lieber nicht festlegen, bevor ich nicht ganz genau wusste, wie die Fronten verliefen.

«Und, was darf es denn sein?», fragte mich die Sekretärin in genervtem Tonfall, während sie ein neues Blatt in die

Maschine spannte, die, auch ohne dass sie überhaupt angefasst wurde, die ganze Zeit über wie eine fliegende Hornisse brummte.

Ich sagte, dass ich zu Frau von Walther wolle, ich hätte einen Termin, sie wisse Bescheid.

«Termin», wiederholte die Sekretärin und sah in den Tischkalender, der neben ihrer Schreibmaschine lag, «Bescheid. Soso.» Sie schob ein ganzes Bataillon Tipp-Ex-Flaschen vom Kalender, die dadurch wie gestürzte Kegel über den Tisch kullerten und teils über die Kante stürzten, und blätterte Seiten um. Dann fuhr sie mit dem Finger die Zeilen entlang und las: «Elf Uhr, Aushilfsfredi. Ach so. Da ist er ja. Na, sieh mal an.»

«Fredi», sagte ich erstaunt.

«Oh, ja», sagte die Sekretärin und lächelte zum ersten Mal ein wenig. «Pardon. So nennen wir die Jobber hier. Ist nicht böse gemeint. Irgendwie müssen wir die ja nennen, was?» Dann griff sie zum Telefon, wählte und rollte ungeduldig mit den Augen, als ziemlich lange nicht abgenommen wurde. Nebenbei klackerte sie mit der Leertaste der Schreibmaschine schnell noch eine Garbe dumpfer Geräusche in das Büro, ohne dass es einen erkennbaren Zweck gehabt hätte. Als sich endlich jemand meldete, erklärte sie, dass der Fredi jetzt da sei, wie bestellt, wobei sie mich wieder angrinste und mir zuzwinkerte. Sie legte auf und zeigte auf eine Tür. «Gehen Sie mal ruhig durch, Frau von Walther lässt bitten.»

Ich ging in das Büro, auf das sie gezeigt hatte.

Der Raum war blau verraucht, und es roch ausgesprochen schlecht, ein Geruch, der sich nicht sofort einordnen ließ, aber er konnte keiner gesunden Quelle entstammen. Ich blieb unwillkürlich in der Tür stehen. An einem riesigen weißen Schreibtisch saß eine ältere Dame und las eine Zeitung, die sie vor sich auf der mit viel Papier beladenen Tischplatte ausgebreitet hatte. Sie hatte einen neongelben Textmarker in der einen und eine besonders dünne, überlange Zigarette in der anderen Hand und unterstrich mit heftigen Bewegungen Sätze. Eine große Frau, das sah man schon im Sitzen, breitschultrig, gerader Rücken, wallende Löwenmähne in Stahlgrau. Sie trug einen weiten, langen Rock, unter dem ihre Beine allerdings ganz undamenhaft weit auseinandergestellt waren.

Zwischen ihren Füßen saß ein verdreckter West-Highland-Terrier und wedelte mich mit einem ausgesprochen räudig aussehenden Schwanz an. Man konnte gerade noch erkennen, dass es sich um einen weißen Hund handeln musste, jedenfalls wäre er sicher wieder weiß geworden, wenn man ihn ziemlich lange und gründlich gebadet hätte. Er legte den Kopf schief und sah mich hoffnungsvoll an, allerdings wirkte er nicht so, dass man ihn gerne gestreichelt hätte. Das ist es, dachte ich, es stinkt nach Hund. Nach jahrelang ungewaschenem Hund, vollgepisst und mit jedem nur denkbaren Dreck im Fell. In toten Fischen am Strand gewälzt, jeden Kuhfladen auf irgendeinem Acker mitgenommen. Außerdem roch es nach wochenlang ungelüftet, nach sehr lange nicht entleertem Aschenbecher und nach irgendeinem besonders schweren Parfüm, das in viel zu üppiger Dosis verwendet worden war.

«Moment», sagte die Frau am Schreibtisch, ohne mich anzusehen, ohne auch nur hochzusehen, und wedelte mich mit einer herrschaftlichen Geste zurück. «Moment, bin noch nicht so weit.»

Sie las weiter in dem Artikel, schüttelte des Öfteren den Kopf, brachte etliche Markierungen an und malte energisch überdimensionierte Ausrufezeichen an den Rand. Der Text schien ihr ganz und gar nicht zu gefallen. Ich stand ziemlich lange vor ihr, sie machte aber weiterhin keine Anstalten, mir einen Sitzplatz anzubieten oder auch nur ihre Lektüre zu unterbrechen. Ich stand also da und wusste nicht, was ich tun sollte. Es schien mir nicht angebracht, mich einfach hinzusetzen, zumal auch der Stuhl vor ihrem Schreibtisch mit Papier, Mappen und Ordnern überladen war. Es fiel mir schwer, lange stillzustehen, dazu war ich zu aufgeregt. Schließlich zündete ich mir eine Zigarette an, da ich annahm, man dürfe im Zimmer einer Kettenraucherin wohl rauchen, und weil ich hoffte, mit Zigarette im Mund die Luft im Büro besser ertragen zu können. Sie sah kurz hoch, als sie mein Feuerzeug klicken hörte, und blickte dann irritiert auf die schon weit heruntergebrannte Zigarette zwischen ihren Fingern. Da verstand sie erst, dass ich nicht ihr Feuer geben, sondern selbst rauchen wollte, und schob mir wortlos einen der überquellenden Glasaschenbecher hin, in dem sich die Reste ihrer superdünnen Zigaretten stapelten, alle mit einem breiten dunkelroten Lippenstiftrand.

«Danke», sagte ich.

Sie nickte, schlug die Zeitungsseite um und strich das Papier glatt. «Gerade Abitur, oder was?», fragte sie dann unvermittelt, nachdem sie mich eine Weile mit einem nicht zu deutenden Gesichtsausdruck gemustert hatte. Bevor ich antworten konnte, sprach sie schon weiter: «Empfehlung der Frau Mutter, ich erinnere mich. Grüßen Sie sie. Jetzt Studium in Hamburg, was? Hm? Jobben? Morgen anfangen. Acht Mark die Stunde. Bringen Sie mir die Morgenpost mit, ja, tun Sie das? Jeden Tag.» Sie lächelte plötzlich bemerkenswert freundlich und hielt mir ihre Hand hin. «Schön, wenn so etwas schnell geht, was? Ganz herzlich willkommen. Wie heißen Sie überhaupt?»

Ihr Tonfall erschien mir zu freundlich, um echt zu sein. Ich schüttelte ihr die Hand und nannte meinen Namen. Sie wiederholte meinen Vornamen, den Nachnamen schien sie gar nicht zur Kenntnis genommen haben. Sie nickte noch einmal, dann erstarb ihr Lächeln, wie ausgeschaltet. Danach starrte sie ohne weitere Worte wieder auf die Zeitung und griff nach dem Textmarker und einer neuen Zigarette. Ihre Hände tasteten unter dem Zeitungspapier nach dem Feuerzeug. Die Überschrift über dem Artikel war gut zu erkennen, es war ein Interview mit der Sozialforscherin Noelle-Neumann. Ich hatte keine Ahnung, worum es bei meinem Job eigentlich gehen sollte, und hätte gerne noch etwas gefragt, aber die Haltung, in der Frau von Walther in die Zeitung starrte, hatte etwas so Entschiedenes, dass ich sie lieber nicht noch einmal ansprach. Die Audienz war offensichtlich beendet. Ich ging aus dem Büro und versuchte, mit ihrer Sekretärin ein wenig mehr zu klären, denn ich hatte nicht verstanden, was ich da eigentlich gerade verhandelt hatte. Obwohl das Büro der Sekretärin auch verraucht war, kam mir die Luft dort jetzt angenehm frisch vor.

«Ich hab noch eine Frage», sagte ich. «Anscheinend soll ich morgen hier anfangen, aber ich habe keine Ahnung, als was.»

«Macht doch nichts», antwortete die Sekretärin und bot mir einen Kaffee an, «das findet sich dann schon. Nimmst du Milch? Kannst du tippen?» Wenn man Aushilfsfredi war, schien man also allgemein geduzt zu werden.

Ja, tippen konnte ich natürlich. Ich hatte schon in den letzten Oberstufenjahren alle Hausarbeiten mit der Schreibmaschine geschrieben, mit einer riesengroßen alten Olympia, die ich in Travemünde auf dem Sperrmüll gefunden hatte. Das Tippen fand ich cooler, als mich noch mit dem Füller und meiner seltsam unschönen, krakeligen Handschrift herumzuplagen, die mir so gar nicht entsprach.

«Englisch?», fragte die Sekretärin weiter.

«Ja», sagte ich, «Schulenglisch eben. Leistungskurs gehabt.»

«Reicht bestimmt», sagte sie. «Du kommst morgen früh einfach her, und wir überlegen dann mal. Findet sich alles. Hier findet sich immer alles.» Sie zwinkerte mir zu.

Die Tür ging auf, und die junge Frau vom Kopierer kam schniefend herein, wischte sich Tränen aus dem Gesicht, ließ sich mit einem lauten Schluchzer auf den Stuhl am Schreibtisch neben der Sekretärin fallen und warf einen ganzen Schwung Kopien in den Papierkorb. Ich wusste, was auf den Blättern war. Dann stützte sie den Kopf in die Hände und starrte mit roten Augen auf die Schreibmaschine vor ihr.

«Hier findet sich fast alles», korrigierte sich die Sekretärin mit einem angewiderten Blick auf ihre weinende Kollegin. «Du kennst den Weg nach draußen?»

Ich ging zur Bushaltestelle zurück und fand es passend, einen Job bekommen zu haben, bei dem keiner wusste, was ich tun sollte. Das harmonierte mit meiner überaus ausgefeilten Lebensplanung, die daraus bestand, nach Hamburg zu ziehen, Frauen kennenzulernen und dann weiterzusehen. Im Vergleich zum Thema Liebe war mir alles andere tatsächlich ziemlich egal, und ich hatte nur wenig Verständnis für die prosaischen Menschen, bei denen die Gewichtung anders ausfiel. Was sollte später schon aus diesen Typen werden, die sich so früh im Leben für Geld und Beruf interessierten? Heute weiß ich, aus diesen Typen sind all die Menschen geworden, die wesentlich mehr Geld verdienen als ich, keine Versorgungslücke bei Renteneintritt zu erwarten haben und die grotesk hohen Mieten in meinem kleinen Hamburger Szenestadtteil auch in den nächsten Jahren noch bezahlen können. Aber das hätte mich damals natürlich nicht beeindruckt. Stumpfe Menschen ohne Leidenschaft, auf so etwas musste man herabsehen. Ich wusste besser als sie, worum es im Leben geht.

Ich wusste, dass viele Menschen ihren Partner am Arbeitsplatz kennenlernen, das hatte gerade erst wieder in der Zeitung gestanden, der Prozentsatz war wirklich enorm hoch. Daher wusste ich auch, dass meine Chancen in der Liebe gerade jetzt, nach diesem Gespräch mit Frau von Walther, dramatisch gestiegen waren, einfach nur deswegen, weil ich nun Zutritt zu einem Büro hatte. Es würde in diesem Institut irgendwo auch junge Sekretärinnen geben oder wie die Berufsbezeichnungen da eben hießen; ich hatte davon keine Ahnung. Junge Sekretärinnen, Aushilfen, Kolleginnen, Studentinnen, Frauen jedenfalls. Frauen, die vielleicht nicht gerade heulend über einem Kopierer hingen. Ich hatte zwar noch keine Frauen gesehen, die für mich in Betracht kamen, aber das Institut war groß, immerhin drei Gebäude, jedes mit mehreren Stockwerken, da würde schon etwas dabei sein. All die langen Flure, auf denen ich gar nicht gewesen war, das weiße Haus, das ich noch überhaupt nicht betreten hatte, es gab so viele Möglichkeiten.

Ich habe einen Job, dachte ich. Vier Wochen nach dem Abitur, und ich habe tatsächlich einen Job. Bestimmt bin ich der Erste, der Durchstarter des Jahrgangs bin ich, ausgerechnet ich, der vermutlich Planloseste von allen. Wenn das die anderen wüssten! «Ich arbeite in der Marktforschung», sagte ich versuchsweise zu mir selbst, und es klang gar nicht schlecht. Nicht sofort verständlich vielleicht, aber doch ganz entschieden besser als «Ich bin Student» oder «Ich jobbe als Kellner» oder «Ich bin Au-pair in Minnesota».

«Ich arbeite in der Marktforschung.» Doch, damit konnte ich erst einmal leben. Ich war bei einem Vorstellungsgespräch gewesen. Es hatte nicht unbedingt meinen Erwartungen entsprochen, aber es war ein Vorstellungsgespräch gewesen, immerhin wurde ich hinterher eingestellt, daran ließ sich nicht zweifeln. Morgen würde ich wieder hingehen, das war wirklich Beweis genug. Wahrscheinlich sehe ich einfach intelligent aus, dachte ich, sie werden da auch nicht jeden dahergelaufenen Abiturienten einstellen, einfach so. Dass Frau von Walther vielleicht meiner Mutter einen Gefallen tun wollte, kam mir gar nicht in den Sinn. Ich sah genau genommen sogar so intelligent aus, dass das Vorstellungsgespräch nur eine Sache von Minuten war, das war so weit ganz einfach, für Menschen wie mich. Gut angezogen war ich auch noch, das hatte der Sache sicher nicht geschadet. Der Rest wird dann wahrscheinlich genauso einfach, dachte ich, wenn etwas gut anfängt, dann geht es oft auch gut weiter.

«Und jedem Anfang wohnt ein Zauber inne», murmelte ich auf der Rückfahrt im Bus beglückt vor mich hin. Ich war jung, ich durfte noch Hesse zitieren. Als ich die Osterstraße entlangging, fühlte ich mich wie ein neuer Mensch. Ich hatte einen Job, ich würde Geld für Arbeit bekommen. Wie alle anderen Erwachsenen auch. Für welche Arbeit auch immer, das würde ich schon noch irgendwann herausfinden, in den nächsten Wochen. Unterwegs kaufte ich mir eine Flasche Wein, weil mir Dosenbier für diesen Abend zu profan vorkam. Ich mochte keinen Wein, obwohl ich wieder und wieder versucht hatte, mich an den Geschmack zu gewöhnen. Es schien mir viel schöner und kultivierter, abends Wein zu trinken statt Bier, doch es war nichts zu machen. Wein war einfach nichts für mich. Aber manchmal war es eben eine Frage des Stils, das richtige Getränk zu wählen. Feierlich konnte ein Bier nun einmal nicht sein.

Ich setzte mich mit einem Glas Wein auf die Fensterbank und sah auf die Passanten hinunter. Passanten, die vermutlich auch irgendeinen Job hatten, Passanten, in deren Welt ich gerade eingetaucht war. Menschen, die morgens in ein

Büro fuhren und abends wieder zurück, so wie ich ab morgen. Normale Menschen in normalen Leben. Erwachsene wie du und ich. «Prost, Kollegen», murmelte ich und nahm einen Schluck. Es schmeckte furchtbar, und ich dachte, dass ich nach dem Kultur- und Feierschluck ja noch einmal hinuntergehen könnte, um beim Imbiss gegenüber schnell eine Dose Bier zu kaufen; die würde den Weingeschmack sicher angenehm wegspülen. Nur weil man Arbeit hatte, musste man sich nicht gleich jeden Spaß untersagen.

Ein paar Wochen später saß ich selbst auf dem Platz der Sekretärin im Vorzimmer von Frau von Walther. Die Sekretärin machte Urlaub an einem geheimen Ort, sie hatte sich strikt geweigert, dazu Näheres zu sagen, weil sie Angst hatte, im Urlaub täglich mehrmals von ihrer Chefin angerufen zu werden. Eine Angst, die vollkommen berechtigt war. Schon am ersten Tag ihrer Abwesenheit versuchte Frau von Walther, mit Hilfe der Telefonauskunft Verwandte der Sekretärin ausfindig zu machen, die ihr den Urlaubsort verrieten. Sie hatte allerdings keinen Erfolg, die Verwandtschaft schien gut vorbereitet worden zu sein. Man bestritt jeden Kontakt mit der Sekretärin. Es gab auch keine wichtigen Fragen zu klären, es ging ums Prinzip. Frau von Walther schätzte es nicht, wenn man nicht erreichbar war, Angestellte hatten verfügbar zu sein. Es interessierte sie nicht, wenn man tagelang nichts zu tun hatte, es war vollkommen in Ordnung, solche Tage im Büro mit Zeitungslektüre, Smalltalk, Eichhörnchenbeobachtungen am Fenster und Schiffeversenken zu verbringen. Aber wenn sie etwas wollte, dann musste sofort jemand da sein.

Nach den ersten Wochen ging auch ich aus Sicherheitsgründen am Sonntag nicht mehr ans Telefon, nachdem ich an zwei, drei Wochenenden etliche ungeheuer langweilige Stunden im Institut verbracht hatte, weil Frau von Walther jemanden um sich haben wollte, der irgendwann, wenn sie endlich geruhte, fertig überlegt zu haben, in der Lage war, ein paar dürre Zeilen von ihr mit der Maschine zu tippen. Irgendein nichtssagender Brief, der noch tagelang Zeit gehabt hätte. Aber was Zeit hatte und wie viel, das bestimmte Frau von Walther.

Die ständig heulende Frau mit den langen blonden Haaren war mittlerweile entlassen worden. Das war ein Glück für mich, denn dadurch war ein Platz im Chefsekretariat frei, und die Frage, was ich eigentlich tun sollte, klärte sich für die ersten Wochen von selbst. Die Sekretärin hatte recht gehabt, hier fand sich wirklich alles. Ich ärgerte mich allerdings, dass ich nicht doch ein paar der Dekolleté-Kopien behalten hatte, immerhin sah die Frau gar nicht so schlecht aus, und je länger sie nicht mehr da war, desto schöner erschien sie mir. Ein paar der schwarzweißen Blätter hätte ich doch gerne als Andenken gehabt. Ich war Aushilfsfredi und stellvertretender Chefsekretär, Mädchen für alles und Forschungsassistent, Einkaufshilfe und Archivsortierer, was immer Frau von Walther gerade einfiel. Ich machte überall einmal mit, ich spielte Büro und lernte allmählich das Institut kennen. Meist verbrachte ich Stunden am Kopierer, vervielfältigte dort dicke Berichtsbände, deren Blätter ich vorher aus überfüllten Ordnern gepflückt hatte, drückte wieder und wieder auf den grünen Startknopf, wartete auf den Blitz und drückte noch einmal und noch einmal und dachte zwischendurch: Dafür bekommt man tatsächlich Geld. Und gar nicht wenig. Vollkommen unfassbar.

Nach ein paar Wochen hatte ich immerhin eine ungefähre Ahnung, worum es eigentlich ging. Frau von Walther war eine der Geschäftsführerinnen der Firma und leitete den Bereich der Sozialforschung, ein Metier, von dem ich vor diesem Job noch nie etwas gehört hatte. Das Institut führte gerade eine große Studie zum Thema Aids in Deutschland durch, damals noch eine ziemlich neue Krankheit, bei der man erst allmählich und nur widerstrebend zur Kenntnis nahm, dass sie nicht nur Schwule und Junkies betraf, sondern auf Wegen, die noch nicht jedem klar waren, auch bei Menschen mit nahezu tadellosem Lebenswandel auftreten konnte. Interviewer befragten im Auftrag des Instituts in ganz Deutschland Menschen nach ihrer Meinung zu dieser Krankheit. Ich saß tagelang im Büro, las die zurückkommenden Fragebögen und wertete aus, was die Interviewten geantwortet hatten. Ganz Deutschland, das wurde mir dabei zum ersten Mal klar, das war etwas vollkommen anderes als Lübeck und Hamburg und die paar Leute, die ich in diesen Städten kannte. Ganz Deutschland, das waren auch Menschen in bayerischen Dörfern, die als Therapie für Aidskranke ernsthaft vorschlugen, die Patienten an den Füßen aufzuhängen und langsam ausbluten zu lassen. Das waren Menschen aus der niedersächsischen Provinz, die empfahlen, die Kranken sämtlich in die DDR zu schicken, weil wir uns hier doch nicht mit jedem Problem abgeben müssten. Das waren Menschen aus Städten, deren Namen mir gar nichts sagten, die darauf hinwiesen, dass es solche Probleme früher nicht gegeben hätte und dass man so etwas damals ganz anders gelöst hätte, und zwar ziemlich schnell und verdammt gründlich.

Ich saß mit mehreren Kollegen im Büro, mit jungen Akademikern oder Studenten aus verschiedenen Fachrichtungen, BWLern, Soziologen und Quereinsteigern aller Art, und wir lasen uns die Antworten gegenseitig vor. Bei den ersten lachten wir noch, aber das hörte bald auf, und wir blätterten nur noch leise kopfschüttelnd durch die Bögen, die in der Gesamtheit ein schreckliches Bild offenbarten, und zitierten gelegentlich besonders furchtbare Stellen.

«Das ist die Mehrheit», sagte ich irgendwann entgeistert, weil die schier endlosen Stapel mit Fragebögen einfach nicht mehr anders zu deuten waren.

«Die Mehrheit ist meistens die Dummheit», sagte Frau von Walther, die rauchend neben mir saß und das Tageshoroskop in der Morgenpost las, ein unentbehrliches Ritual, ohne das ein erfreulicher Werktag nicht denkbar war. «Die Mehrheit ist meistens die Dummheit, das darf man nie vergessen als Demokrat.»

Ich sagte ihr nicht, dass ich sie politisch eher dem Feudalismus als der Demokratie zugerechnet hätte. Ich blätterte weiter in den Fragebögen.

Frau von Walther rief die Kollegen zusammen und verlas laut die Tageshoroskope von allen. Sie hatte das gleiche Sternzeichen wie ich, gewöhnlich kamen wir beide gut weg, wenn die Tageslosungen auf diese Art aufgerufen wurden. Allen anderen wurden regelmäßig Liebeskummer, berufliche Enttäuschungen und gesundheitliche Schwächen vorhergesagt, nur bei Frau von Walther und mir ging es in der Regel um Erfolg, Glück und Bestform. Irgendwann bat mich ein zu spät gekommener Kollege, ihm noch schnell einen Blick auf sein Tageshoroskop zu gestatten, da merkte ich, dass die Texte ganz anders lauteten, als Frau von Walther sie vorgetragen hatte. Sie bog sich die Horoskope jeden Morgen passend zu den Kollegen und ganz nach Laune zurecht. Keine schlechte Leistung, wenn man bedachte, wie schnell sie alles vorlas. Keiner der Kollegen hatte bis dahin mitbekommen, dass er jeden Morgen mit einem frei erfundenen Text in den Tag entlassen wurde, denn natürlich kontrollierte keiner das Horoskop noch einmal nach.

«Fische», sagte Frau von Walther stets abschließend, «haben wir hier nicht und wollen wir auch nicht.» Mit diesem Standardscherz schloss sie die Lesung jeden Morgen ab.

Dann schlug sie die Morgenpost zu und reichte sie wortlos an mich weiter.

Eine junge Kollegin kam die Treppe mit neuen Fragebögen auf dem Arm herauf, der Stoß reichte ihr bis unters Kinn. «Tagesausbeute», sagte sie und legte den Stapel der frisch abgestempelten Bögen neben mir ab.

Der Kaffee war gerade durchgelaufen und stand dampfend auf der Warmhalteplatte, ich holte mir eine Tasse und studierte erst einmal die Zeitung. Die Zeitung wurde nacheinander von allen im Büro gelesen, immerhin lebte Frau von Walther das so vor, da konnte man es auch gefahrlos nachmachen. Die Frau, die mit den neuen Fragebögen die Treppe hochgekommen war, war eine der jungen Aushilfen, auch erst seit kurzer Zeit im Institut, genau wie ich. Sie war eine Studentin der Psychologie, und wenn sie gerade nichts zu tun hatte, setzte sie sich in die Kantine und steckte die Nase in Lehrbücher, die unerfreulich klinisch und sehr langweilig aussahen. Sie nahm sich einen Kaffee, setzte sich zu mir an den Schreibtisch, sah mir über die Schulter und las ein wenig mit. Sie roch frisch geduscht nach billigen Pfirsicharomen, nach Parfüm, nach Frau, nach Mädchen, nach ich wusste es gar nicht genau. Sie roch nach würde es dich eigentlich stören, wenn ich dich jetzt küssen würde, auch wenn wir uns nicht näher kennen? Ich konnte mir die Frage allerdings ganz gut selbst beantworten und wollte kein Risiko eingehen, also schob ich nur die Zeitung etwas näher zu ihr hin.

Sie war ungemein fröhlich, einer von diesen seltsamen Menschen, die nie Probleme zu haben scheinen, wahrscheinlich schon in blendender Stimmung geboren und danach täglich heiterer geworden. Sie hatte kurze schwarze Haare, die sie in einem sehr männlichen Schnitt trug. Zwar schminkte sie sich nicht, trug Jeans und einen formlosen, langweiligen Pullover und hatte ein Allerweltsgesicht, aber sie war dennoch attraktiv, ganz ohne etwas Sichtbares dafür zu tun. Vielleicht lag es an ihrem Lachen, einem lauten, hellen, mitreißenden Lachen, vielleicht lag es an ihrer Stimme. Eine dieser Frauenstimmen, der man stundenlang hätte zuhören können, selbst wenn sie nur Telefonnummern vorgelesen hätte. Von ihrem Lachen wäre man gerne morgens geweckt worden, von ihrer Stimme hätte man gerne ein «Gute Nacht» gehört. Wenn sie mit einem sprach, wurde sie von Satz zu Satz schöner und schöner; ich hatte das schon ein paarmal erlebt. Ein Mensch, um den man sich nie Sorgen machte, die würde schon irgendwie durchkommen, mit diesem Lachen, mit dieser Stimme, mit dieser ewig guten Laune.

Sie legte einen Arm um mich, kam mit ihrem Mund ganz nah an mein Ohr und sagte leise: «Du kriegst immer ganz glasige Augen, wenn ich mich neben dich setze. Ich finde das so süß, ich freu mich da immer stundenlang drüber.»

Dann küsste sie mich auf die Wange und ging lachend wieder die Treppe runter, in die Postabteilung, in der sie gerade aushalf und von wo aus sie den ganzen Tag Sendungen durch das Institut trug. Wir hörten sie noch im Treppenhaus kichern.

Das war der erste Kuss, den ich in Hamburg bekam. Ein Immerhin-Kuss. Nicht wirklich das, was ich haben wollte, aber ganz sicher besser als nichts und auch besser, als nur vom Fensterbrett aus fremden Frauen hinterherzustarren. Ich war erst seit ein paar Wochen in Hamburg, und wenn sich mein Liebesleben weiter in dieser Geschwindigkeit entwickelte, dann musste ich mir um meine Zukunft keine Sorgen machen. Das war eine Frage der Hochrechnung, und mit Hochrechnungen hatte ich im Institut jetzt einiges zu tun. Hochrechnungen machten die Kollegen den ganzen Tag, die wussten, dass auf mathematische Modelle Verlass war. Natürlich hatte mich die Kollegin nur aus Spaß geküsst, und natürlich liefen ihr so ziemlich alle jungen Männer des Hauses nach, von den älteren ganz zu schweigen, aber egal. Kuss war Kuss. Ich fühlte ihn noch immer auf meiner Wange. Der Duft nach künstlichem Pfirsich hing noch in der Luft, er mischte sich mit dem tröstenden Geruch des Kaffees und dem der Zeitung; es war ein schöner Morgen. Draußen regnete es, ich saß in einem netten Büro, ich war beschäftigt. Alles in allem fand ich meine Bilanz nach den ersten Wochen Hamburg nicht schlecht. Ich hatte Menschen kennengelernt, ich hatte Arbeit, ein Zimmer, meinem Bankkonto ging es überraschend gut, und wenn ich mich konzentrierte, konnte ich den Kuss immer noch fühlen. Wenn das so weiterging, würde er mir vielleicht den ganzen Tag bewusst bleiben, und wer weiß, wenn man von einer Frau einfach so auf die Wange geküsst und süß gefunden wird, dann könnten sich womöglich in Kürze noch ganz andere Dinge einfach so ergeben, dann war ich wohl bald endgültig in der Normalität von Mann und Frau angekommen, nach all den sinnlos vergeudeten Jahren.

«Ihnen lacht das Glück», stand in meinem Tageshoroskop, sowohl in der Version, die Frau von Walther vorgelesen hatte, als auch in der, die ich nachgelesen hatte. Und ob, dachte ich, so viel steht fest. Vor mir lagen ein paar Stapel Fragebögen, darin das ganze Grauen dieser Welt. Ich löste das Gummiband um einen der Stapel und schlug den ersten Bogen auf.

«Haben Sie schon einmal von einer Krankheit namens Aids gehört?»

«Nein, noch nie», hatte der Interviewer als Antwort notiert.

Gut, dieses Interview konnte so schlimm nicht werden. Immerhin.

DER MANESSE-MANN

Im Marktforschungsinstitut arbeitete ich nur Teilzeit, ich hätte dort sonst mehr verdient, als ich es als Student gedurft hätte. Ich war zwar kein Student, aber das war egal. Die Personalchefin war eine resolute Person und hatte keine Lust auf Sonderfälle. Stempel auf die Karteikarte und fertig, alle Aushilfen hatten sich an die Regeln für Studenten zu halten. Ich konnte mir also für die Nachmittage einen weiteren Job suchen. Spontan fragte ich in dem Antiquariat in der Nähe meiner Wohnung nach, in dem ich sowieso oft am Nachmittag nach der Arbeit stundenlang herumsaß.

Buchhandel, dachte ich, das wäre doch gut, dann käme auch das Kulturelle nicht mehr zu kurz im Leben. Es könnte am Ende sinnvoll sein, sich nebenbei um andere Themen zu kümmern als nur um Büroorganisation und Marktforschung. Zumal sich diese beiden Themen als nicht sonderlich smalltalktauglich erwiesen hatten, was ich besonders beim Kennenlernen von Frauen als störend empfand. «Ich arbeite in der Marktforschung» zog jedes Mal ein «Ach, was macht man denn da?» nach sich, eine Frage die ich, wenn ich ehrlich gewesen wäre, an vielen Tagen mit «Ich loche DIN-A4-Blätter» hätte beantworten müssen. Für Aushilfen gab es damals noch jede Menge Handarbeit. Das klang nicht wie eine vielversprechende Vorstellung. «Ich arbeite als Antiquar», das war dagegen ein Satz, der eine klare Botschaft trug, das kündete von Niveau, Geist und Bildungshintergrund. Einen Mann, der sich mit diesem Satz vorstellte, den fänden Frauen mit Sicherheit interessanter als einen beliebigen Bürotypen. Hoffte ich.

«Bleib einfach da sitzen», sagte Herbert, der Besitzer des Ladens, nachdem ich ihn gefragt hatte, ob ich ihn nicht gelegentlich vertreten könne, denn dann habe er am Nachmittag auch einmal frei, das sei doch sicher nett für ihn. «Bleib einfach da sitzen», sagte er, während ich auf einem Tritt hockte und eine Kaffeetasse auf den Knien balancierte, «viel mehr musst du in dem Job sowieso nicht machen.»

Das Antiquariat befand sich im Souterrain eines Altbaus aus der Gründerzeit. Kein edler Laden, er war eher unordentlich, staubig und auf eine geradezu romantische Art verbaut, verwinkelt und verworren. Auf Schwarzweißaufnahmen hätte der Raum vermutlich anziehend und idyllisch ausgesehen. Wenn man tatsächlich drin war, überwog aber nach einem näheren Blick eher das Ärmliche. Vor der Tür standen Tapeziertische mit Kartons voller Bücher zu einer, zwei oder fünf Mark. Die Kunden wühlten in den Kisten und kamen dann mit nicht sehr großen Erwartungen in den Laden. An jeder Wand gab es hohe Bücherregale bis zur Decke, und da dieser Platz für das gesamte Angebot nicht einmal annähernd ausreichte, standen überall auf dem Boden kniehohe Bücherstapel. Eine unübersehbare Menge von schiefen, immer einsturzbedrohten Gebilden voller Ramsch oder Erstausgaben, Romanen oder Lyrikbänden, je nachdem, wo man gerade hineingriff oder dagegentrat. Einige Stapel standen frei, einige formten sich zu verwinkelten Literaturmauern über weite Teile des Fußbodens. Nur Menschen, die das Antiquariat schon lange kannten, wussten noch, ob unter den Büchern ein Teppich war oder blanke Dielen lagen.

Es erforderte viel Übung, sich schnell durch den Laden zu bewegen, ohne dabei die Stapel umzustürzen, denn die

Schneisen durch die Buchlandschaft waren nur schmal. Kunden, die sich zu hektisch durchwühlen wollten, richteten manchmal unabsichtlich beträchtliche Umwälzungen an, was sich aber als Vorteil für Herbert und mich erwies, da sie aus Verlegenheit dann meist nicht wieder gingen, ohne als Wiedergutmachung für das Chaos etwas zu kaufen. Es kam vor, dass Kunden stundenlang auf dem Boden saßen und sich von Stapel zu Stapel durcharbeiteten und in langen Selbstgesprächen Titel und Autoren vor sich hin murmelten, während Buch um Buch durch ihre Hände ging und von links nach rechts gestapelt wurde, ein schöner und friedlicher Anblick.

Man hätte nicht sagen können, aus welcher Zeit die Einrichtung stammte, sie war unter und hinter den Büchern kaum zu sehen, abgesehen von einem kleinen Schreibtisch aus Teak, der wie eine Insel aus dem Büchermeer ragte. Dahinter ein löcheriger Korbsessel. Auf dem Schreibtisch ein zerschlissener grüner Filzstreifen und darauf eine kleine Blechkiste als Kasse, das war schon die ganze sichtbare Ausstattung. Der Laden lief nicht gut, weswegen er nur nachmittags geöffnet war, es lohnte sich nicht, den ganzen Tag auf die sowieso ausbleibenden Kunden zu warten. Auch in den Nachmittagsstunden war das Geschäft oft nicht einträglich genug, um meine paar Arbeitsstunden zu finanzieren. Wenn am Abend nicht ausreichend Geld in der Blechkasse lag, nahm ich stattdessen einfach Bücher im ungefähren Gegenwert der Arbeitsstunden mit nach Hause. Es war so oft nicht ausreichend Geld da, dass ich noch heute an dem Literaturvorrat aus jenen Tagen lesen kann, und meine Zeit in dem Geschäft ist mittlerweile schon sehr lange her. Das Antiquariat gibt es längst nicht mehr, in den Räumen verkauft heute eine Designerin Unterwäsche.

Herbert, ein vollbärtiger und langhaariger Mann aus

der Achtundsechzigergeneration, stand mit mir gemeinsam nachmittags stundenlang am Schaufenster. Er brauchte mich nicht als Vertretung, er musste nicht weg, aber er nahm das Jobangebot auch niemals zurück, also machte ich meine Arbeit und saß im Laden herum, ob er nun da war oder nicht. Wir sahen hinaus auf die Straße und amüsierten uns über die Kunden vor der Scheibe, die die Gesichter seltsam verzogen bei dem Versuch, alle Titel der im Fenster dekorierten Bücher zu lesen. Oft legten sie dabei die Köpfe schief und drehten sie hin und her wie neugierige Wellensittiche. Wenn sie nach oben blickten, zu den Büchern, die auf einem schmalen Regal ganz oben am Rand des Fensters standen, klappte bei allen der Unterkiefer herunter und sie starrten mit gerunzelter Stirn, zusammengekniffenen Augen und offenem Mund, einem denkbar ungünstigen Gesichtsausdruck, der selbst die schönsten Menschen zuverlässig entstellte, auf die Bücher.

Wir wetteten darauf, welcher Kunde mit welchem Wunsch hereinkommen würde, eine Beschäftigung, in der es Herbert zu erstaunlichen Fähigkeiten gebracht hatte. «Der Trenchcoat da, der kommt gleich rein. Ernst-Jünger-Sammler.»

Ich hörte bald auf, mich zu wundern, wie oft er recht hatte. Stattdessen sah ich genau hin und versuchte zu lernen. Herbert hatte schon während seines Studiums angefangen, als fliegender Händler Bücher vor Universitäten zu verkaufen, damit hatte er in der Branche sehr viele Jahre Vorsprung vor mir. Er äußerte sich nie eindeutig dazu, in welcher Stadt er was genau studiert hatte, die Angaben variierten von Gespräch zu Gespräch. Wenn Kunden seines Alters in den Laden kamen und es sich bei der Unterhaltung ergab, dass sie gleichzeitig studiert hatten, dann kannte Herbert immer jemanden, der jemanden kannte, der auch den Kunden kannte.

Anfangs wunderte ich mich darüber, aber bald merkte ich, dass in diesen Jahrgängen anscheinend alle sehr weit herumgekommen waren. Mindestens so weit, dass sie alle irgendwann auch der Meinhof oder dem Baader begegnet waren, denn das gehörte anscheinend dazu, die Meinhof zu kennen. Wenn man damals irgendwie aktiv war, was immer das genau bedeutete, dann kannte man die eben. Man grinste etwas bei dem Namen und schwieg dann vielsagend, ohne die Geschichte der Bekanntschaft weiter auszuführen, als wäre der ganze Jahrgang von damals eine immer noch verschworene Truppe von Sympathisanten. Die alternden Männer kratzten sich am Bart, zogen an ihren Zigaretten und lächelten sarkastisch, wenn sie in den Regalen die Kampfschriften von damals entdeckten. Die Meinhof muss wirklich viele Menschen gekannt haben, dachte ich, als wieder einmal ein Kunde mit Marburg und «Du weißt schon» begann. Ich hatte in Travemünde mal als Kind an einem Pissoir neben Franz Beckenbauer gestanden, das war bis dahin meine einzige Begegnung mit einem Prominenten. Für die Achtundsechziger zählte der nicht, ich konnte also bei diesen Gesprächen sowieso nicht mithalten.

Es war Herbst, als ich im Antiquariat anfing, und in dem Souterraingeschäft war es schon ziemlich kalt. Vor dem Schaufenster stand eine alte Nachtspeicherheizung, die seltsame Geräusche von sich gab. Sie rumpelte von Zeit zu Zeit bedenklich und brummte und tickte nervös und metallisch in unerklärlichen Rhythmen, selbst wenn sie gar nicht eingeschaltet war. Herbert stand am Fenster und betrachtete die rumorende Heizung vor ihm, er atmete hörbar ein und sagte mit leichtem Grinsen: «Die Heizung spuckt wieder Asbest. Atme tief ein, es wird uns eines Tages erlösen.»

Mir schien es wesentlich wahrscheinlicher, dass ihn sein beträchtlicher Rotweinkonsum oder die zahllosen filterlo-

sen Gauloises, die er unentwegt rauchte, eines Tages erlösen
würden, aber vermutlich war es ihm egal, woran sein Ende
genau liegen würde. Zum Schluss würde er sowieso alles
auf die Gesellschaft schieben, das war in seiner Generation
schließlich allgemein üblich.

Wir kannten viele Kunden mit Namen, aber auch für etliche Käufer, die sich uns nie vorgestellt hatten, ergab sich
irgendwann eine feste Bezeichnung, meist bezogen auf eine
Besonderheit ihrer Erscheinung. Es gab den strammen Ritt-
meister, dessen Buchgeschmack sich ein wenig zu deutlich
am rechten Rand orientierte, die extrem kurzsichtige Maul-
wurfsfrau, die buchstäblich mit der Nasenspitze an den Buchrücken in den Regalen entlangfuhr und sich, die Hände
tastend ausgestreckt, von Wand zu Wand bewegte. Oder den
seltsam ölig und affektiert wirkenden Werbebengel, eine Er-
scheinungsform, die damals noch fast unbekannt war und
noch lange kein Massenphänomen. Junge Männer in gut-
sitzenden Anzügen und mit stramm zurückgegelten Haaren, die teure Uhren am Handgelenk trugen, das fing gerade
erst an.

Einer der Stammkunden hieß bei uns «der Manesse-
Mann», weil er ausschließlich an Büchern aus diesem Verlag
interessiert war, und das auch nur, wenn sie tadellos erhalten waren, mit unbeschädigtem Schutzumschlag, ohne jeden Knick und natürlich mit perfektem reinweißem Schnitt.
Der Manesse-Mann kam nicht gerne in unseren Laden, der
ihm viel zu unaufgeräumt und staubig war. Aber er lief systematisch nach einer bestimmten Methode und einem geregelten Zeitplan alle Antiquariate Hamburgs ab, und wir
standen nun einmal auf seiner Liste. Er passte genauestens
auf, nichts zu berühren, wenn es nicht unbedingt sein
musste. Stets stand er zwischen den Regalen und hielt die
Hände vor der Brust in die Luft, wie ein Kind die Hände

ängstlich vor einem fremden Hund hochhebt. Er wollte unbedingt vermeiden, dass seine Finger etwa versehentlich irgendwo an den alten, womöglich dreckigen Büchern entlangstreiften. Er guckte verbissen und konzentriert, wenn es sich nicht umgehen ließ, dass er hier und da ein Buch berühren musste, um nachzusehen, was sich dahinter befand. Es schüttelte ihn förmlich, wenn er gezwungen war, etwas anzufassen, und seine Finger zuckten zurück wie Schneckenfühler, wenn er versehentlich gegen eines der Regale kam.

Es war ein Schauspiel, wenn er sich wie ein Schlangentänzer zwischen den vom Einsturz bedrohten Bücherstapeln durchwand, um in jedem Winkel nachzusehen, ob es nicht doch noch ein unentdecktes Bändchen von Manesse gab, irgendwo in der hintersten Ecke des Ladens vielleicht, ganz unten, in einem der zusammengefallenen Stapel, wo vielleicht schon lange keine anderen Kunden mehr gegraben hatten. Er nahm die Suche sehr ernst, er war gründlich oder vielmehr pedantisch, und er ließ sich viel Zeit. Meist kam er früh am Nachmittag, er schien keiner Arbeit mit festen Bürozeiten nachzugehen. Er war immer äußerst formell angezogen und bestätigte mein Vorurteil, dass Männer, die den obersten Hemdknopf schließen, ohne dabei eine Krawatte zu tragen, mit hoher Wahrscheinlichkeit nicht ganz bei Trost sind.

Natürlich versteckten wir gelegentlich ein besonders schönes Exemplar für ihn in den Wirren der Unordnung. Man ist als Antiquar in dieser besonderen Rolle, Menschen leicht beglücken zu können. Es war einfach herrlich, zu sehen, wie er den Fund erst vorsichtig und spitzfingrig anstupste und zögernd berührte, ihn dann mit wachsendem Mut aufklappte und prüfend darin blätterte, wie er ihn endlich beherzt und fest in beide Hände nahm, dann an sein Herz drückte und umgehend zu uns zur Kasse trug.

«Wie schön, Sie haben etwas gefunden», sagte ich dann, ohne zu lachen.

«Ja», erwiderte er zufrieden, «man muss nur immer genau genug gucken, dann findet man sogar bei Ihnen was. Es war da ganz hinten, da unten, in dem Haufen da. Geben Sie es mir eine Mark billiger? Ich komme ja öfter.»

«Natürlich», sagte ich, «kein Problem.»

Er legte mir die Markstücke einzeln auf den Tisch und schob das Buch vorsichtig in seine Jackentasche, um dann eilig aus der Hölle der Unordnung zu verschwinden.

Im deutschen Einzelhandel war das Feilschen nicht eben üblich, aber in Antiquariaten schien es jeder normal zu finden. Je mehr Geld die Kunden hatten, desto verbissener versuchten sie, uns um ein paar Mark herunterzuhandeln. Herbert sagte gelegentlich, mit einem mitleidigen Blick auf die tadellose Kleidung des feilschenden Kunden: «Ach, wenn es bei Ihnen gerade so klemmt – nehmen Sie das Buch doch einfach so mit. Wir waren alle mal arm, was?» Danach bezahlten die Leute in der Regel den normalen Preis.

Ich öffnete dem Manesse-Mann die Tür, damit er die Klinke nicht berühren musste. Er machte sich ganz schmal und wand sich an mir vorbei, wobei er eine Hand schützend auf die Stelle der Jacke legte, an der jetzt das Buch geborgen war, das sicherlich künftig in äußerst ordentlicher Umgebung stehen würde, umgeben von unvorstellbar vielen ähnlichen Exemplaren aus demselben Verlag, wahrscheinlich mit einem Lineal ausgerichtet und zwölfmal am Tag abgezählt, immer zur vollen Stunde.

Herbert und ich dachten manchmal lange über die Rituale nach, die der Manesse-Mann womöglich mit seinen Büchern beging. Er hatte bestimmt mehrere Exemplare von jedem Band. Er kaufte immer alle in Frage kommenden Bücher, solange sie nur gut genug aussahen.

«Es hat ein bisschen was von Osterhase», sagte ich zu Herbert, der am Schreibtisch saß und die Kataloge der Hamburger Konkurrenz las. «Wir verstecken was, er findet es und ist glücklich.»

«Ja», sagte Herbert, «wir haben einen schönen Beruf. Lukrativ und erfüllend.» Er hob den Deckel der Blechkasse an und sah hinein. Fünf Mark, das waren die Tageseinnahmen. Dann drückte er mir das Geld in die Hand und sagte: «Los, hol mal Kaffee und Kuchen. Wenn man zu viel Geld hat, dann ist das auch nicht gut, das muss immer alles im Umlauf bleiben. Alte Regel, kannst du jederzeit hinten in der Esoterikecke nachlesen.»

Ich ging in die Bäckerei im Nebenhaus, in der die Verkäuferin mir ohne weitere Nachfrage wortlos zwei Tassen Kaffee und zwei Stücke Butterkuchen hinstellte. Butterkuchen war der billigste Kuchen, den aßen wir jeden Tag. Als ich schon fast aus der Tür war, rief sie mir mit gepresster Stimme ein scharfes «Wiederbringen!» hinterher. Obwohl ich einer der treusten Stammkunden war, schaffte sie es nicht, auf diesen Ruf zu verzichten, in ewiger Angst um ihre Porzellantassen, die wir womöglich heimtückisch im Antiquariat behalten könnten, wenn sie die Anweisung nur einmal wegließe.

«Ja», sagte ich, ohne mich umzudrehen, «ich bringe sie dann bei Gelegenheit wieder.»

Ich trug Teller und Tassen auf einem Tablett rüber in den Laden. Herbert und ich aßen den Kuchen und sahen weiter den Passanten zu, die an dem Laden vorbeigingen und die Auslage im Schaufenster ignorierten. Es nieselte, da blieb sowieso niemand stehen, um alte Bücher zu betrachten.

Der Laden blieb oft tagelang leer. Die Bücher in den Grabbelkisten vor der Tür blieben unbeachtet, die Tür ging nicht auf, das Telefon stand still. Es gab selten Laufkundschaft, die etwa wegen der alten Ausgaben der Insel-Bücherei im Schaufenster angehalten hätte oder wegen der abgegriffenen Reiseberichte mit den Schwarzweißfotos aus der Sowjetunion der sechziger Jahre. Es gab auch selten Menschen, die im Vorbeigehen, während ihr Blick aus dem Augenwinkel auf das Firmenschild fiel, den Entschluss fassten, dass sie doch gerade jetzt endlich eine Lessing-Gesamtausgabe mitnehmen könnten, um einmal seinen Briefwechsel in aller Ruhe nachzulesen. Nein, in ein Antiquariat ging man natürlich gezielt, wenn man wirklich etwas suchte.

Daher kamen die Kunden nicht gerade scharenweise, und wenn sie tatsächlich einmal kamen, dann hatte man Zeit, mit ihnen zu reden. Sehr viel Zeit sogar, solange der Laden eben offen war. Ein nicht eben kleiner Teil unserer Kundschaft bestand aus Kollegen, denn die Inhaber und Angestellten von Antiquariaten beschäftigten sich ausführlich damit, nachzusehen, was die Konkurrenz gerade so dahatte. Man ging herum und klapperte die Läden im Umfeld ab. Bei der endlosen Fülle von Sammel- und Spezialgebieten gab es immer etwas zu entdecken, zu tauschen, zu erkunden und zu verhandeln, man konnte fachsimpeln, Gerüchte austauschen und auch über die stadtbekannten Stammkunden und fanatischen Sammler reden.

Wenn Kollegen kamen, holte ich wieder Kaffee und Butterkuchen aus der Bäckerei nebenan, und wir setzten uns damit auf die stabilsten und breitesten Bücherstapel aus den Bildbänden in der Kunstabteilung, auf die ewig summende Nachtspeicherheizung oder auch halb in das ebenerdige Schaufenster, sodass die Kunden von außen nicht nur Bücher, sondern auch Buchhändlergesäße bewundern konnten, was dem Gang des Geschäftes allerdings auch keinen nennenswerten Impuls verlieh. Über gut ausgetretene Gesprächspfade, auf denen man unweigerlich am Wetter vorbeikam, am Verfall des Stadtteils, am Niedergang des Buchmarktes und an der allgemeinen kulturellen Verwahrlosung der Gesellschaft schlichen wir uns allmählich an die entscheidende Frage heran: «Wer hat gerade was?» Die Kollegen suchten für den Schwerpunkt ihres Ladens oder im Kundenauftrag, sie suchten nach Werken über Botanik mit farbigen Stichen, nach Exilausgaben von Heinrich Mann, nach Erstausgaben von Rilke, nach Handschriften von Schmidt-Rottluff oder nach einzelnen Blättern von Künstlern, die nur einen ganz kurzen Augenblick in der Geschichte einmal ein klein wenig bekannt waren, vielleicht sogar nur in einer bestimmten Region. Man suchte nach allem nur Denkbaren, und zu allen Themen gab es Spezialisten, es gab das absurdeste Fachwissen, und immer, immer gab es jemanden, für den es furchtbar ernst war, weil er bereits Jahrzehnte glühender Sammlerleidenschaft investiert hatte.

Daher behandelte man sämtliche Themen mit Vorsicht, denn es war zwar allen klar, dass etwa die Sammler von Karl May meist seltsame Charaktere waren, aber man verstand doch mitfühlend den Wahn der Süchtigen. Wenn es auch noch Geld eingebracht hätte, es wäre tatsächlich mein Traumberuf gewesen, und ich würde ihn bis heute ausüben, in irgendeinem kleinen Antiquariat, vollgestopft mit Büchern und Geschichten. Aber es brachte kein Geld. Es brachte nur immer noch mehr Bücher.

Ich saß mit Herbert im Laden herum, ab und zu rauchten wir eine, und draußen wurde es langsam dunkel. Wir lasen beide in Büchern, die wir uns aus den Stapeln gegriffen hatten, in diesem Beruf war Lesen immerhin jederzeit sinnvoll. Kunden waren nicht zu sehen. Dann klingelte das Telefon, und Herbert ging ran. Ich hörte eine Frauenstimme am anderen Ende, Herbert brummte ab und zu etwas wie «Ja», und «Klar doch» und «Können wir». Dann nannte er eine für unsere Verhältnisse ziemlich hohe Summe, kniff die Augen zusammen und lauschte angestrengt in den Hörer. Schließlich legte er auf und sagte grinsend: «Wieder diese Raumausstatterin. Wir müssen noch mal zwei, drei Kisten fertig machen. Leder, Goldschnitt, weihevolle Wirkung. Auf geht's.»

Die Raumausstatterin war eine unserer besten Kundinnen, wenn sie auch weder von Büchern noch von Literatur nur die geringste Ahnung hatte. Sie hatte einen neureichen Kundenstamm, dem sie die Wohnungen komplett einrichtete, damit sie wirkten, als gehöre der Kunde schon seit Generationen zum Geldadel der Stadt. Dazu war dann auch eine gediegene Bibliothek erforderlich, das verstand sich von selbst, irgendetwas musste den Kamin ja umrahmen, und nur mit alten Stichen, zwei Schiffsmodellen mit gefälschtem Familienwappen am Heck und etwas moderner Grafik war es da nicht getan. Wenn diese Kundin anrief, was leider nur alle paar Monate vorkam, dann hatten wir endlich eine Chance, unsere sogenannte Meterware loszuwerden. Werkausgaben der Klassiker, komplette Bildbandreihen, endlos dicke und sterbenslangweilige Bände mit Briefen von mehr oder weniger bedeutenden Persönlichkeiten des neunzehnten oder sogar achtzehnten Jahrhunderts. Vielteilige Lyriksammlungen des klassischen Altertums in zweisprachigen Ausgaben mit endlosen wissenschaftlichen Anmerkungen in separaten Bänden.

Herbert ging ins Lager und kam mit vier leeren Bananenkisten wieder. «Wollen wir mal sehen», sagte er und holte eine Leiter, «womit wir ihren Kunden beglücken können. Ein junger Mann soll das sein, sagte sie, irgendwas mit Wertpapiergeschäften oder so. Ist auch egal. Hauptsache Geld.»

Es war nicht davon auszugehen, dass die Kunden der Raumausstatterin die Bücher jemals lasen oder auch nur näher in Augenschein nehmen würden, also hatten wir freie Hand bei der Auswahl. Die Menschen, die solche Dienstleistungen in Anspruch nehmen konnten, die waren eher keine passionierten Leser, wenn man von den Börsenkursen einmal absah. Es war daher ziemlich egal, was wir in die Kisten packten, solange es nur ansprechend genug aussah. Wann wären wir auch sonst Freiligraths gesammelte Werke losgeworden oder mehrere Bände Herwegh oder Ludwig Börne? Der ganze Victor Hugo oder den gesamten Lamartine auf Französisch, so etwas hätten wir sonst nur heimlich im Hof verbrennen können, um es loszuwerden, das war nicht einmal mehr verschenkbar.

Wir stapelten die Bücher und stellten uns vor, wie der künftige Besitzer sie als Fotokulisse benutzte. Das bin ich in meinem neuen Heim, dahinten aus dem Fenster kann man die Elbe sehen, ich stehe in meiner Bibliothek. Aber vielleicht hatte der Mensch, dessen Wohnung wir da mit Literatur versorgten, doch irgendwann mal jemanden zu Besuch, der sich etwas auskannte und dann irritiert vor dem Regal mit unserer Auswahl stehen blieb, um ein wenig nachzudenken, in seinen Schulerinnerungen zu graben und irritiert zu fragen: «Freiligrath? Kropotkin?» Den Gedanken daran fanden wir sehr erheiternd, auch wenn die Wahrscheinlichkeit dafür sicherlich gering war.

Ein großer Stapel Goethe musste auf jeden Fall dabei sein, auf den zeigte die Raumausstatterin dann bei der Besichtigung der von uns bestückten Wände und sagte leichthin etwas wie: «Hier, Goethe und so, alles erstklassige Ware.» Und wo Goethe war, da war Schiller nicht weit. Wir waren stets in Versuchung, die eventuell noch fehlenden Regalmeter mit Marx, Engels oder Lenin aufzufüllen, aber das ging natürlich nur, wenn die Namen nicht allzu prominent auf dem Buchrücken standen. Wer weiß, sonst wären sie vielleicht sogar einem arrivierten Immobilienmakler aufgefallen, der am Abend kurz mit einem Aperitif in der Hand vor seinen neuen Büchern stehen blieb, spielerisch mit den Eiswürfeln im Glas klimperte und flüchtig über die Buchrücken sah, die so schön den Schall in seinem weitläufigen neuen Wohnzimmer dämpften. Wir gingen lieber nur geringe Risiken ein, die Kundin war uns zu kostbar.

Ich stieg auf die Leiter und reichte Gesamtausgaben hinunter, Herbert schichtete die Bücher in die Kartons. Dann schob er die schweren Kisten mit dem Fuß in Richtung Tür und sagte: «Sie holt das nachher ab. Trag ihr das dann mal ins Auto. Ich muss noch schnell zur Post.»

Ich staubte die Bücher ein wenig ab, die Kundin sollte unbedingt zufrieden sein. Etwas englisches Sattelfett auf den Lederrücken konnte auch nicht schaden, im Schreibtischfach lag immer eine kleine Dose griffbereit. Brüchiges Leder verwandelte sich unter meinen Fingern wieder in die geschmeidige Luxusausstattung, die es vor Jahrzehnten einmal gewesen war. Zwischendurch blätterte ich im Freiligrath. Schöner Buchrücken, keine Frage, dunkelrotes Leinen mit tiefer Goldprägung, leicht angestaubt, aber nur gerade so, dass es interessant wirkte, noch nicht verkommen und wertlos. Ein geradezu ideales Dekorationswerk.

«Ich träumte von Schätzen die ganze Nacht,
die ich dir wollte senden,
und drüber bin ich aufgewacht,
mit leeren, leeren Händen.»

Selbst wenn die Kunden jemals in die Bücher hineingelesen hätten, sie wären wohl schnell wieder im Regal gelandet.

Die Raumausstatterin kam kurz vor Ladenschluss, abgehetzt wie immer. Eine elegante Frau im Designerkostüm, etwas zu stark geschminkt, etwas zu sturmfest frisiert. Sie sah nach Geld aus, sie passte zu ihren Kunden. Ich fragte mich, ob in ihrer Wohnung vielleicht auch dekorative Bücher herumstanden. Bei uns hatte sie jedenfalls nie Eigenbedarf angemeldet. Vielleicht war ihre Wohnung auch nahezu leer, abgesehen von ein paar unterkühlten Designelementen und einer monströsen Stereoanlage, aus der unentwegt Synthesizer-Pop perlte, das hätte gut zu ihr gepasst. Wahrscheinlich war sie nicht viel älter als ich, auch wenn sie mir so vorkam. Immerhin stand sie fest im Beruf, während ich noch immer vollkommen orientierungslos durch die Monate jobbte.

«Habt ihr's?», fragte sie gleich, als sie hereinstürmte, etwas atemlos. «Es ist wirklich dringend diesmal, ich liefere sogar heute noch.»

Sie kam immer hektisch zwischen zwei Terminen zu uns, wir kannten das schon, sie lebte in einem anderen Tempo als wir. Ihr Geschäft schien gut zu laufen. Während Herbert und ich an den endlos langen Nachmittagen Kaffee tranken, am Schaufenster standen und verfolgten, wie der Gehweg vor dem Laden im Nieselregen langsam nass wurde, und manchmal darauf wetteten, wann die nächste gutaussehende Frau ohne Begleitung vorbeikommen würde, fuhr die Raumausstatterin quer durch die Stadt von Kunde zu Kunde, durch eine verblüffend andere Wirklichkeit. Man konnte sich diese Frau schlecht ohne Tätigkeit vorstellen, irgendwo in die Gegend starrend, womöglich mit baumelnden Beinen, das Bild verbot sich von selbst, wenn man sie vor sich hatte. Man sah sie nur in Bewegung, unruhig, im Filofax blätternd, Selbstgespräche führend und nervös mit dem Autoschlüssel spielend. Ich zeigte auf die großen Kartons, die ich an der Tür aufeinandergestapelt hatte.

«Klasse», sagte sie, «ihr seid die Besten. Ich habe euch übrigens einer Freundin empfohlen, die rüstet Filmsets aus, da kommen dann bald Anfragen auf euch zu, nehme ich an.

War das okay?» Sie sprach das Okay betont amerikanisch aus, es wirkte nicht einmal albern bei ihr.

Ja, sagte ich, das sei natürlich okay. Wir hatten das schon gelegentlich getan. Den Leuten, die die Filme ausrüsteten, war der Preis der Bücher noch mehr egal als den Raumausstattern. Bei den Filmleuten störte nur, dass sie die Ware unbedingt nach dem Dreh zurückbringen wollten. Filmleute kauften nichts, sie liehen immer alles aus, es war eine Frage des Prinzips. Das kostete zwar das Gleiche, was ihnen vollkommen egal war, aber wir mussten die Ware dann hinterher selbst entsorgen, denn die Bücher kamen in der Regel in einem furchtbaren Zustand zurück, da am Set das ganze Dekorationszeug ziemlich schlecht behandelt und nach dem Dreh gerne mal auf einen Transporter geworfen wurde. Aber für die Kasse war das natürlich eine erfreuliche Nachricht, selbst dann, wenn wir erst Meterware bei der Konkurrenz besorgen mussten, was schon einmal vorkam. Wir fuhren dann mit Herberts Kombi durch die Stadt, tranken bei den Kollegen Kaffee und sahen zu, wie sie für uns Karton um Karton füllten, während wir zur Abwechslung einmal andere Kuchensorten aßen. Geschäfte mit Filmleuten zu machen konnte wirklich nett sein.

«Goethe dabei?», fragte die Raumausstatterin und zog mit spitzen Fingern ein paar Bücher aus den Kartons.

«Aber sicher», sagte ich und zeigte auf die dunkelbraunen Lederbände, «jede Menge Goethe. Und Kamerad Schiller. Und der olle Wieland.»

«Sehr gut», sagte sie, «wer auch immer das ist.»

Dann bat sie um einen schnellen Kaffee, den ich ihr aus der Bäckerei holte.

«Ich bringe Ihnen die Tasse gleich wieder», sagte ich zu der Verkäuferin, noch während sie eingoss.

Sie sah mich irritiert an und verzichtete tatsächlich auf

ihren eigenen Text. Die Raumausstatterin saß auf einem Hocker und begutachtete die Nähte ihrer schwarzen Strumpfhose. Es war ein Muster darauf, Blumenranken wanden sich an den Beinen hoch. Sie war so elegant angezogen, dass man sich immer etwas schäbig neben ihr fühlte, sie verkehrte in gänzlich anderen Kreisen als ich. Ich kannte keine Frau, die Strumpfhosen mit floralen Mustern trug, ich kannte eigentlich nicht einmal eine Frau, die sich wirklich elegant anzog, und wenn ich es mit der Ehrlichkeit mir selbst gegenüber nur weit genug getrieben hätte, dann hätte ich zugegeben, dass ich nicht einmal irgendeine Frau kannte. Jedenfalls nicht näher. Aber man musste es auch nicht übertreiben mit der Ehrlichkeit.

Ich reichte ihr die Kaffeetasse, und sie trank hektisch nippend in kleinen Schlucken. Sie sah mir über den Tassenrand zu, wie ich ihr die Kartons in den Kofferraum trug. Ein schwarzer BMW mit einem komplett leeren Kofferraum, kein Krümel darin, kein Werkzeug, kein Altglas, kein Ding, kein Irgendetwas. Nur Neuwagengeruch nach Leder und Chemie. Ich dachte, für eine BMW-Fahrerin ist sie aber noch vergleichsweise sympathisch. Dann setzte ich mich wieder an den Schreibtisch und steckte das Geld in die Kasse, das sie auf den Tisch gelegt hatte. Mehrere Scheine, ein ungewohnter Anblick.

«Danke», sagte ich.

Sie lächelte mir zu, und ich dachte, das hat wahrscheinlich einen gewissen Disney-Charme für sie hier. Dieser alte, gammelige Laden, der Griesgram von Chef mit der roten Alkoholikernase, der junge Ladengehilfe, der meistens mit einem Buch dasaß, das musste ihr doch vorkommen wie aus einem sozialromantischen Film. Ich dachte, dass man sich Herbert gut als Zeichentrickfigur vorstellen könne, dieser Rauschebart, die Baskenmütze, das Weinglas, die Kippe, das war eigentlich ganz einfach, das hätte ich sogar selbst entwerfen können. Mich fand ich viel schwieriger. Zu dünn, schmale Brille, ziemlich lange Haare. Leicht schlackernder Anzug, der wohl schick gewesen wäre, wenn er richtig gepasst hätte, aber für dünne und eher kleine Männer wie mich gab es einfach nichts. Dazu Turnschuhe, weil ich eben zu der Generation gehörte. Ich kam auf kein überzeugendes Bild. Ich wusste einfach nicht, was an mir typisch war.

Die Raumausstatterin gab mir die Hand und fuhr weiter, wahrscheinlich Richtung Elbchaussee oder zu einer ähnlichen Adresse. Straßen, die ich nur von der Stadtrundfahrt kannte, die ich an meinen allerersten Hamburger Tagen einmal mitgemacht hatte, um mich besser in der neuen Stadt orientieren zu können.

Auch der Kunde, für den ich die Meterware mit dem Freiligrath zusammengepackt hatte, beschwerte sich nicht, zumindest hörten wir wochenlang nichts mehr von der Raumausstatterin. Wenn sie zu schnell nach einer Buchlieferung angerufen hätte, wäre es sicherlich um ein Problem gegangen, und wir nahmen in den Tagen nach ihren Besuchen immer mit einer gewissen Skepsis das Telefon ab, das allerdings sowieso nicht oft klingelte. Manchmal war es so tief unter Büchern begraben, dass wir es erst suchen mussten, bevor wir rangehen konnten. Es war natürlich leicht zu finden. Man musste nur der Schnur folgen, an der damals noch alle Telefone hingen.

DIE FALTENROCK-
BRIGADE

Ich arbeitete schon über ein Jahr als Aushilfe in dem Marktforschungsinstitut, als eine Stelle frei wurde, die mir passend
erschien. Ich fragte in der Personalabteilung, ob es sinnvoll
sei, mich darauf zu bewerben, und man sagte mir, ich solle
direkt mit Frau von Walther reden, mit der könne ich doch
gut. Also bat ich um einen Termin. Dann stand ich wieder wartend vor ihr, während sie auf ihre Zeitung starrte.
Ihr Hund kaute auf meinen Schnürsenkeln herum. Ich
versuchte, ihn wegzustoßen, ohne dass sie es merkte. Sie
schätzte es nicht, wenn man ihren Hund nicht mochte.

Es wäre allerdings eine beträchtliche Leistung gewesen,
dieses stinkende Fellknäuel zu mögen, das an den Besuchern
alles zerknabberte, was es in die Fänge bekommen konnte,
und das in letzter Zeit immer öfter ins Büro kackte. Selbst
wenn es in dem Raum gerade nicht nach Scheiße roch, bildete man es sich ein, weil alle wussten, dass der Hund es erst
neulich wieder getan hatte. Die Sekretärin weigerte sich in
einem geradezu revolutionären Akt, hinter dem Hund her-
zuputzen. Frau von Walther selbst konnte sich wegen eines
plötzlich aufgetretenen Hüftleidens, das sie vorher nie erwähnt hatte, leider auch nicht nach den Ausscheidungen
bücken. Sie saß daher stoisch in dem Geruch, bis die Putz-
leute kamen und endlich den Teppich schrubbten. Die
kamen allerdings nicht jeden Tag. Frau von Walther bekam
in der Folge immer seltener Besuch von Kollegen.

Ich stand wieder vor ihr und wartete ab, bis sie geruhte, mich zur Kenntnis zu nehmen, und sah mir dabei die Flecken auf dem Teppich an. Immerhin schien kein ganz frischer dabei zu sein. Der Hund rieb sich leise fiepend an meinem Bein.

«Festanstellung», sagte Frau von Walther ohne weiteren Smalltalk. «Interesse?»

«Ja», sagte ich, «das wäre nett.» Ich war mir sicher, dass sie mich nehmen würde. Immerhin konnte ich mittlerweile etwas, und das wusste sie auch. Ich hatte mit ihr schon ganze Wochenenden im Institut verbracht, um Studienergebnisse rechtzeitig in eine präsentable Form zu bringen, ich hatte bis spät in die Nacht gearbeitet und sogar am Heiligen Abend bis kurz vor der Bescherung. Dass ich ein brauchbarer Mann bin, das ist damit wohl hinreichend geklärt, dachte ich. Ein paar von den älteren Kollegen hatten gesagt, es sei wirklich angenehm, mit mir zu arbeiten, das schien mir genauso gut zu sein wie ein exzellentes Zeugnis eines anderen Arbeitgebers.

«Gehalt», sagte Frau von Walther unvermittelt, zog die Stirn kraus und guckte finster, als hätte ich bereits eine vollkommen wahnwitzige Summe von ihr gefordert, die das Lohngefüge des ganzen Hauses durcheinanderzubringen drohte. Dabei hatte ich über die Gehaltsfrage noch überhaupt nicht nachgedacht.

Frau von Walther sah mich weiter grimmig an, und ich sagte: «Ja, ein Gehalt wäre dann schon nett. Gehört ja auch irgendwie dazu. Wir werden uns bestimmt einig.» Erst einmal freundliche Stimmung erzeugen, dachte ich. Wenn sie erst auf falsche Gedanken kam und in schlechte Stimmung geriet, konnte man erfahrungsgemäß jedes Gespräch vergessen, dem war entschieden vorzubeugen.

Frau von Walther nahm sich eine ihrer superdünnen Zigaretten und zündete sie an. Sie reichte mir die Schachtel über den Tisch, was sie noch nie getan hatte. Ich nahm mir auch eine. Anscheinend war dies ihre Art, eine Beförderung auszudrücken. Ein seltsames Gefühl, an diesen Superslim-Zigaretten zu ziehen, als hätte man einen sachte schwelenden Zahnstocher im Mund. Wir rauchten eine Weile schweigend. Ich wusste mittlerweile, dass es nicht klug war, Frau von Walther im Gespräch voranzugehen.

«Akademiker», sagte sie jetzt und schüttelte den Kopf. Zwischen ihren Augen bildete sich eine steile Falte.

«Nein», sagte ich, «bin ich noch nicht.»

«Tausend Mark», sagte sie und trommelte mit den Fingern ungeduldig auf die Tischplatte, «tausend Mark Unterschied. Akademiker. Ist so.»

Vor dem Fenster spielten die Eichhörnchen auf einer Birke, drinnen fand gerade meine spontane Karriereplanung statt, die einzige, die ich je im Leben gemacht habe.

«Okay, ich schreib mich sofort ein», sagte ich, «und mach irgendwas nebenbei. Irgendein Diplom.»

«Regelstudienzeit», sagte Frau von Walther, wobei sie jede Silbe sorgfältig betonte.

Dann sah sie mich wieder fragend an, und ich nickte. Sie griff zum Telefon, ließ sich mit dem Personalbüro verbinden und winkte mich nebenbei mit einer Handbewegung hinaus. Ich schüttelte mir unauffällig den Hund vom Bein, der sich enttäuscht wieder zwischen Frau von Walthers Füßen zusammenrollte, stand auf und ging hinaus. Ich war ein gemachter Mann, fand ich.

Am Abend saß ich auf dem Fensterbrett meines WG-Zimmers und las mir die Beschreibungen der Hamburger Studiengänge durch. Zwei Drittel schieden von vornherein aus, weil sie naturwissenschaftlich oder technisch waren. Ich hatte schon beim Durchlesen der Beschreibungen das Gesicht meines Mathematiklehrers wieder vor Augen und hörte ihn undeutlich etwas von «Sarg» murmeln, wie er es gerne tat, wenn er mir meine Arbeiten wiedergab, die in wüsten roten Strichen korrigiert waren, denen man seine Wut ansah. Nein, lieber nichts mit Mathematik. Für ein paar andere Fächer brauchte man eine bestimmte Mindestnote im Abitur, die konnte ich sämtlich ebenfalls vergessen. Dann gab es welche, die mir ganz abgesehen von diesen Bedingungen als zu schwierig oder zu langwierig erschienen, wie etwa Jura, oder zu uninteressant, wie BWL, oder zu exotisch, wie Indologie. Die Auswahl schien schwieriger zu werden, als ich angenommen hatte.

An der Fachhochschule, deren Prospekt ich ganz zum Schluss auch noch durchblätterte, weil mir bis dahin nichts richtig gefallen hatte, konnte man Bibliothekswesen studieren. Das klang wie eine halbwegs vernünftige Berufsausbildung. Man würde wahrscheinlich schnell und elegant durchkommen, was sollte da schon dran sein? Bücher sortieren für Profis, das klang machbar und kam mir vertraut vor. Außerdem, und das war das Beste daran, wählten das Fach traditionell fast nur Frauen, das stand sogar als Hinweis im Studienführer. Nur Kommilitoninnen, keine anderen Männer, keine lästige Konkurrenz. Ich las mir die Beschreibung des Studiengangs durch. Es ging natürlich etwas um Literatur, aber viel mehr noch um Verwaltung, Personalführung, Statistik und Ordnungssysteme, ein wenig auch um «Neue Medien», also so etwas wie Bildschirmtext, Programmieren mit Turbo Pascal und anderes Computerwissen. Unter dem Strich klang es brauchbar, auch wenn man hinterher gar nicht Bibliothekar werden wollte, was ich keinen Tag lang vorhatte.

Ich schrieb mich kurzentschlossen ein und hoffte, dass

ich während der Studienzeit genug Zeit für meinen Büro-
job und das Antiquariat finden würde, im besten Fall wäre
so ein Studium halbtags an zwei, drei Wochentagen möglich. Eine genaue Vorstellung hatte ich davon allerdings
nicht. Aber alle Studenten jobbten irgendwie, das würde
schon funktionieren. Schließlich mochte ich meine Jobs und
wollte nicht darauf verzichten. Ich füllte die Papiere aus und
schickte sie ab, gerade noch rechtzeitig, um nicht ein weiteres Semester zu verlieren.

In der nächsten Zeit kümmerte ich mich vor allem um meinen Job im Institut, der gerade etwas stressig war. Ich sollte
bald richtig angestellt sein, da musste ich mich mehr beweisen, fand ich. Ich sagte zu keiner Aufgabe nein, machte
Überstunden ohne Ende und fühlte mich so etabliert, wie es
einem Abiturienten ohne Berufsausbildung nur möglich
war. Die Anmeldung bei der Fachhochschule geriet darüber
etwas in Vergessenheit. Als sie mir endlich wieder einfiel,
stand der erste Vorlesungstag schon kurz bevor, und ich
stellte irritiert fest, dass ich keine Papiere erhalten hatte,
keine Bestätigung, keinen Studentenausweis, keine Infor-
mationen, gar nichts. Wahrscheinlich war etwas schiefge-
gangen. Ich suchte mir die Nummer der Fachhochschulverwaltung heraus und rief dort an. Jetzt durfte nichts mehr
schiefgehen, Frau von Walthers Geduld war auch nicht endlos. Ich hatte ihr einen Abschluss in Regelstudienzeit versprochen, das musste jetzt klappen.
    In der Verwaltung hörte sich ein unfreundlicher Mann
meine Fragen an, unterbrach mich brummend und legte
dann den Hörer auf den Tisch, ein unangenehm lautes Geräusch in meinem Ohr. Ein Stuhl wurde zurückgeschoben,
und er rief durch einen wahrscheinlich größeren Raum
nach einer Kollegin. Dann nahm er den Hörer noch einmal

auf, sagte «Moment, das dauert etwas» und den Namen der Kollegin noch einmal sehr laut, es klang ein wenig gereizt. Ich hörte schwach, wie sie aus der Ferne antwortete. Sie fragte ihn, was zum Teufel denn los sei, sie trinke gerade in Frieden Kaffee und überhaupt, er solle sich gefälligst gehackt legen. Das Arbeitsklima in der Fachhochschulverwaltung wirkte etwas unentspannt auf mich. Der Mann am Telefon fluchte leise, ich konnte ihn ganz gut verstehen, anscheinend hielt er den Hörer jetzt wieder neben seinen Kopf. Dann brüllte er: «Ich hab hier so einen Freak mit einer Frage zur Faltenrockbrigade. Kannst du das jetzt übernehmen, oder was? Ich kenne mich da nicht aus, verdammt!»

Die Dame von der Fachhochschulverwaltung beruhigte mich dann, die Papiere seien unterwegs. Darauf sagte ich, das sei ja ein bemerkenswertes Timing, wenn man für den Versand von einer Handvoll Unterlagen ein paar Monate brauche. Ich dachte, Prozessverbesserung ist nicht nur etwas für Marktforschungsinstitute, Prozessverbesserung geht überall, und ich war immerhin dabei, ein Experte auf dem Gebiet zu werden. Man muss es den Leuten aber auch sagen, wenn man etwas wahrnimmt, das offensichtlich zu verbessern ist. Die Frau am Telefon gab ein zischendes Geräusch von sich. Sie sagte, ich möge mal nicht in Hektik verfallen, sie seien schließlich auf der Arbeit und nicht auf der Flucht und überhaupt, sie redete sich in Rage. Bibliothekswesen, da solle ich mal nervlich besser etwas runterkommen, da würden in aller Regel keine Spitzenmanager ausgebildet, was ich mir denn eigentlich einbildete. Ob ich nicht am Ende ein Testanrufer im Auftrag der Verwaltungsleitung sei, dann könnte ich mich jetzt schon auf ein schönes Gespräch mit der Personalvertretung freuen, so einfach käme ich mit so etwas nicht davon.

Ich legte auf.

Die Faltenrockbrigade war nicht der größte Studienbereich an der Fachhochschule, und es war, wie mir bald klar wurde, auch nicht der mit dem besten Ruf, schon gar nicht unter den anderen Studenten. Wenn man in der Mensa auf dem großen Campus der Universität saß und mit Germanisten, Juristen und BWLern ins Gespräch kam, machte man nicht eben Eindruck damit, wenn man auf die obligatorische Frage nach dem Studiengang mit «Bibliothekswesen» antwortete. Die meisten Studenten wussten nicht einmal, dass es so einen Studiengang überhaupt gab, sie hätten das eher für eine Ausbildung gehalten, wie bei Bürokaufleuten oder ähnlichem Gelichter. Insbesondere den Juristen war der Standesdünkel deutlich anzumerken. Wenn man dann noch gefragt wurde, mit welchem Abschluss man denn da fertig werde, und diese Frage wahrheitsgemäß mit Dipl.-Bibl. beantwortete, war die Heiterkeit meistens groß. Auch uns war klar, dass Dr. jur. irgendwie besser klang, aber dazu gehörte ein ganz anderer Lebensentwurf, der nicht unserer war. Nach einer Weile neigten wir vom Fachbereich Bibliothekswesen mehr und mehr dazu, mittags unter uns zu bleiben. Angehende Juristen waren ohnehin ein merkwürdiges Volk, und sympathisch war nicht gerade der erste Begriff, der einem zu diesen Leuten einfiel. Wir nutzten die Mensa und die Bibliothek, aber davon abgesehen hatten wir mit der Universität im Laufe der nächsten Semester nicht mehr viel zu tun.

Das Gebäude, in dem wir studierten, war die ehemalige Talmud-Tora-Realschule im ehemaligen jüdischen Viertel in Hamburg, der Schriftzug des Schulnamens war noch – oder wieder – an der Außenwand zu lesen. Wahrscheinlich war er im Dritten Reich nicht zu lesen. Gelegentlich hielten Reisebusse mit sehr alten Menschen vor dem Haus. Menschen, die zögerlich ausstiegen und dann lange sinnend vor der Hausfront mit der alten Aufschrift standen. Sie zeigten auf die Buchstaben, drehten sich um, betrachteten die Neubauten ringsum und die noch erhaltenen Fassaden aus der Gründerzeit in der Straße. Sie zeigten auf die großen Anlagen der Universität, die heute in einer sogar für Hamburger Verhältnisse brutalen Betonbauweise überlagern, was früher ein ganzes Stadtviertel gewesen war. Das Grindelviertel, das jüdische Viertel. Alte Männer, die sich langsam ein Stück auf die Straße wagten, Häuser ansahen, ein paar Meter in die nächste Querstraße hineingingen, dann mit den Schultern zuckten und zurückkamen, Unverständnis und namenlose Trauer im Gesicht. Sie kamen natürlich auch ins Gebäude, diese besonderen Touristen aus Israel oder den USA. Schlichen gebückt und bedrückt in kleinen Grüppchen die Gänge entlang, vorbei an den Klassenzimmern, in denen wir jetzt Seminare hatten. Sie standen staunend vor der ehemaligen Aula, die jetzt unser großer Hörsaal war.

Manchmal kam man mit diesen Besuchern ins Gespräch. Mühsam und vielleicht auch widerwillig erinnerte Deutschkenntnisse, halbe Sätze, die kein Ende fanden, schwer zu deutende Blicke. Ich wurde nach den ersten Gesprächen das Gefühl nicht los, in einem Gebäude zu sein, in dem ich nichts zu suchen hatte. Als ob es etwas geändert hätte, wenn es leer geblieben wäre. Aber meistens gingen die Besucher nur leise und vorsichtig, wie um nichts aufzurühren, über die Treppen, durch die Gänge und wieder nach draußen, wo sie sich dann vor dem Bus erneut sammelten und wenig redeten. Der Platz, von dem sie oder ihre Freunde, ihre Familien damals deportiert worden waren, er befand sich nur ein paar hundert Meter weiter, gleich neben dem alten Hauptgebäude der Universität. Ein Gedenkstein darauf, an dem an solchen Tagen dann frische Blumen lagen, Kränze und Sträuße, hebräische Inschriften. Zahlen auf dem Gedenkstein, die man sich nicht vorstellen konnte, die man sich nicht merken wollte. Zweihundert Meter weiter der Bahnhof, der sah noch genauso aus wie damals.

Am ersten Vorlesungstag führte ich ein paar meiner Kommilitoninnen aus der Provinz im Viertel herum. Ich war der Einzige in der Gruppe, der schon etwas länger in Hamburg war, und kam mir vor wie ein Reiseführer, obwohl ich so viel Vorsprung in Sachen Stadtkenntnisse gar nicht hatte und mir die Universität nur flüchtig bekannt war, aber das sagte ich natürlich nicht. Ich ging über den Campus, und eine ganze Schar Frauen lief mir nach. Super, dachte ich, alles richtig gemacht, so wird das was. Ich zeigte ihnen die Mensa und die Bibliothek, ich erklärte, welche Busse wo hinfuhren und wie man zur nächsten S-Bahn-Station kam. Die Frauen hörten mir zu und fragten nach jedem Gebäude, nach jeder Kneipe, nach jedem Café. Wer geht da rein? Ist das billig? Wo gehst du so hin? Wo kann man hier noch essen? Bis wo fahren die Busse, und wie geht das mit den Monatskarten? Ich redete und redete, ich fand den Beruf des Reiseleiters gar nicht so unattraktiv, da hätte ich auch mal früher draufkommen können. Einige der Frauen sahen nicht schlecht aus, ich ging auf ihre Fragen besonders ein, antwortete stets charmant, geistreich und eloquent. Wenn ich etwas nicht wusste, dachte ich mir die Antwort einfach aus, das lange Training im Antiquariat zahlte sich jetzt richtig aus. Ich konnte zu jedem Thema etwas sagen und so tun, als wüsste ich über alles, wirklich alles Bescheid. Ich sagte tatsächlich zu allem etwas und, wenn es sein musste, auch eine ganze Menge. Es würde sowieso Wochen oder Monate dauern, bis die Studentinnen darauf kämen, dass ich etwas Erfundenes erzählt hatte.

Ich hatte großen Spaß bei der Führung durch das Univiertel. Mir waren noch nie im Leben so viele Frauen nachgelaufen; wenn das hier ein Symbol für den ersten Tag des Studiums war, dann würde alles bestens werden. Als wir nach der stundenlangen Wanderung über den Campus und durch die umliegenden Straßen wieder vor der Tür unseres Fachbereichs standen, überlegten ein paar der Frauen, wo sie am Abend etwas trinken gehen konnten, um sich besser kennenzulernen und auf das Studium anzustoßen. Sie einigten sich auf eine der Kneipen, an denen wir gerade vorbeigekommen waren; es war, wie ich erfreut vernahm, ein Laden, den ich ganz besonders empfohlen hatte. Sie machten eine Uhrzeit aus und verabschiedeten sich. Die Runde löste sich langsam auf, da merkte ich erst, dass niemand mich gefragt hatte, ob ich mitkommen wolle. Na, dachte ich, das haben die jetzt bestimmt als selbstverständlich vorausgesetzt, dass ich dazukomme. Reisegruppenleiter sind eben immer dabei, das kennt man aus dem Urlaub, die muss man nicht extra einladen.

Ich ging noch einmal in das Verwaltungsbüro, in dem die Seminare, Vorlesungen und Veranstaltungen aushingen, und versuchte mir einen Plan zusammenzustellen, um möglichst schnell und mit geringem Arbeitsaufwand elegant durchs Studium zu kommen. Auf den ersten Blick sah es schwerer aus, als ich angenommen hatte, aber das würde ich nach den ersten Wochen besser beurteilen können, noch gab ich die Hoffnung nicht auf. Erst einmal alles anhören, dann entscheiden, was man weglassen konnte. Ich erstellte mir einen provisorischen Stundenplan und fuhr nach Hause. Ich musste dringend darüber nachdenken, was ich am Abend anziehen wollte, das war eine Grundsatzfrage, an der so vieles hängen konnte. Es sollte einerseits entspannt aussehen, andererseits aber nicht zu sehr nach Student, immerhin studierte ich nur nebenbei und machte eigentlich längst Karriere, und zwar nicht zu knapp. Zwar hatte ich noch keine Visitenkarte mit dem Wort «Manager» darauf, ich hatte genau genommen überhaupt keine Visitenkarte, aber das würde sich nach dem Studium schlagartig ändern, davon ging ich jedenfalls aus. Zu sehr nach Business auszusehen wäre aber auch falsch gewesen. Immerhin war mein Fachbereich den schöngeistigen Fächern doch ziemlich nahe, und die meisten Frauen, die dort studierten, hätten in einem Fragebogen unter «Hobby» sicherlich ohne Zögern «Lesen» eingetragen. Wenn nicht sogar «Schreiben». Oder etwas Kreatives wie «Lyrik aktiv und passiv». Da gehörte man mit Schlips und Anzug nicht unbedingt zur Zielgruppe, wenn es um die Liebe ging.

Kurz darauf stand ich in der WG vor dem Spiegel und probierte herum. Anzug an, Anzug aus, bis ich eine Jeans und ein einfaches blaues Hemd am besten fand, in dem Aufzug hätte ich tatsächlich alles sein können, Abteilungsleiter oder Studienanfänger, das sah aus wie ein unverbindlicher Einheitslook. Was ich wirklich war, das würde dann schon durch die Gespräche klar werden.

Ich ging am Abend in die Kneipe, in der sich die Frauen verabredet hatten.

«Ach», sagte eine von ihnen, als ich hereinkam, und sah mich überrascht an, «kommst du auch?»

«Ja», sagte ich und grinste den peinlichen Moment etwas fassungslos weg, «ich dachte, ich schau mal vorbei.»

«Setz dich doch», sagte eine andere, die nach grauer Maus vom Dorf aussah. Eine, die mir schon den ganzen Tag als besonders provinziell aufgefallen war.

Sie hatte mich so merkwürdig gemustert, als ich mit der Führung begonnen hatte. Sie hielt immer den Kopf seltsam schräg, wenn ich etwas sagte, und neigte sich dabei etwas zu mir hin. Ich dachte erst, sie sei schwerhörig, ich war schon drauf und dran, ihr ein paar Sätze extra laut zu wiederholen, man muss schließlich nett zu Behinderten sein, das versteht sich von selbst. Irgendwann bat sie mich, den letzten Satz noch einmal zu wiederholen. Ich hatte gerade gesagt, dass wir vor der Staatsbibliothek standen, was auch nicht zu übersehen war.

«Wir stehen hier vor der Staatsbibliothek», sagte ich sehr laut und besonders deutlich.

Ein paar herumstehende Touristen drehten sich nach mir um und kamen neugierig näher, die Kameras im Anschlag. Ich sah sie an und schüttelte unwillig den Kopf, sie gingen weiter. Dann erklärte ich meiner Kommilitoninnenschar, dass die Bibliothek offiziell «Staatsbibliothek Carl von Ossietzky» heiße. Es gebe aber einen Busfahrer, der an der Haltestelle vor dem Gebäude zuverlässig nur lustlos die seltsame Kurzform «Statzky» ins Busmikro nuschelte. Das schien allerdings niemand so umwerfend komisch zu finden wie ich. Staatsbibliothek Carl von Ossietzky, Statzky, darüber hätte ich stundenlang lachen können.

Die Frau mit der seltsamen Kopfhaltung schüttelte den Kopf und sah mich forschend an. Also wiederholte ich die Pointe sicherheitshalber ein drittes Mal in besonders akkurater Formulierung, und sie sagte, ich müsse nicht brüllen, sie sei ja nicht taub.

«Ach, nicht?», fragte ich.

Sie sagte, sie sei nur so verwundert über meine Aussprache und müsse das jetzt einmal fragen, da sei ja kein spitzes S dabei und wieso denn nicht. Ich sage tatsächlich Schtaatsbibliothek wie jeder andere auch. Und Schtudium und Schpeiseplan.

Ja, erwiderte ich, das wäre doch etwas albern, wenn man künstlich auf Hans Albers mache, nur weil man gerade in Hamburg lebe und neu Zugezogene herumführe, was sie sich denn vorstelle. Ich kannte außer Helmut Schmidt keinen Menschen, der noch so sprach, wie man in Hamburg gerüchtehalber spricht, und den kannte ich natürlich auch nur aus dem Fernsehen: «S-taatsräson», so etwas konnte nur er sagen.

«So redet hier gar keiner?», fragte mich die graue Maus, die auch noch Wiebke hieß, als wäre sie mit ihrem Aussehen nicht schon gestraft genug.

«Nein», sagte ich, «so redet hier kein Mensch, glaube ich.»

Wiebke sah aus, als hätte ich sie um die größte Attraktion Hamburgs gebracht, als hätte ich gerade erklärt, dass der Michel in Wahrheit aufblasbar sei und jeden Abend weggefaltet werde, wenn die Touristenhorden endlich weg waren und keiner mehr guckte. Ganz offensichtlich hatte sie sich sehr auf die putzige Sprechweise der Hamburger Eingeborenen gefreut. Sie war die Einzige, die sich im Laufe der Tour über den Campus tatsächlich Sachen notiert hatte, während ich etwas erzählte. Sie schrieb zum Beispiel die Öffnungszeiten der Bibliothek ab, darauf war sonst keine gekommen. Eine saubere Mädchenhandschrift auf einem neuen Collegeblock, der keinen einzigen Knick aufwies, auch nicht, nachdem sie ihn stundenlang unterm Arm herumgetragen hatte.

Als wir zwischendurch einen Kaffee in einer Bäckerei tranken, nahm sie ein Lineal aus ihrem Rucksack und machte einen Strich unter ihre Einträge, bevor sie umblätterte und eine neue Seite mit einer Überschrift versah. Ich verfolgte es mit Schaudern, es erinnerte mich unangenehm an die schlimmsten Streber in der gymnasialen Oberstufe, an Schüler, die noch im elften Jahrgang mit einem Ranzen zur Schule gingen. Menschliche Sonderfälle, mit denen man nicht viel zu tun haben wollte.

Ausgerechnet neben Wiebke war an diesem Abend der einzige freie Platz.

«Setz dich doch», sagte Wiebke noch einmal und zeigte neben sich auf die Bank, auf einen Platz, der strategisch äußerst ungünstig weit weg von den gutaussehenden Frauen am anderen Tischende lag, aber ich konnte natürlich schlecht sagen, dass ich nicht gerne neben ihr sitzen wollte.

Ich setzte mich also hin, irgendwie tat sie mir auch leid. Sie schien zum Rest der Gruppe keinen richtigen Kontakt zu haben, das war mir auf dem Campus schon aufgefallen. Sie war sicherlich vor wenigen Tagen zum ersten Mal überhaupt aus ihrem Dorf herausgekommen und von der Situation vollkommen überfordert. Sie erzählte mir von ihrer Heimat in Hessen, ein nie gehörter Dorfname, den ich sofort wieder vergaß. Eine Pastorentochter, wenn schon Klischee, dann gleich richtig, dachte ich. Ich versuchte, nebenbei dem Gespräch der anderen zu folgen, während Wiebke mir erklärte, dass sie ein Buchmensch sei, immer schon gewesen, und dass sie in einer Bibliothek sicherlich beruflich glücklich werde. Früher, dachte ich und nickte geistesabwesend, während sie immer weitererzählte, früher wäre so etwas wie du noch im Kloster glücklich geworden, aber die Zeiten ändern sich eben.

Die anderen bestellten Prosecco für alle, die fortgeschrittene Verbrüderung der Studienschwestern begann. Klirrende Gläser, lachende Frauen, ich winkte der Runde fröhlich mit meiner Bierflasche zu. Wiebke trank, hustete und fragte mich, was das da sei, in ihrem Glas.

«Prosecco», sagte ich, «so was wie Sekt.»

«Ja», sagte sie würgend, «lecker.»

Am anderen Tischende ging es anscheinend um einen jungen Dozenten, der am Vormittag einen kleinen Vortrag zur Organisation des Fachbereichs gehalten hatte, sie stritten sich darüber, ob man den nun einfach ansprechen dürfe oder nicht.

«Ein Lehrer ist er nicht, nur so ähnlich. Wir sind jetzt alle erwachsen, auch amtlich.»

Ja, wir waren alle erwachsen, außer Wiebke vielleicht, die mich fragte, wie viel Prosecco man denn trinken könne, ohne betrunken zu werden, denn das wolle sie nun sicher nicht, das sei so gar nicht ihre Art. Soweit ich hören konnte, gaben bei ihr nach dem zweiten Glas schon die ersten Konsonanten nach und sanken breiig in sich zusammen, aber ich sagte ihr, dass Prosecco kein sehr starkes Getränk sei, da ginge ruhig noch etwas.

«Hihi», antwortete sie ohne ersichtlichen Grund, «hihi.» Sie saß kichernd neben mir und starrte vor sich hin, ich versuchte weiterhin, das Gespräch der anderen zu verfolgen.

Wiebke winkte der Kellnerin. Klasse, dachte ich, sie zahlt schon, sie ist längst bei der Überdosis und reif fürs Taxi, ich kann auf der Bank gleich aufrücken, der Abend wird doch noch. Nur einen Platz weiter, und ich wäre schlagartig in bester Gesellschaft, neben Veronika aus Köln, die aussah wie Catherine Deneuve in sehr jung und in sehr gut gelaunt, sofern so etwas überhaupt vorstellbar war.

«Ich bestell jetzt mal was, was ich immer schon mal trinken wollte», sagte Wiebke dann aber und leckte den Zeigefinger an, bevor sie die Getränkekarte umblätterte. Ich dachte, jetzt komme sie mit einem Kleinmädchentraum wie Sex on the beach, aber Cocktails standen gar nicht auf der Karte. Gott sei Dank, dachte ich.

«Na?», fragte die Kellnerin, als sie mit Kugelschreiber und Bestellblock vor Wiebke stand, die fingerschnipsend nach ihr gewunken hatte, als wollte sie in einem Klassenzimmer aufzeigen.

Wiebke schloss die Karte und legte sie wieder schön gerade auf den Tisch. «Einmal Longdrink», sagte sie dann feierlich mit etwas geröteten Wangen.

Zufällig fiel ihre Bestellung gerade in eine allgemeine Gesprächspause, sodass jetzt der ganze Tisch zu ihr hinsah. Man fragte sich, ob sie sich versprochen hatte, ob man nicht richtig gehört hatte.

«Ja?», fragte die Kellnerin noch einmal.

Langsam und deutlich, in dem belehrenden Tonfall von Menschen, die auf besonders schlichtes und begriffsstutziges Servicepersonal treffen, wiederholte Wiebke: «Einmal Longdrink, bitte.»

Die Kellnerin seufzte. «Wenn ich jetzt noch erfahren dürfte, welchen du möchtest», sagte sie.

Wiebke sah sie erstaunt an. «Ach», sagte sie, «es gibt mehrere? Verschiedene?»

«Ja», knurrte die Kellnerin, «guck in die Karte, das hilft wahrscheinlich. Lesen hilft oft.» Sie ging kopfschüttelnd zu einem anderen Tisch und nahm erst einmal dort die Bestellung auf.

Wiebke blätterte wieder in der Karte, die ihr zweimal entglitt. Ich griff schließlich über ihre Arme und schlug die richtige Seite für sie auf.

«Oh», sagte sie, «oh, das sind aber viele. Was nimmt man denn da so?» Sie sah mich erwartungsvoll an. Ihr kompetenter Hamburg-Führer mit einer Meinung zu allem und jedem war doch bestimmt auch eine verlässliche Quelle, wenn es um Longdrinks ging.

Ich schaute über ihre Schulter in die Karte und dachte einen Moment nach. «Whiskey-Cola», schlug ich ihr schließlich vor.

«Das soll ein Longdrink sein?», fragte sie und sah überrascht aus.

«Ja», sagte ich, «guck mal, steht auch so in der Karte.»

Sie las die Seite in der Karte durch, mit dem Zeigefinger fuhr sie langsam die Namen entlang. «Ja, das ist ein Longdrink», sagte sie dann, «da steht er ja. Dann nehme ich den. Hab ich von meinem großen Bruder auch schon einmal gehört, das hat der auch einmal getrunken.»

Wiebke winkte der Kellnerin, die es allerdings nicht eilig hatte, noch einmal auf sie zu reagieren. Als sie endlich kam, bestellte sie ihren Longdrink, ich bestellte mir noch ein Bier. Die anderen Frauen wandten sich wieder anderen Themen zu. Ich konnte nicht verstehen, worum es ging, es war einfach zu laut in der Kneipe, und Wiebke erzählte mir in leierndem Tonfall von ihrem großen Bruder, der bei einer Krankenkasse arbeitete, der habe Glück gehabt, beruflich, sagte sie. Ja, sagte ich, das sei bestimmt super, bei einer Krankenkasse. Die würden ja immer gebraucht. Die Kellnerin brachte die Getränke. Ich bestellte gleich noch ein Bier und stieß mit Wiebke an. «Prösterchen», sagte sie, was mich allerdings nicht mehr überraschen konnte, ich hätte mich selbst über «Stößchen» nicht gewundert. Sie war vom Geschmack ihres Longdrinks angenehm überrascht und stellte nach zwei großen Schlucken fest, dass man so etwas ja ruhig öfter trinken könnte, wenn es nicht zu stark sei.

«Nein, nein», sagte ich schnell, «Cocktails sind stark. Longdrinks nicht. Die sind eher so mittel.»

Wiebke hatte ein Zimmer in einem kirchlichen Studentenwohnheim bekommen und erzählte mir, dass da alles sehr ordentlich sei. Ich fing unwillkürlich an zu lachen und sie fragte mich irritiert, was los sei. Ich erklärte ihr, dass so ein Satz in etwa die letzte Feststellung sei, die man von einer jungen Studentin in der Millionenstadt erwarte, es sei alles so schön ordentlich, das sei nun wirklich originell, das müsse ihr doch selbst auffallen. Sie sagte unbeeindruckt, dass Unordnung nicht erstrebenswert sei und man auch besser lernen könne, wenn das Umfeld stimme. Sie zum Beispiel halte sich zum Lernen an feste Uhrzeiten und räume immer vorher den Schreibtisch auf. Dann erklärte sie mir verschiedene Lernsysteme, doch ich hörte längst nicht mehr zu.

Ich sah zu Veronika hinüber, die lachte und strahlte und offensichtlich viel Spaß hatte. Ich hätte gerne zu ihrer guten Stimmung beigetragen, ich hätte sie gerne noch mehr zum Lachen gebracht. Ich hätte einiges dafür getan, neben Veronika sitzen zu können statt neben Wiebke. Mir fiel allerdings nichts ein, was ich hätte tun können, jedenfalls nichts, was man noch als höflich hätte bezeichnen können.

Wiebke erklärte mir unerbittlich, wie sie sich ihr Studium vorstellte, sie hatte es jetzt schon haarklein durchgeplant. Sie meinte, alles bis auf den letzten Tag absehen zu können, bis hin zu ihrer Rückreise in die hessische Provinz, an der es selbstverständlich keinen Zweifel geben konnte. Sie redete und redete, es war geradezu lähmend uninteressant. Ich nickte mechanisch und beobachtete über ihre Schulter hinweg, wie Veronika beim Lachen die Haare zurückwarf. Dann schlief Wiebke plötzlich mitten im Satz ein, ordentlich an die Rückenlehne der Bank gelehnt, die Hände auf den Knien gefaltet. Ihr Kopf sank dabei leider auf meine Schulter. Ihre langweilig glatten mausbraunen Haare fielen ihr wie ein Vorhang über die Augen.

Veronika merkte es nach einer Weile, sie zeigte amüsiert auf uns und sagte, das sei ja süß und mit so etwas hätte sie nun nicht so schnell gerechnet, ich sei wohl ein ganz wilder Feger. Die anderen Frauen stießen sich an, tranken mir zu und lächelten mich freundlich nickend an. Das Bild, das Wiebke und ich abgaben, fanden alle rührend. Dann zahlten sie und standen auf, um sich die Jacken anzuziehen. Sie wollten noch einen Laden weiter gehen, das Studentenleben

begann gerade erst, dadraußen warteten noch mehr Kneipen mit mehr Studenten. Sie hatten sonst noch niemanden
in Hamburg kennengelernt, es könne schließlich nicht jeder
so schnell zuschlagen wie ich, sagten sie. Veronika klopfte
mir zum Abschied anerkennend auf die Schulter und verschwand dann mit dem ganzen Schwarm. Wiebke seufzte
im Schlaf und atmete ruhig weiter.

Ich bestellte mir noch ein Bier und stellte fest, dass ich
trotz Wiebkes Kopf auf der Schulter gerade noch an meine
Zigaretten herankam, die vor uns auf dem Tisch lagen, hinter ihrem leeren Longdrinkglas. Ich nahm mir eine und
zündete sie an. Dann wartete ich ab. Es war der erste Abend
des ersten Semesters, es war der Abend eines insgesamt sehr
guten Tages. Ich hatte alle Zeit der Welt. Außerdem, dachte
ich, ist es immerhin tatsächlich ein Erfolg. Wiebke war weiß
Gott nicht, was ich mir erträumt hatte, aber sie war eine
Frau, und sie war an meiner Schulter eingeschlafen, zufrieden lächelnd. Ich hatte nur ein wenig mit ihr geredet,
nicht einmal besonders enthusiastisch, und es hatte gereicht, um so viel Nähe herzustellen, dass sie an meiner
Schulter schlief – das war doch etwas, worauf man bauen
konnte. Endlich einmal hatte ich eine ganz normale Ken-
nenlernszene mit einer Frau, es war eigentlich alles wie in
einem brauchbaren Männerleben, also wenn man einmal
davon absah, dass Wiebke eben Wiebke war.

Sie tat mir ein wenig leid, weil ich in Gedanken so unfreundlich zu ihr war und weil sie mich offensichtlich toll
fand; fair war die Situation wirklich nicht. Bisher war ich
es immer gewesen, der beim anderen Geschlecht auf eisige
Kälte stieß, jetzt war ich auf einmal selbst der unnahbare
Eisblock, da hätte ich ruhig etwas einfühlsamer sein können, fand ich. Immerhin wusste ich, wie es den Opfern er-
ging. Ich dachte über die Situation nach und fühlte mich

schlecht. Also gab ich mir einen Ruck, nahm vorsichtig ihren Kopf und legte ihn etwas bequemer an meinen Arm, ich fand, ich musste auf der Stelle etwas freundlicher sein. Jede Tat birgt ihren Lohn in sich, murmelte eine Stimme in meinem Kopf. Ich streichelte ihr sachte über die Haare, das war das Mindeste, was ich tun konnte. Sie konnte schließlich auch nichts dafür, dass sie Wiebke war, und es machte mich ungeahnt zufrieden, einfach ein netter Mensch zu sein.

Irgendwann schlug Wiebke die Augen auf und sah zu mir hoch. «Wenn du meinst, dass du die Situation ausnutzen kannst», sagte sie in verblüffend präziser Aussprache, «dann liegst du aber falsch.» Sie richtete sich auf und strich sich die Haare glatt. Dann rückte sie etwas von mir ab und hielt sich mit beiden Händen an der Sitzbank fest, um nicht umzufallen, anscheinend war ihr schwindelig. Sie sah mich giftig an und ergänzte den Satz mit einem unvermutet deutlichen «Du Arsch».

GOTTLIEB
UND DIE RAUBRITTER

Herbert lehnte sich weit über die Marmorverschalung der Nachtspeicherheizung, griff mit einem Arm von innen in das Schaufenster und rückte ein paar der handgeschriebenen, krakeligen Preisschilder vor den ausliegenden Büchern gerade.

«Wir müssen umdekorieren», sagte er lustlos.

«Ich weiß», antwortete ich, «das müssen wir schon seit Wochen. Reisebücher vielleicht? Sind bald wieder Herbstferien.»

Herbert dachte nach und hangelte weiter nach Preisschildern, wobei er mit seinem kugeligen Bauch andere Bücher aus der Dekoration in unordentliche Querlage brachte. «Reisebücher», murmelte er unzufrieden, «nein, nein. Die Menschen lesen sowieso keine alten Reiseführer. Wir legen hier einfach alles voll mit billigen Taschenbuchromanen, alles strandtauglich und dünnflüssig, so knapp über Danella eben. Stephen King, Isabel Allende, Eva Heller und so ein Zeug, dicht an dicht. Kannste nachher schon mal was raussuchen, bitte. Je mehr, desto besser.»

Ich nickte und schob mit dem Fuß ein paar der Taschenbuchstapel zur näheren Untersuchung vor das Schaufenster. Herbert, der immer noch auf dem Bauch in der Dekoration lag, mit dem Gesicht fast auf den ausgestellten Büchern, schnitt einem vorbeigehenden kleinen Kind finstere Grimassen. Es griff erschreckt nach der Hand seiner Mutter, zeigte entsetzt mit dem Finger auf ihn und rief etwas, das wir nicht verstanden. Die Mutter schüttelte den Kopf und hockte sich neben den Kleinen. Der Junge zeigte immer noch vollkommen entgeistert auf Herbert, der jetzt doch lieber bemüht freundlich grinste. Die Mutter streichelte ihrem Sohn über den Kopf, der mit verzerrtem Gesicht anfing zu weinen, während er immer weiter wie gebannt auf Herbert starrte. In der grinsenden Variante fand er den Antiquar offensichtlich noch schlimmer.

«Ich schule sofort auf Kinderschreck um», sagte Herbert, während er dem weinenden Kind nachwinkte, das von seiner Mutter weitergezogen wurde. «Endlich noch was gefunden, das ich richtig gut kann. Spät, aber doch.»

«In vierzehn Tagen bist du auf der Messe in der Schweiz», sagte ich, «und ich muss ein paar Hausarbeiten gleichzeitig schreiben, sonst brauche ich ein Semester mehr, das kann ich nicht machen. Wir brauchen jemanden für den Laden, der kann schlecht zwei Wochen einfach geschlossen bleiben.»

Herbert stöhnte. Teils, weil er keine Lust hatte, etwas zu entscheiden, und teils, weil sich die heiße Marmorabdeckung der Heizung in seinen Unterbauch drückte, ihm allmählich die Luft nahm und die tiefgelegenen Körperteile grillte. Er kam langsam und rückenschonend wieder hoch, ganz rot im Gesicht vor Anstrengung, und setzte sich nach Luft ringend auf den kleinen Tritt, den wir den Kunden reichten, die unbedingt an die oberen Regalbretter heranwollten.

«Ich weiß», keuchte er, «ich weiß es doch. Ich habe nur noch keine Idee. Am besten ist es am Ende, wir lassen den Laden einfach zu. Merkt eh keiner.»

«Von wegen», antwortete ich, «alle merken es. Alle Kollegen zumindest. Sie werden denken, wir haben aufgegeben, wenn der Laden geschlossen bleibt, das geht nicht. Wir sollten hier lieber irgendwen reinsetzen, so schwer ist der Job nun auch wieder nicht. Jemand, der den Laden aufmacht, Geld annimmt, wenn jemand unbedingt etwas kaufen will, und die paar Leute vertröstet, die uns etwas verkaufen wollen. Um achtzehn Uhr Licht aus und fertig. Klingt wirklich überschaubar, da muss es doch jemanden geben.»

Herbert angelte nach seiner Kaffeetasse, die gefährlich kippelig auf der unregelmäßig hohen Buchreihe der Lyrikabteilung stand. Bei dem Rilkeband würde später dann «leicht fleckig im Schnitt» im Katalog stehen. «Und wer bitte», fragte er, «sollte sich hier stundenlang reinsetzen, ganz ohne Bezahlung? Wer außer dir ist denn so blöd und bescheiden, sich mit alten Büchern als Lohn zu begnügen?»

Das war in der Tat ein Problem. Ich verdiente genug Geld in meinem anderen Job und konnte mir den Luxus des oft unbezahlten Buchhandels daher leisten, aber das erschien uns nicht wie ein beliebig übertragbares Modell.

«Wir fragen einfach Gottlieb», sagte Herbert schließlich und setzte die Tasse angewidert wieder ab, denn der Kaffee war längst kalt geworden. «Wir müssen Gottlieb fragen. Es geht gar nicht anders.»

«Na, du hast Nerven», sagte ich.

In jedem Antiquariat gibt es Stammgäste, die fast jeden Tag vorbeikommen. Kunden, die sozusagen zum Inventar gehören. Sie wissen fast so gut wie der Inhaber über die Ware Bescheid, sie kennen die Preise der Bücher und oft auch ihre Geschichten. Kunden, mit denen man seit Jahren vertraut ist, mit denen man Gespräche führt, als gehörten sie zur eigenen Familie. Einer dieser Kunden bei uns war Gottlieb, ein Übersetzer, der in der Nähe wohnte und fast an jedem Nachmittag bei uns einen Kaffee trank, den es hier seit Jahren für ihn kostenlos gab. Gottlieb war ein bitterarmer

Mensch, der das wenige Geld, das er hatte, oft genug bei uns für Bücher ausgab. Er bekam bedeutenden Rabatt, denn wir wussten seine Buchleidenschaft und seine Bildung zu schätzen. Er trug immer den gleichen, schon recht verblichenen und an den Ärmeln durchgescheuerten schwarzen Anzug und eine alte lederne Aktentasche, in der er das aktuelle Manuskript, an dem er gerade arbeitete, ständig mit sich herumschleppte und die er nie aus den Augen ließ. Seit ihm einmal vor Jahren ein Manuskript gestohlen worden war, trennte er sich grundsätzlich nicht mehr von seinen Papieren.

Gottlieb übersetzte seit langer Zeit nur einen einzigen Autor, einen erlesen schwermütigen Meisterdenker aus den Karpaten. Seine Bücher waren schwach als Roman getarnte philosophische Abhandlungen von besonderer Schwere und Ernsthaftigkeit. Einer jener Autoren, denen, wenn eines ihrer Werke in Deutschland erschien, in den Feuilletons breiter Raum gewährt wurde, die aber kaum jemand wirklich gelesen hatte – abgesehen davon, dass man sie gelesen haben musste. Ich hatte in meinem Zimmer ein paar Bände von ihm stehen, man wusste immerhin nie, wer zu Besuch kam, womöglich lernte ich eines Tages eine Philosophiestudentin kennen oder eine Romanistin, da war es gut, etwas im Regal zu haben, das ich im Ernstfall schnell auf den Nachttisch legen konnte. «Den kennst du? Ja, den lese ich auch gerade.» Ansonsten war die Lektüre seiner Schriften aber eher den Zeiten vorbehalten, in denen man wirklich schwere Lebenskrisen durchmachte und gar nichts anderes mehr tun konnte. Also für die letzten paar Monate im Hospiz vielleicht. Und selbst dann hätte man sich womöglich noch um heiterere Lektüre bemüht. Einen nennenswerten Verkaufserfolg erreichte der Autor damit natürlich nicht.

Gottlieb als sein Übersetzer hatte einen Namen, seine sprachlichen Leistungen wurden gerühmt, und er hatte mehrere angesehene Preise gewonnen. Finanziell gesehen wäre er mit banaler Kriminalliteratur allerdings wesentlich erfolgreicher gewesen, zumal er dabei nicht jahrelang für ein Buch gebraucht und auch Autoren betreut hätte, die mehr als eine Zeile pro Tag schreiben konnten. Er pflegte einen exzessiven Briefwechsel mit dem alternden Schriftsteller, in dem die beiden nicht nur den eigentlichen geistigen Kern des Werkes wieder und wieder erörterten, sondern auch mit auf beiden Seiten gleich hoher Begeisterung der Begriffsgeschichte einzelner Formulierungen quer durch die europäischen Kulturepochen nachgingen. Sie rangen um jedes Wort, zwei Giganten der Bildung, die in materieller Hinsicht beide vollkommen erfolglos waren.

Wir fragten also Gottlieb, ob er den Laden für vierzehn Tage übernehmen könne, nur die Nachmittage und nur die halbe Öffnungszeit, das würde uns schon reichen. Es schien nicht ratsam, Gottlieb zu viel zuzumuten, sein Nervenkostüm war nicht das beste.

«Du musst hier bloß sitzen, damit der Laden symbolisch weiterbetrieben wird», sagten wir in betont ruhigem Tonfall. Dann stellten wir die Arbeit als denkbar einfach dar, was sie für uns auch tatsächlich war.

Gottlieb sah uns, wie ich es erwartet hatte, überrascht und furchtsam an. «Das kann ich nicht», sagte er dann, «das habe ich doch noch nie gemacht.»

«Nicht gemacht, aber oft gesehen», sagte ich. «Du sitzt hier jeden Nachmittag, es gibt nichts, was du nicht schon mal mitbekommen hast. Du öffnest den Laden, das ist ein einfaches Schloss, keine Alarmanlage oder so. Du setzt dich hier hin und wartest, bis Kunden kommen. Wenn sie ein Buch haben wollen, lässt du sie es bezahlen. Die Preise stehen hinten drin, in jedem Buch. Abends schließt du wieder ab und gehst nach Hause. Wenn jemand Bücher verkaufen will, vertröstest du ihn einfach, wir kommen bald wieder. Da gibt es nicht so furchtbar viel, was man daran falsch machen kann, glaube ich.»

Gottlieb schüttelte den Kopf, er war noch nicht beruhigt. Er wollte wissen, was er abends mit dem eingenommenen Bargeld tun solle, als ob er in den wenigen Nachmittagsstunden der Ladenöffnung gewaltige Reichtümer einnehmen würde, als ob unsere schäbige Blechschatulle mit den paar Münzen darin ein prächtiges Ziel für eventuell durch das Viertel stromernde Gangsterbanden wäre. Er wollte wissen, was er mit den Auslagen der Sonderangebote vor der Tür tun solle, wenn Regen käme, und was, wenn jemand ein Buch stahl.

Ich sagte ihm, in der Schreibtischschublade sei ein Revolver und er dürfe Ladendiebe ohne weitere Nachfragen erschießen. Er verstand nicht, dass es ein Witz sein sollte, und sagte ganz ernst, er wolle lieber keine Gewalt ausüben müssen. Dann wollte er wissen, wem genau er Kaffee anbieten solle und wem nicht, wie er sich am Telefon zu melden habe und wie er über Rabatte zu entscheiden habe. Außerdem wie die Heizung anzustellen sei, falls eine plötzliche Kälteperiode hereinbreche – und er sah bei all seinen Fragen verzagt und beunruhigt aus, während er mit uns diese Details besprach und die Antworten sicherheitshalber auf einen Zettel notierte.

«Also, du setzt dich hier einfach hin», sagte ich schließlich noch einmal mit Nachdruck, «du kannst dabei ruhig an deinem Manuskript arbeiten. Hol dir die Schreibmaschine von hinten, bau sie dir hier auf, dann kannst du ganz normal arbeiten. Wir schreiben hier auch immer an den Katalogen. Du sitzt hier wie zu Hause, Tisch, Stuhl, Schreibmaschine. Du sitzt hier einfach zwei, drei Stunden herum, nimmst dir ein paar Bücher als Lohn oder natürlich Geld, wenn tatsächlich etwas reinkommen sollte. Dann gehst du wieder. Vorher noch die Bücher von draußen reinräumen, dann den Laden abschließen, in den Bus steigen, fertig, Feierabend. Ins Bett gehen. Es ist wirklich ganz einfach.» Ich überlegte, ob ich irgendein Restrisiko vergessen hatte. Mir fiel nichts ein.

Gottlieb rührte in seiner Kaffeetasse, die auf seiner Aktenmappe stand, die wiederum auf seinen mädchenhaft eng zusammengestellten Knien lag. «Nein, nein, das ist nur für euch einfach. Ihr habt beide diese Raubrittermentalität, ihr geht einfach hin und macht was. Ich kann das so nicht.» Er sah ausgesprochen ängstlich aus, als er das sagte, und weil er dabei auf dem kleinen Tritt saß und Herbert und ich vor ihm standen, blickte er von unten zu uns herauf, was diesen Eindruck noch verstärkte. «Ich bin kein Macher», sagte er noch einmal leise, «ich möchte einfach nur in Frieden irgendwo sitzen, denken und schreiben. Aber ich tu euch natürlich den Gefallen, ich muss ja, schon wegen eurer Gastfreundschaft. Aber kann ich mir dann als Lohn auch Philosophiebücher mitnehmen, bitte?»

Herbert und ich, wir hätten uns beide nicht gerade als Raubritter gesehen. Eher als ein seltsames Zweiergespann aus einem bemerkenswert unentschlossenen Berufsanfänger und einem weitgehend erfolglosen Geschäftsmann, der in den Wirren der Achtundsechzigerzeit irgendwann beruflich falsch abgebogen war. Weder hatte ich eine vorausschauende Lebensplanung noch er eine erfolgreiche Unternehmung. Wir hätten uns nie als Macher verstanden, höchstens als überzeugte Irgendetwasmacher – und das war etwas ganz anderes, fanden wir. Wir standen jeden Morgen auf und machten tatsächlich irgendetwas, ob wir nun ein Ziel hatten oder nicht. Herbert wollte mit seinem Laden nur noch knapp über Wasser bleiben, mir reichte es als strategisches Ziel aus, im Institut erfolgreich Büro zu spielen und auf Frauenbekanntschaften zu warten. Raubritter stellte ich mir ganz anders vor.

«Da müht man sich jahrzehntelang, einen guten Hamlet zu geben, und dann nennt einen so jemand Raubritter», brummte Herbert in gekränktem Tonfall.

Allerdings waren wir beide durchaus in der Lage, mit den Kunden Gespräche zu führen, dabei gegebenenfalls sogar charmant zu sein oder auch Fachkenntnisse vorzutäuschen, und wir konnten, wenn es nötig schien, auf Menschen zugehen und sie manchmal zu einem Kauf überreden. Wir konnten Ware, die uns angeboten wurde, energisch ablehnen, wenn es vollkommener Schund war. Das mussten wir auch, sonst hätten wir schnell den ganzen Laden voller Konsalik und Hermann Löns gehabt, auf denen wir dann bis in alle Ewigkeit sitzengeblieben wären. Dieses durchaus geringe Können schien Gottlieb, der Gespräche mit anderen nach Möglichkeit vermied, wenn es nicht gerade um Literatur oder Philosophie ging, aber schon so lebenstüchtig, dass wir für ihn den Typ des rabiaten Machers mustergültig verkörperten.

Gottlieb wurde trotz aller Ängste die neue Ladenaushilfe. Wir erklärten ihm alle denkbaren Vorgänge im Geschäft mehrere Male, auch solche, die wir nur schwer denkbar fanden. Er hörte uns ernsthaft und konzentriert zu, notierte mit seinem Füller noch einmal Listen in sein Notizbuch und malte Tabellen. Er fragte mehrfach nach, legte die Stirn in Falten und sah nach wie vor äußerst besorgt aus. Herbert und ich gaben uns in bester Raubrittermanier unbekümmert, schlugen ihm auf die Schulter, sagten ein ums andere Mal Sätze wie «Das wird schon!» und rieten ihm, in Problemfällen einfach ein Schwert oder einen Morgenstern zu benutzen. Wir übergaben ihm schließlich die Schlüssel zum Laden und widmeten uns für zwei Wochen unseren anderen Verpflichtungen. «Wir gehen irgendwo plündern und brandschatzen, du hütest die Burg», wie es Herbert fröhlich formulierte. Daraufhin fragte Gottlieb, ob er einfach die Zugbrücke hochziehen dürfe.

Herbert fuhr in die Schweiz zu einer antiquarischen Buchmesse. Das Geld, von dem er lebte, konnte er nur über Versandkataloge und Messen verdienen, das Ladengeschäft hatte lediglich einen symbolischen Wert. Ich widmete mich für einige Wochen meinem Job im Marktforschungsinstitut, um dort etwas voranzukommen. Gleichzeitig schrieb ich die längst überfälligen Hausarbeiten für mein Studium. Ich kam nicht viel zum Schlafen in der Zeit und hatte keine freie Minute über, um mich noch um andere Probleme wie etwa den Laden zu kümmern. Gottlieb musste sich allein durchschlagen. Das Geschäft sah ich in dieser Zeit nur im Vorbeigehen, wenn ich morgens durch den herbstlichen Dauerregen zur U-Bahn rannte oder abends zurückkam; ich nahm das Schaufenster nur aus den Augenwinkeln wahr. Herbert verkaufte in der Schweiz eine erfreuliche Menge wertvoller Aktbilder aus der Frühzeit der Fotografie, was das Überleben des Ladens wieder für ein paar Monate sicherte.

An einem Montag nach zwei Wochen trafen er und ich uns morgens früh vor dem Laden wieder. Wir hatten uns dort verabredet, um die unverkaufte Restware von der Messereise aus Herberts Auto auszuladen und zurück ins Lager zu sortieren. Der Laden machte schon von außen einen geradezu dramatisch unaufgeräumten Eindruck. Als wir die Tür öffneten, schoben wir dabei Bücher über den Fußboden, die vor vierzehn Tagen, als wir uns gemeinsam von Gottlieb verabschiedet hatten, noch in halbwegs sortierten Stapeln angeordnet waren. Jetzt lagen sie in wildestem Durcheinander herum. Der Boden des Verkaufsraums war bedeckt mit Büchern aller Themengebiete, aufgeschlagene Bildbände lagen wie farbige Inseln im Chaos. Der Aschenbecher auf dem Kassentisch war übervoll und passte gut zu der Ansammlung ungespülter Kaffeetassen, die ihn von allen Seiten umgaben.

Die Bäckereiverkäuferin wird uns hassen, dachte ich als Erstes und stellte mir vor, wie ich ihr ein ganzes Tablett mit dreckigen Tassen nach so langer Zeit zurückbrachte. Wir bekamen wahrscheinlich nie wieder Kaffee, wir mussten uns eine Kaffeemaschine kaufen, wir mussten womöglich sogar Butterkuchen selber backen. Der Gedanke gefiel mir ganz und gar nicht. Das würde Gottlieb regeln müssen, so viel stand fest. Im Lager hinten war Licht, und in der Tür lehnte unsere Aushilfe, rauchend und mit einem erstaunlich seligen Lächeln im Gesicht. Er trug keine Anzugjacke und hatte die Ärmel seines ungebügelt wirkenden weißen Hemdes hochgekrempelt.

«Hallo, ihr zwei», sagte er in ungewohnt entspannter Tonlage und winkte mit der Zigarette. «Na, habt ihr Spaß gehabt?»

Er klang seltsam amüsiert, und das lässige Winken wollte nicht recht zu dem Gottlieb passen, den wir in Erinnerung hatten. Aber da es früh am Morgen war und Gottlieb vor uns in einem Laden stand, der nur nachmittags geöffnet war, schien hier sowieso einiges nicht zu passen.

«Ach», sagte Herbert, während er etliche Taschenbücher zur Seite schob, um wenigstens ein paar Schritte in den Raum machen zu können, «was man so Spaß nennt. Und du? Wie ist es gelaufen? Alles im Griff hier?»

«Im Griff», wiederholte Gottlieb und sah an die Decke, «das ist so eine eurer Vokabeln. Im Griff. Angreifen, im Griff haben, etwas ist griffig. Der Vogel Greif. Übergriffe. Faszinierend. Ja, ja, ich habe alles im Griff, ich glaube doch, das kann man so sagen.» Er sah weiter an die Decke, zog an seiner Zigarette und lächelte versonnen, als hätte er gerade einen besonders tiefgründigen Scherz gemacht.

«Gottlieb», sagte Herbert in einem Tonfall, der deutlich nach Betreuer für Schwererziehbare klang, «was genau hast du im Griff? Der Laden hier sieht etwas seltsam aus.» Er zeigte auf den Boden und sah Gottlieb fragend an, wobei er mit den Schuhspitzen nebenbei ein paar Bücher ineinander verschob, die genau vor ihm lagen. Umgeknickte Seiten, verbogene Schutzumschläge. Kein Anblick, den wir den Kunden gerne zugemutet hätten.

«Ja», sagte Gottlieb mit einem Blick auf das Chaos, «tut mir leid, wir sind noch gar nicht wieder zum Aufräumen gekommen.»

«Wir?», fragte Herbert.

Gottlieb sah Richtung Lager und legte einen Finger an die Lippen. «Sie schläft», sagte er, «wir sollten sie besser noch ein wenig in Ruhe lassen, sie war wirklich müde.» Dann setzte er sich auf den Korbstuhl am Schreibtisch und versuchte die abgebrannte Zigarette in dem Aschenbecher auszudrücken, wobei ein paar der alten Kippen über die Tischplatte rollten. Er schob sie mit dem Zeigefinger versonnen wieder zu einem Häufchen zusammen.

Herbert hatte sich inzwischen bis zum Flur durchgekämpft, er winkte mir zu, zeigte mit dem Kopf nach hinten, und wir gingen zusammen ins Lager, um die Lage genauer zu ergründen. Es dauerte uns zu lange, Gottlieb zu verhören, der jetzt den Kopf auf die Tischplatte gelegt hatte und anscheinend im Begriff war, friedlich einzuschlafen.

Im Lager ruhte eine verblüffend schöne Frau quer auf ein paar zusammengeschobenen Bücherkartons und schlief. Sie hatte sich Gottliebs Anzugjacke übergezogen und sah für die harte Ruhestatt ziemlich entspannt aus. Ihre ausgestreckte Hand ruhte auf einem aufgeschlagenen Bildband über etruskische Kunst. Sie hatte die Schuhe ausgezogen und sehr ordentlich vor sich abgestellt, lackrot glänzende Pumps auf einem kleinen Stapel alter Theaterführer mit rostroten Umschlägen, es sah sehr dekorativ aus. Abgesehen von den Schuhen war die Frau vollständig angezogen, soweit wir es erkennen konnten.

«Da läuft man einmal im Leben ohne Kamera herum …», sagte ich zu Herbert, der nichts antwortete, aber mit einem eigentümlichen Gesichtsausdruck auf die schlafende Frau blickte.

«Schön», sagte er nach einer Weile leise, «wirklich schön. Aber ich wüsste trotzdem gerne, was hier eigentlich los ist.»

Wir gingen wieder nach vorne, wo Gottlieb noch am Schreibtisch saß und verdächtig ruhig atmete.

Ich fasste ihn an der Schulter an und rüttelte ihn sanft. «Gottlieb», sagte ich, «Gottlieb, was war hier los?»

Er schlug die Augen auf, nahm langsam den Kopf hoch, zündete sich die Zigarette wieder an und streckte sich. Dann erzählte er stockend und vor Müdigkeit wirr, was sich in den letzten Tagen im Laden zugetragen hatte.

Es dauerte eine ganze Weile, bis wir die Geschichte einigermaßen beisammenhatten. Die schöne Frau aus dem Lager wachte zwischendurch auf, stand plötzlich neben uns am Schreibtisch und fragte nach Kaffee, ganz so, als hätte sie in einem Hotel geschlafen und stünde jetzt am Frühstücksbuffet. Aber natürlich gibt es Dimensionen der Schönheit, da sagt man nicht nein, wenn man um einen Kaffee gebeten wird, ganz egal, wie absurd die Lage ist. Sie ging nach der Bestellung wieder nach hinten und richtete ihre verwirrten Haare in unserer eigentlich nicht vorzeigbaren Ladentoilette, die seit langer Zeit nur von drei Männern benutzt wurde und auch so aussah. Ich beobachtete, wie sie sich vor dem Spiegel hin und her bewegte, um eine Stelle zu finden, in der noch etwas zu erkennen war. Dann ging ich rüber zum Bäcker, der gerade erst aufgemacht hatte, und holte eine Tasse Kaffee. Erst als ich die Bestellung aufgab, fielen mir die benutzten Tassen neben dem Aschenbecher wieder ein, aber da war es schon zu spät.

«Sie müssten jetzt sieben Tassen im Laden haben», sagte die Verkäuferin scharf. «Sieben! Und Sie müssen nicht glauben, dass wir das hier nicht merken, junger Mann.»

«Oh», sagte ich, als ich die neue Tasse entgegennahm, «da werde ich gleich einmal nachsehen, das kann doch gar nicht sein.»

«Ihre Vertretung da», sagte die Verkäuferin, «der hat sich erst die ganze Woche nicht blickenlassen, aber gestern war er alle halbe Stunde hier. Geholt und geholt und geholt. Und nichts zurückgebracht. Dabei habe ich es ihm wieder und wieder gesagt. Wir kriegen unsere Tassen hier auch nicht geschenkt! Sagen Sie ihm das!»

Ich sagte ihr, dass ich mit unserer Vertretung ein ernstes Wort reden werde. Am besten jetzt gleich.

Ich stellte der schönen Frau, die immer noch mit ihren Haaren beschäftigt war und sie mangels Bürste mit den Fingern entwirrte, den Kaffee auf den Rand des Waschbeckens und sagte: «Bitte sehr, bitte gleich.»

Sie sah mich amüsiert an. ‹Toller Laden hier›, sagte sie, «unschlagbarer Service. Eine Nacht lang Beratung und dann einen Kaffee fast ans Bett.» Sie lächelte und zog sich die Lippen nach.

Dabei machte sie dem Spiegel einen Kussmund, und ich sah ihr zu, bis sich unsere Blicke im Spiegel trafen, dann wurde es mir unangenehm, und ich ging wieder nach vorne, zu Herbert und Gottlieb.

Die Kundin hatte nach Büchern von Breton gefragt, als

Gottlieb am Vortag gerade wieder im halbdunklen Laden stand und erfolglos und gründlich entmutigt nach dem Lichtschalter suchte, den er auch schon an den Tagen davor nicht gefunden hatte. Hinten im Lager war ein Schalter, in der Toilette war ein Schalter, und im Flur war ein Schalter, nur im Verkaufsraum, da gab es anscheinend keinen, zumindest entdeckte er keinen.

Herbert sah mich an und schlug sich gegen die Stirn. «Der Schalter», sagte er leise stöhnend.

Wir hatten Gottlieb zwar auf nahezu alle Eventualitäten des Geschäfts vorbereitet, wir hatten ihm sogar den Haupthahn für das Wasser gezeigt und den Sicherungskasten für den Strom, aber wir hatten vollkommen vergessen, ihm zu sagen, dass der Lichtschalter für den Laden hinter dem Lyrikregal war und man erst eine ganze Reihe von Büchern herausnehmen musste, bevor man da überhaupt rankam. Gottlieb hatte am ersten Tag lange Zeit gesucht und jeden sichtbaren Zentimeter der Wände wiederholt abgetastet, dann irgendwann aufgegeben und einfach im Dunkeln gesessen, über die volle Ladenöffnungszeit. Ab und zu stand er auf und sah sich noch einmal genau die wenigen freien Stellen an den Wänden an, weil er an seinem Verstand zweifelte, doch er fand nichts. Natürlich kam kein Kunde in den dunklen Laden herein. Aber das Telefon hätte immerhin klingeln können, dann wäre jemand da gewesen, um sich zu melden, deswegen blieb Gottlieb einfach sitzen. Gottlieb sagte, dass er schlecht nach Hause hätte gehen können, er habe uns schließlich versprochen, den Job zu machen. Außerdem rechnete er mit einem Kontrollanruf von uns, er sagte, er hätte das als ganz normal empfunden. Wir seien doch Geschäftsleute.

Herbert tippte sich unauffällig an die Stirn. Gottlieb blieb stoisch im Dunkeln am Schreibtisch sitzen und wartete ab, bis es spät genug war, um nach Hause zu gehen. Nicht einmal ans Lesen war bei dem spärlichen Licht von den Straßenlaternen vor der Tür zu denken.

Niemand kam herein, niemand sah auch nur in das Schaufenster, man hätte schließlich wenig erkannt ohne Licht. Bei einem dunklen Laden probiert keiner, ob die Tür vielleicht doch aufgeht, es gab wenig genug Menschen, die es probierten, wenn das Licht an war. Es war Herbert und mir schon passiert, dass wir übers Wochenende vergessen hatten, die Ladentür abzuschließen, aber nie hatte jemand den Laden betreten, nie fehlten Bücher. Wahrscheinlich hätten wir die Tür auch nachts sperrangelweit auflassen können, ohne dass jemand hereingekommen wäre, aber natürlich schlossen wir trotzdem an jedem Abend gründlich ab und rüttelten auch noch einmal an der verschlossenen Tür, ganz so, als wäre im Laden tatsächlich begehrte Ware eingeschlossen, ganz so, wie es der Juwelier auf der anderen Straßenseite mit seiner Tür tat, wenn er abends ging. Ein wenig Kaufmannsstolz hatten wir doch auch.

Am letzten Tag der Vertretungszeit saß Gottlieb wieder in der herbstlichen Nachmittagsdämmerung im halbdunklen Laden. Er hatte sich nach den Erfahrungen des ersten Nachmittags Kerzen mitgebracht, damit er wenigstens am Schreibtisch etwas lesen konnte. Er hatte im Laufe der Woche schon etliche der Buchstapel im Dunkeln umgerannt und versucht, sie tastend wieder aufzuräumen, hatte es aber bald gelassen, da er dabei nur noch mehr Unordnung machte. Man konnte die Buchtitel in den oberen Regalen gerade noch in der Resthelligkeit erkennen, die Passanten müssen ihn für einen Verrückten gehalten haben, wie er da im flackernden Kerzenschein am Schreibtisch saß, die Stirn in die Hände gelegt, und las, wie eine Geistererscheinung aus dem neunzehnten Jahrhundert.

Dann ging plötzlich die Tür auf, und die sehr schöne Frau kam herein. Sie fragte, ob der Laden geöffnet sei. Sie sah sich ein wenig um, als ob es normal wäre, ein Geschäft mit Kerzen zu beleuchten, und fragte Gottlieb dann nach Breton. André Breton. Sie sollte mir später erzählen, dass sie an einen Stromausfall gedacht habe, an ein Problem mit einer Sicherung oder dergleichen und dass es ihr ein klein wenig heldenhaft vorgekommen sei, wie unbeirrbar Gottlieb da hinter seinem Schreibtisch saß. Sie hatte eine ganze Weile vor dem Schaufenster gestanden und sich dieses Bild angesehen, dann hatte sie beschlossen, dass so ein Einsatz belohnt werden müsse, und war hineingegangen, um ein Buch zu kaufen. Gottlieb war so verblüfft, dass er eine Kundin im Laden hatte und dann noch so eine, dass er ihr trotz aller Schüchternheit wie versehentlich mit einem Kompliment auf ihre Frage antwortete und ihr sagte, dass es gewissermaßen ein Manifest des Surrealismus sei, wenn eine so schöne Frau in einem solchen Laden bei solcher Beleuchtung ausgerechnet nach Breton frage.

Die Frau sah ihn überrascht an und lächelte erfreut, dann beugte sie sich vor und küsste ihn. Einfach so. Als Dank für das Kompliment. Als Gottlieb davon erzählte, merkte man, dass er es immer noch nicht recht glauben konnte, dass ihm so etwas passiert war, so etwas, sagte er, sei doch sonst eher unser Metier. Und es sei, wie er jetzt festgestellt habe, ein interessantes Metier.

Ich sagte ihm nicht, dass ich wahrscheinlich vor Schreck gestorben wäre, wenn eine schöne und völlig fremde Kundin mich plötzlich geküsst hätte, und Herbert sagte ihm auch nicht, dass dergleichen für ihn wahrscheinlich der sexuelle Höhepunkt der letzten zehn, wenn nicht gar zwanzig Jahre gewesen wäre. Wir ließen Gottlieb in dem Glauben, wir würden auf stolzen Pferden durch die Welt reiten und uns nehmen, was uns zustand, wie es uns gerade gefiel. Immerhin war es schmeichelhaft, wenigstens von einem Menschen auf der Welt so gesehen zu werden.

Gottlieb erzählte von dem Kuss, und seine Finger fuhren dabei unwillkürlich an seine Wange, wo ihr Mund ihn berührt hatte. Sie hatte ihn geküsst, und dann hatten sie über Breton geredet, über Philosophie und über Kunst, über Literatur und Ästhetik. Sie saßen im schummerigen Kerzenschein und redeten und redeten, und sie verstanden sich blendend, und als es achtzehn Uhr war, schloss Gottlieb den Laden ab, und die beiden gingen nach hinten ins Lager, wo sie ein paar Kartons zur Seite räumten, bis eine Schneise entstand, in der sie bequem weiterreden konnten. Im Laden vorne hätte man sie durchs Schaufenster beobachten können, hinten gab es nur ein schmales Fenster zum Hof, da waren sie ganz für sich.

«Sonst hätten vorne doch dauernd Leute zu uns reingestarrt und geklopft», sagte Gottlieb, als wäre mit einem vehementen Kundenandrang nach achtzehn Uhr zu rechnen gewesen.

«Und ihr habt dann die ganze Nacht, na … geredet?», fragte Herbert, sichtlich bemüht, keinen anderen Sachverhalt ausdrücklich anzusprechen.

«Wir haben bis eben geredet», sagte Gottlieb und nickte, «und dann ist sie da eingeschlafen.» Er sah uns an, und in seinen müden Augen erkannte man Stolz.

Als ob es eine besondere Leistung wäre, eine Frau neben sich einschlafen zu lassen, nachdem man sie in Grund und Boden geredet hat, dachte ich. Dann fiel mir ein, dass es in meinem Fall tatsächlich eine besondere Leistung gewesen wäre.

«Nur geredet», sagte Herbert, und es klang fast ein wenig enttäuscht, «das war ja, haha, sehr ritterlich von dir.»

«Ja», sagte Gottlieb, dem der Sinn des Satzes vollkommen entging, mit leicht pikiertem Tonfall. «Es ist ja nicht so, dass so ein Verhalten lebenslang nur euch zustehen würde.» Er streckte sich wieder gähnend und sah in diesem Moment, zum ersten Mal, seit wir ihn kannten, fast wie ein entspannter Mensch aus.

Die schöne Frau lehnte während unseres Gesprächs am Philosophieregal und beobachtete uns drei belustigt, während sie ihren Kaffee trank. Sie war barfuß und musste kalte Füße bekommen, denn der Laden war um diese Tageszeit noch nicht beheizt. Ich ging ins Lager, um ihre Schuhe zu holen, die rot glänzenden Pumps, die auf den Büchern standen, wie inszeniert für ein seltsames Foto, Stillleben mit Theaterführer und Damenschuh. Vielleicht ein surrealistisches Bild. Ich nahm die Schuhe in die Hand und merkte, als ich mich bückte, dass die Kartons, auf denen sie gelegen hatte, noch nach ihr rochen. Ich dachte, dass ich seit Monaten nichts auch nur annähernd so Erotisches erlebt hatte. Ich brachte die Schuhe der schönen Frau, die sich offensichtlich immer mehr über uns amüsierte, und stellte sie vor ihr ab.

Der Kuss, den die Frau Gottlieb gegeben hatte, war nur ein ganz flüchtiger, ein ganz kleiner Kuss gewesen. Weil sie es so dermaßen nett fand, wie sie in dem Laden begrüßt wurde, und weil Gottlieb so traurig wirkte, wie er da bei seinem Kerzenstummel saß und las, als wäre er durch die Jahrhunderte gefallen, aus einer Zeit ohne Strom. Wie er sie angesehen hatte, mit einem so verhungerten Verlangen im Blick, bei gleichzeitig so formvollendetem Benehmen, da hatte sie ihn spontan geküsst, nur ganz leicht und kurz, wie nebenher. Sie hatte ihn nicht umarmt dabei, sie hatte nicht sein Gesicht gehalten und ihm nicht tief in die Augen gesehen, es war wie ein freundschaftlicher Begrüßungskuss, wenn man sich schon jahrelang kennt. Und sie hatte ihn auch nie wieder geküsst.

Ich weiß gut, wie dieser Kuss war, den sie Gottlieb damals gab, weil ich nicht viel später einen ähnlichen bekam und weil sie mir lange danach jedes Detail von dem Abend und der Nacht mit Gottlieb erzählte. Aber das war erst Jahre später, als ich schon mit ihr verheiratet war und uns diese Szene plötzlich wieder einfiel, als wir in einer Kleinstadt auf dem Land spätabends an einem unbeleuchteten Buchladen vorbeikamen, in dem eine Angestellte etwas herumräumte. Wir standen im Regen vor dem Fenster, ich hielt den Schirm über uns beide, und wir sahen auf die schemenhaften Bewegungen hinter der Scheibe und sagten beide gleichzeitig: «Weißt du noch, damals mit Gottlieb?»

SIE SAGTE, SIE SEI EIN WENIG VERLIEBT

«Wie hieß sie denn nun eigentlich?», fragte ich Gottlieb, nachdem die schöne Frau gegangen war und wir ihr nachgesehen hatten, bis sie um die Straßenecke verschwunden war.

Sie hatte uns noch einmal gewinkt, und wir hatten zu dritt «Bis bald!» gerufen, jeder von uns in der Hoffnung, dass es wirklich so kommen möge. Herbert klatschte in die Hände und sagte, Frauen hin oder her, jetzt seien dann wohl erst einmal die Kartons dran, und Gottlieb und ich murmelten: «Ja, die Kartons, jetzt aber ran», und dann arbeiteten wir, bis die Ware wieder verstaut war.

«Wie hieß sie denn nun eigentlich?», fragte ich noch einmal, denn Gottlieb sortierte schweigend Bücher und antwortete nicht.

«Stella», sagte Gottlieb, «Stella, wie der Stern. Lateinisch. Oder wie das Stück von Goethe, auch schön.»

Und ich dachte, das ist wieder mal typisch. Geschichten mit Frauen, die Stella hießen und dann auch noch so aussahen, als ob sie so hießen, die passierten immer nur anderen. In meinem Leben gab es in letzter Zeit nur Geschichten mit Frauen, die Wiebke hießen und auch so aussahen, als ob sie so hießen. Mein Leben war wirklich eine grauenvoll unfaire Angelegenheit.

Als auf dem Gymnasium einmal ein Mädchen unvermutet nett zu mir war, jedenfalls bis ich doch lieber die Flucht
ergriff, weil sie der Schrecken des Jahrgangs war, da war es
eine Yvonne, das passte auch ganz gut ins Bild. Ihre beste
Freundin, eine strahlende Irene, hatte mich niemals eines
Blickes gewürdigt. Das Mädchen in Travemünde, in das
ich jahrelang verliebt gewesen war, hieß Sarah, auch so ein
Name, den man gut in dunklen Nächten stundenlang an die
Zimmerdecke flüstern konnte. Liegen Männer aber nachts
wach, sehen auf den Mond und flüstern «Wiebke …»? Man
kann zumindest Zweifel daran haben. Vielleicht sollte man
Kontaktanzeigen nach Vornamen aufgeben, dachte ich,
das hebt die Chancen vielleicht dramatisch, und jeder findet
viel eher ein wirklich geeignetes Pendant, vorausgesetzt, er
schätzt sich selbst richtig ein. «Suche süße Sibylle» – wer
weiß, da hagelte es dann nur so Zuschriften, selbst bei Menschen wie mir.

Stella kam nach der Nacht mit Gottlieb wochenlang nicht
mehr in den Laden, und als sie endlich doch wieder erschien, begrüßte Gottlieb sie zwar freudig, aber es gab keinen Kuss, keine Umarmung und auch sonst kein Zeichen
gesteigerter Vertrautheit zwischen den beiden, obwohl Herbert und ich genau aufpassten und selbst die kleinste Re-
gung in ihrer Körpersprache scharf beobachteten. Es war
nichts Verdächtiges auszumachen. Dann stimmte es wohl
tatsächlich, dass sich die beiden die ganze Nacht einfach
nur angeregt unterhalten hatten. Wir waren ein wenig enttäuscht und fragten Gottlieb, nachdem Stella wieder gegangen war, ob er sich denn nun nicht etwas mehr Mühe geben
wolle, so eine Gelegenheit gebe es schließlich nicht alle Tage
im Leben, die Frau sei doch entschieden etwas Besonderes.
Er sah uns so irritiert an, dass wir nicht mehr weiterfragten,
sondern jeder für sich in einer anderen Ecke des Ladens Bü-

cher sortieren gingen. Manchen Menschen war eben nicht zu helfen.

Als Stella dann, nach etlichen Wochen, wieder in den Laden kam, war es schon Winter. Die Heizung brummte vor sich hin, Gottlieb, Herbert und ich saßen herum wie immer und warteten, dass irgendetwas passierte, dass der Tag herumginge oder dass ein Kunde käme, mit dem man hätte reden können. Als nach Stunden endlich jemand die drei Stufen zum Laden herunterkam und die Tür aufging, da war es Stella, die auf der Schwelle stand. Es wurde nicht im wörtlichen Sinne heller, als sie eintrat, aber es hätte keinen von uns gewundert. Sie machte die Tür auf, ihre langen rötlichen Haare wehten und wippten wie in der Fernsehwerbung, ein paar dünne Schneeflocken tanzten um ihren Kopf. Sie schüttelte mit einer Hand die Haare, die vom Schnee ein wenig nass geworden waren, eine Geste wie in einem Film, so damenhaft, so fototauglich. Sie sah uns an und lächelte, als wären wir drei ein besonders putziges Arrangement, wie wir da gelangweilt in dem Laden saßen und sie anstarrten wie eine Marienerscheinung. Meinetwegen hätte sie diesen Auftritt zwanzigmal wiederholen können, es wäre mir nicht langweilig geworden. Immer wieder die drei Treppenstufen zu uns herunter, wehende Haare, dieses Lächeln, die Hand in den Haaren, ein pinkfarbener Handschuh, ein leichtes Schütteln der Strähnen, fallende Flocken, Stella im Laden, Klappe eins, die erste, und gleich noch einmal und dann besser noch einmal.

«Hallo», sagte sie, und wir drei standen auf, als wäre es eine Szene aus den fünfziger Jahren. Hätten wir Hüte aufgehabt, wir hätten sie wahrscheinlich vor ihr gezogen.

«Kaffee?», fragte Herbert, und Gott sei Dank sagte sie ja.

Ich ging sofort zum Bäcker rüber, um ihr eine Tasse zu holen. Als die missmutige Verkäuferin mir den Kaffee einschenkte, fiel mir erst ein, dass ich gar nicht nach Kuchen gefragt hatte, und ich kaufte ein paar Stücke auf Verdacht, sie würde schon welchen essen wollen, die meisten Menschen essen doch gerne Kuchen. Dann nahm ich gleich noch ein paar Stücke, weil ich schlecht Stella Kuchen mitbringen konnte und Gottlieb und Herbert nicht.

Die missmutige Verkäuferin belehrte mich, dass man in Bäckereien immer gleich die richtige Anzahl Kuchenstücke sagen müsse, sonst seien die Pappgrößen der Pakete falsch. Sie machte grummelnd ein zweites Paket zurecht und sagte, Verpackungen kosteten auch Geld. Und belasteten die Umwelt, das solle ich mir doch bitte einmal klarmachen.

Ich gab meinen ganzen Nachmittagsverdienst für den Kuchen aus. Bei mehr Auswahl, hoffte ich, würde Stella vielleicht etwas länger im Laden bleiben, mehr Auswahl sah doch auch nach mehr Zeit aus. Herbert und Gottlieb sahen mich irritiert an, als ich mit den beiden großen Kuchenpaketen wieder zurückkam. Stella wirkte bestens gelaunt. Sie hatte sich auf meinen Bücherstapel gesetzt. Ich servierte ihr den Kaffee und reichte den Kuchen herum.

«Mein Leben in der Bourgeoisie», sagte Herbert nach einer Weile und kaute zufrieden auf der Sachertorte, die er sofort beschlagnahmt hatte.

Gottlieb stocherte uninteressiert in der Sahnepracht von Schwarzwälder Kirsch und sagte nichts, er starrte nur Stella an.

Ich verstand das. Sie saß auffallend gerade, eine nahezu perfekte Haltung, wie bei Klavierspielerinnen. Sie hatte einen langen Hals, und auch den hielt sie sehr gerade, ein langer, schmaler weißer Hals. Wenn man mit ihr flirtete, landete man sicher irgendwann bei einem Vogelvergleich, während man sie an der entsprechenden Stelle streichelte, so ein Hals war das. Ich sah sie bewundernd an, stellte mir vor, diesen Hals zu streicheln, und merkte plötzlich, wie zusammengesunken ich auf dem Boden hockte. Ich versuchte, etwas Haltung anzunehmen. Das war nicht so einfach, wenn man im Schneidersitz zwischen hohen Bücherstapeln an ein Regal gelehnt saß und Kaffee und Kuchen auf dem Schoß hatte. Ich beobachtete, wie Herbert und Gottlieb saßen, auch sie zwei Krummrücken übelster Sorte. Wir verkommen hier doch, dachte ich, das sieht man richtig, auch wenn es mir jetzt erst so deutlich auffällt. So etwas konnte doch nicht attraktiv auf Frauen wirken.

Gottlieb in seinem abgetragenen Anzug, den Oberkörper wie eingerollt über der abgewetzten Aktentasche von anno Tobak, Herbert in seinen Jeans, die er wahrscheinlich seit zehn Jahren durchgehend anhatte oder schon seit er damals in Berlin mit Dutschke und so, das wollte ja um Gottes willen keiner mehr hören. Daneben ich, zwar einigermaßen schick in meinen allerdings etwas zu großzügig geschnittenen Klamotten, aber kettenrauchend und kaffeesüchtig, bewegungsarm und sofort als Stubenhocker und Schreibtischtäter erkennbar. Restpickel aus der Pubertät auf der Stirn, da half dann auch der neue Anzug nichts. Drei unbeweibte Männer, die in einem gammeligen Laden verstaubten und jeden Tag dieselben Gespräche über das Wetter und die Kunden führten, das war wirklich schlimm.

Herbert rührte in seiner Tasse, er hatte diese furchtbare Angewohnheit, laut klingelnd in seiner Tasse zu rühren und einfach nicht damit aufzuhören, als wenn er dauernd Reden halten wollte. Gottlieb und ich sagten beide leise «Herbert!», zeigten auf die Tasse und schüttelten den Kopf. Die Frau musste doch denken, sie sei in einer betreuten Wohngruppe gelandet. Herbert sah uns überrascht an, dann legte er den Löffel weg und trank einen Schluck. Er blickte zum Fenster hinüber und sagte: «Gibt noch Regen heute.»

Stella lachte. Sie hatte eine schöne Stimme, jahrelang Gesangsunterricht in einem Chor gehabt, wie ich später erfuhr. Ihr Lachen war hell und laut, und Herbert sah sie pikiert an.

«Ist doch wahr», sagte er und zeigte auf das Fenster, vor dem es tatsächlich gerade schlagartig dunkel wurde, weil sich der Himmel immer mehr bezog.

Von dekorativen Schneeflocken keine Spur mehr, es würde wirklich gleich zu regnen anfangen, die ersten Tropfen glitzerten schon an der Scheibe. Stella lachte weiter und entschuldigte sich dann, sie sagte, wir drei müssten uns mal sehen, wie wir da so saßen. Drei Männer in Schwarz, die bodennah und in seltsamer Haltung herumlümmelten, Kaffeetassen umklammernd und rauchend, sie sagte, wir sähen aus wie die Jünger von Sartre damals in dem einen Bildband da, sie zeigte auf das große Buch in der Fotoecke.

«Sartre», wiederholte Gottlieb unwillig und wollte gerade etwas Grundsätzliches dazu sagen, als ich ihm schnell zuvorkam und Stella fragte, was sie eigentlich so mache. Denn was wir machten, das könne sie ja sehen.

Mir war jedes Thema recht, solange Gottlieb jetzt nicht mit seinen philosophischen Exkursen anfing, denn dann wäre der Nachmittag wahrscheinlich gelaufen. «Psychotherapeutin», sagte Stella.

«Ach du Scheiße», murmelte Herbert, aber nur ganz leise.

Gottlieb hob die Augenbrauen und schüttelte ungläubig den Kopf.

«Wie jetzt», fragte ich, ebenfalls etwas entgeistert, «so richtig Therapeutin?»

«Nein», sagte sie lächelnd, «nicht so ganz richtig. Ich unterrichte bei den Psychologen. An der Uni. Aber die Leute erschrecken sich so schön, wenn ich Therapeutin sage. Ich mag das.» Sie lachte wieder.

Wir aßen den Kuchen, wir tranken den Kaffee. Dann

rauchten wir wieder gemeinsam, und ich stand auf, um der Frau Feuer zu geben, wobei ich gegen einen Buchstapel rannte, was mir sonst nie passierte; sie sah immer amüsierter aus. Gottlieb sagte doch noch einmal mit erhobenem Zeigefinger etwas zu Sartre, hörte aber wieder auf, als keiner darauf einging. Herbert aß noch ein Stück Kuchen mehr und sagte, ich könne ruhig öfter eine etwas größere Kuchenauswahl mitbringen, er als Arbeitgeber begrüße das. Er sei auch bereit, mein Nachmittagshonorar unwesentlich zu erhöhen, wenn ich mich im Gegenzug bereiterklärte, die Steigerung komplett in Kuchenlieferungen umzusetzen, vorzugsweise in Sachertorte.

«Wer von euch geht denn heute mit mir zum Essen?», fragte Stella etwas unvermittelt und sah uns gespannt an. Herbert sah Gottlieb und mich an, wir sahen ihn an, dann sahen wir Stella an, die uns offensichtlich mittlerweile umwerfend komisch fand. «Na los», sagte sie, «ab zum Italiener. Alle Mann.»

«Ist doch noch gar kein Ladenschluss», sagte Herbert und blickte auf die Uhr, «außerdem hatte ich gerade erst Kuchen.» Er legte eine Hand auf seinen seit Jahren deutlich gewölbten Bauch, als machte er sich plötzlich Sorgen um seine Figur.

Ich sagte, es sei genau fünf vor sechs und die fünf Minuten seien nun wirklich vollkommen egal, wenn man bedenke, dass seit vier Stunden exakt vier Menschen den Laden betreten hatten, vier Menschen, die alle noch hier herumsaßen und von denen sicher keiner etwas kaufte. Herbert sagte, er könne jetzt trotzdem nicht einfach zum Essen gehen, er müsse erst noch den Laden aufräumen. Keiner erwiderte etwas. Den Laden aufzuräumen war eine so absurde Idee, dass sich jeder Kommentar von selbst verbot. Wenn er sich schon in solch erbärmliche Ausreden flüchten musste, dann wollte Herbert wohl tatsächlich nicht mit. Er fing noch einmal an, nervös in seiner Tasse zu rühren. Er ist darüber hinaus, dachte ich. Er ist schon so lange ohne Frau, er hat mit dem Thema einfach abgeschlossen. Hauptsache, er hat seine Flasche Rotwein am Abend. So endet das, wenn man sich jahrelang keine Mühe gibt, dachte ich, das ist wirklich schlimm, so weit darf es mit mir bitte niemals kommen. Wenn eine schöne und sympathische Frau einen um einen Abend bittet und man nein sagt, dann ist man wirklich fertig mit der Welt.

«Das kommt jetzt aber etwas plötzlich», sagte Gottlieb und wirkte auch nicht gerade begeistert.

«Ja», sagte Stella strahlend und nickte, «das war so eine spontane Idee.»

«Ich bin an sich nicht der spontane Typ, weißt du?», sagte Gottlieb und sah höchst unglücklich aus.

«Hast du einen anderen Termin?», fragte Stella freundlich.

«Nein», sagte er und log wenigstens nicht, «ich bin nur nicht darauf eingestellt. Ich bin wirklich nicht spontan.» In Gottliebs Blick lag die schiere Verzweiflung, es verbot sich, ihn weiter zu drängen, der Mann war sichtbar in Not.

Stella erweckte für einen Moment ein wenig den Anschein, als wollte sie gleich aufstehen und ihn etwas streicheln, um ihn zu trösten, aber sie blieb dann doch einfach sitzen.

Ich gab mir den entscheidenden Ruck und sagte: «Na gut, dann komme ich mit. Wo gehen wir hin?»

Später saßen wir beim Italiener um die Ecke, und ich war so nervös wie vor der mündlichen Abiturprüfung, an der damals mein ganzes Leben gehangen hatte, zumindest hatte es sich überzeugend so bedrohlich angefühlt. Dieses vernichtende Gefühl, dass der nächste Satz alles verderben könnte, diese irrsinnige Anspannung, mit der man auf jede Frage des Gegenübers achtet. Der Kellner brachte die Karten, und ich sagte, als sie die erste Seite umschlug, schnell: «Du bist eingeladen.»

Ich versuchte, ganz routiniert zu klingen, was gar nicht so einfach war, da ich mir nicht sicher war, ob ich genug Geld für uns beide mithatte. Ich wollte lieber nicht sofort nachsehen, denn das hätte wahrscheinlich nicht so souverän gewirkt, wie ich mich gerne gegeben hätte. Es sollte ein ganz lässiges, selbstverständliches «Du bist eingeladen sein», da konnte ich natürlich nicht hinterher mein Portemonnaie herausholen und Scheine zählen, als käme es mir auf jede Mark an, das hätte womöglich geizig oder ärmlich gewirkt. Ich wollte aber auch nicht sofort auf die Toilette gehen und dort heimlich nachsehen, man setzt sich nicht im Restaurant an einen Tisch, um sogleich wieder aufzuspringen, schon gar nicht in Damengesellschaft. – Also versuchte ich, mit den Fingern heimlich nach der Anzahl der Scheine zu tasten, ganz unauffällig, ich drehte mich etwas, sodass sie meinen rechten Arm nicht mehr sehen konnte, und fingerte an dem Portemonnaie in meiner Hosentasche herum. Stella sah mich an und fragte, ob ich ein Problem mit meinem Stuhl habe oder was. Sofort ließ ich die Finger vom Geld und verschob die Lösung des Problems erst einmal auf später.

Stella rauchte und bedachte mich mit einem Blick, den ich nicht deuten konnte. Entspannter machte er mich allerdings nicht, so viel stand fest.

«Rotwein?», fragte ich, und sie nickte. Ich winkte dem Kellner und bat ihn, uns eine Flasche Rotwein zu bringen. Bevor er nachfragen konnte, hatte ich ihn schon aufgefordert, uns etwas zu empfehlen. Immerhin konnte ich nicht sicher sein, ob Stella Weintrinkerin war oder nicht, da bot es sich nicht an, sofort zu offenbaren, dass ich von Wein nicht

mal die allerleiseste Ahnung hatte. Ich war eher der Dosen-
biertyp, aber wie klang das denn, so etwas sagte man natürlich nicht.

Der Kellner brachte eine Flasche, die teuer aussah, meine
Hoffnung, mit dem Geld in meinem Portemonnaie auszu-
kommen, sank immer weiter. Er schenkte mir ein, ich probierte. Der Wein schmeckte nach Wein, so viel konnte ich
immerhin zweifelsfrei feststellen. Ich bat den Kellner, weiter
einzugießen. Stella und ich stießen an.

«Danke», sagten wir dann beide gleichzeitig.

Sie, weil ich sie eingeladen hatte, ich, weil sie mich zum
Mitkommen aufgefordert hatte. Sie schlug die Beine übereinander, ihr Fuß berührte dabei ganz leicht mein Knie.
Dann setzte sie sich ein wenig zurecht, und nun berührte ihr
Knie mein Knie. Sie schaute dabei in die Karte und wählte
ihr Essen aus, kein Blick von ihr bestätigte mir, dass da unter dem Tisch etwas Absichtsvolles geschah. Sie murmelte
die Namen von Pastavariationen und blätterte um, zog zwischendurch an ihrer Zigarette und beachtete mich nicht
weiter. Ich war so sehr damit beschäftigt, ihr Knie zu fühlen, dass ich die Karte, die offen vor mir lag, gar nicht lesen
konnte. Wohl sah ich die Buchstaben, aber ich fühlte nur
Knie. An meinem linken Knie passierte gerade etwas Gran-
dioses, an meinem Knie war ein anderes Knie, und das andere Knie ging anscheinend nicht mehr weg. An meinem
Fuß kam manchmal ein anderer Fuß vorbei, blieb kurz daneben stehen, stupste ihn leicht an, wanderte wieder weiter.
Was unter diesem Tisch geschah, war ohne Frage ausgesprochen spannend.

Ich bestellte mir das erstbeste Nudelgericht, es war mir
ganz gleich, was da käme, sie bestellte eine vegetarische
Pizza. Ich dachte an einen wirklich guten Vegetarierwitz,
den ich gerade gehört hatte, aber ich erzählte ihn lieber

nicht. Sie fragte nach meiner Herkunft, nach meinem Leben, ich fragte nach ihrem, wir redeten von Städten und Jobs, worüber man eben so spricht, wenn man sich kennenlernt und noch zu jedem beliebigen Stichwort etwas zu sagen hat.

Aus den Lautsprechern an der Decke kamen italienische Schnulzen, die Kellner riefen italodeutsche Satzbrocken durch den Raum: «*Sì, signora*, komme gleich», «*Va bene, ciao*», «*Due espressi* für Tisch zwölf, *pronto*». Stellas Hand lag auf der rotweiß karierten Tischdecke, nur ein paar Zentimeter neben meiner Hand. Ihr Knie war immer noch an meinem Knie, auch als Pizza und Pasta schon aufgegessen waren. Das ist hier wie bei *Susi und Strolch*, dachte ich. Von all den Liebesfilmen, die ich je gesehen habe, werde ich ausgerechnet von diesem eingeholt. Ich sah auf die Spaghettireste auf meinem Teller und träumte vor mich hin. Ich hätte ein Königreich für ein Bier gegeben, aber Stella hatte den Wein gelobt, bestimmt war sie wirklich eine Kennerin oder zumindest eine Liebhaberin. Nein, Bier war jetzt keine gute Idee, Bier musste warten. Wir redeten und rauchten, und das Knie blieb immer weiter am Knie, und ich hatte die sensibelste Kniescheibe der Welt, das hatte ich vor diesem Abend gar nicht gewusst.

Ich hatte Glück und konnte gerade eben noch bezahlen, auch wenn das Trinkgeld leider etwas schmal ausfiel. Ich hätte gerne wesentlich mehr gegeben für einen so denkwürdigen Abend, aber nach dem Bezahlen hatte ich buchstäblich keinen Pfennig mehr. Wir trennten uns vor der Tür, Stella ging in eine andere Richtung als ich, ihr Auto parkte in der Nähe. Sie wohnte auf dem Land, hatte sie mir erzählt, irgendwo vor Hamburg, sie musste noch auf die Autobahn. Ich hatte einen Schreck bekommen, als sie das sagte, auf dem Land, das klang für mich unerreichbar, weit weg, ir gendwo dadraußen. Auf dem Land, das hieß, sie würde nur ab und zu nach Hamburg hereinkommen, sicher nicht allzu oft. Auf dem Land, das hieß, man konnte sich nicht mal eben mit ihr treffen, so wie jetzt gerade, auf dem Land, das hieß, sie war keine normale Frau. Sie sagte, sie komme jeden Tag nach Hamburg, sie gehe schließlich dort zur Arbeit und der Weg sei ganz kurz, einmal schnell auf die Autobahn, schon da, zack. Mir kam es dennoch so vor, als hätte sie gesagt, sie lebe im Ausland. Out of Eimsbüttel sagte ich, und sie lachte. Ich musste nur ein paar Meter gehen, um nach Hause zu kommen.

Bevor ich lange darüber nachdenken konnte, welche Abschiedszeremonie angemessen sein könnte, denn sicher war ich mir da ganz und gar nicht, nahm sie mich schon in den Arm und küsste mich auf den Mund. Der Kuss war weder kurz noch lang, er war etwas über dem, den man einem Bruder geben würde, aber unter dem, der auf eine leidenschaftliche Beziehung deuten konnte, er war etwas fester als ein Kuss unter Freunden, aber natürlich leichter als ein Kuss auf der Bettkante, der Kuss war einfach perfekt. Er passte zu ihr, sie war eine dieser Richtigmacherinnen, das sah man ihr schon an. Sie wirkte so, als würde sie das meiste im Leben richtig machen, richtiger Beruf, richtige Wohnung, richtiges Auto, richtige Frisur, sie war mir etwas unheimlich.

«Bis bald», sagte sie, drehte sich um und ging. Winkte an der Ecke noch einmal und war weg.

Ich blieb vor dem Restaurant stehen, schmeckte ihrem Kuss nach und hatte nicht die mindeste Lust, jetzt nach Hause und ins Bett zu gehen. Ich holte mir Geld aus dem Automaten vor der Sparkasse, lief zum nächsten Kiosk, kaufte mir eine Dose Bier und trank sie auf einer Bank an der U-Bahn-Station. Es gab viel nachzudenken, und zum Nachdenken sind Bahnhöfe immer gut. Stella und ich hatten uns nicht verabredet, ich hatte sie nicht um ihre Telefonnummer gebeten und sie mich nicht um meine, mir war das Thema Wiedersehen erst eingefallen, als sie schon um die Ecke war, und ich wollte ihr nicht nachlaufen. Das heißt, ich wollte schon, aber ich tat es nicht. Das war natürlich ein schwerer Fehler, denn dadurch war ich jetzt in der Warteposition. Alles hing nun davon ab, dass sie wieder in den Laden kommen würde, und zwar an einem Tag, an dem ich auch da war, und das war zu der Zeit gar nicht so häufig, weil ich immer öfter im Institut arbeitete, das brachte mehr Geld und mehr Möglichkeiten als der Buchhandel. Nun musste ich warten, und wenn es etwas gab, das ich wirklich abgrundtief hasste im Leben, dann war es Warten. Ich wusste genau, dass ich in den nächsten Tagen unentwegt an sie denken würde, sie würde mir bei allem im Weg sein, würde meine Konzentration stören, meine Arbeit, meinen Schlaf, jeden verdammten Gedanken.

«Stella», murmelte ich vor mich hin, als eine U-Bahn vorbeifuhr und es daher keiner der wartenden Passagiere hören konnte. Stella, I just met a girl named Stella, das konnte man auch singen. Was für ein schöner Name, was für eine schöne Frau. Dann überlegte ich und ging meine Termine durch. Es würde mindestens zwei Wochen dauern, bis ich wieder im Laden sitzen würde, zwei ganze endlose Wochen. Und wenn sie so oft in den Laden kommen würde wie in den letzten Wochen, dann konnte es auf diese Art leicht zwei, drei Monate oder noch länger dauern, bis wir uns wieder begegneten. Jedenfalls wenn es um einen Zufall gehen sollte. Wenn es nicht um einen Zufall gehen sollte, würde es leider ausschließlich an ihr liegen, irgendetwas zu unternehmen, denn ich wusste weder ihren Nachnamen noch den Ort, in dem sie wohnte. Ich wusste nur, dass sie Stella hieß, ein kontaktfreudiges Knie hatte, Männer genau richtig zum Abschied und zur Begrüßung küssen konnte und irgendwo an der Uni arbeitete. Das wäre eine schwierige Suche geworden.

«Stella», sagte ich noch einmal laut, als die nächste U-Bahn einfuhr. Dann holte ich mir noch ein Bier und setzte mich wieder hin. Bis zum Betriebsschluss würden schon noch ein paar U-Bahnen vorbeikommen.

Ich musste nicht lange warten, nur ein paar Tage später saßen Stella und ich am Küchentisch in meiner WG, tranken Kaffee und unterhielten uns. Ich hatte immer mehr den vollkommen irrsinnigen Eindruck, dass sie etwas von mir wollte. Sie kam mir mit einer Offenheit entgegen, die ich von Frauen nicht gewohnt war. Sie lächelte anders als andere, sie sah mich anders an. Allerdings kam ich an diesem Abend kaum dazu, ihre Blicke zu beachten oder überhaupt aufzupassen, was sie tat. Ich war viel zu sehr damit beschäftigt, etwas von ihr zu wollen. Mein Denkvermögen schien sich im Wesentlichen auf das gebetsmühlenhafte Nachplappern ihres Namens reduziert zu haben. Sie hatte nach unserem Abend beim Italiener nur zwei Tage gewartet und dann bei Herbert im Laden angerufen, um sich meine Nummer geben zu lassen. Sie erzählte mir lachend, dass Herbert sehr wortkarg am Telefon gewesen sei, als sie meinen Namen genannt hatte. Dann fragte sie, wann sie mich sehen könne. Einfach so. Ich sagte, ja, da müsse ich mal überlegen, das sei bei mir gar nicht so einfach zurzeit, mit meinen zwei Jobs und dem Studium, das sei immerhin eine Dreifachbelastung, die man nicht mal eben nebenbei wuppen könne, da müsse sie schon Verständnis haben, bei so einem überlasteten Menschen wie mir, und ob sie nicht vielleicht einfach sofort Zeit habe.

Nun saß sie am Küchentisch und redete irgendetwas, und ich hörte ihr nicht zu. Ich sagte ja und hm und nickte und hatte keine Ahnung, ob meine Antworten gerade passend waren oder nicht. Es war bestimmt interessant, was sie da sagte, aber ich bekam einfach nichts mit. Ich wusste immer noch ziemlich wenig über sie, weil ich beim Italiener zu sehr mit meinem Knie beschäftigt gewesen war und mir nicht gemerkt hatte, was sie mir alles erzählt hatte. Es tat mir leid, dass ich nicht zuhörte, ich würde später noch einmal nachfragen müssen, sie würde mich also schon in Kürze für einen Idioten halten, mit dem man jedes Gespräch dreimal führen musste. Aber ich war, obwohl ich mir Mühe gab, nicht in der Lage, sie anzusehen und gleichzeitig auf ihre Sätze zu achten.

Ich beobachtete ihren Mund, während sie sprach, ihre Lippen, ihre Zähne, ihre Nase, die etwas kaninchenhaft zuckte, wenn sie kicherte, und sie kicherte oft. Das Philtrum, also die schmale Stelle zwischen Mund und Nase, diese kleine Delle, die dort jeder Mensch hat. Philtrum, aus dem Altgriechischen, das Wort bedeutet Liebeszauber, und ich dachte, sieh mal an, egal was man alles in langen Wartezeiten im Antiquariat liest und sich ansieht, man kann alles irgendwann gebrauchen, selbst die alten Anatomielehrbücher mit den schönen Bildtafeln bringen einen weiter. Denn das Philtrum, also der Liebeszauber, stößt unten auf den Amorbogen, so nennt man beim Menschen den oberen Rand der Lippe. Der Liebeszauber am Amorbogen, wenn man das Gesicht einer schönen Frau mit diesen Bezeichnungen im Kopf betrachtet, dann versteht man es erst richtig, dachte ich, und die Wörter gingen mir nicht mehr aus dem Kopf, Liebeszauber am Amorbogen, wie schön war das denn? Diese Wörter aufzusagen, das war schon fast so gut, wie die Stelle zu küssen.

Ich merkte schließlich, dass Stella aufgehört hatte zu reden und dass der Mund, den ich die ganze Zeit anstarrte, nur noch lächelte. Ich blickte ihr irritiert in die Augen. Sie sah mich an, immer weiter lächelnd, und sagte dann, sie sei ein wenig in mich verliebt. Ich fragte, ob sie das bitte noch einmal wiederholen könne. Ich hatte nicht damit gerechnet, dass sie so etwas sagen würde, ich dachte bis zu diesem Moment immer, dieser Text stehe im Drehbuch grundsätzlich nur bei meinem Part. Sie legte mir eine Hand auf die Knie, auf die Stelle, die schon im Restaurant so begeistert auf sie reagiert hatte, und sagte, sie sei ein wenig in mich verliebt. Ich fragte, ob sie das noch einmal wiederholen könne, nur um ganz sicherzugehen, und sie legte mir auch die andere Hand auf die Knie. Dabei stützte sie sich ein wenig ab, und ich spürte ihr Gewicht auf meinen Beinen. Ihr Kopf war jetzt viel näher an meinem als noch vor einer Minute. Sie sagte, sie sei ein wenig in mich verliebt. Ich fragte, ob sie das noch einmal wiederholen könne, nur um jedes Verhören auszuschließen und damit ich wirklich ganz sicher sein könne, es richtig verstanden zu haben. Sie kam noch etwas näher. Es fehlten nur Zentimeter, bis wir uns küssen würden, wenn das so weiterging, und sie sagte, sie sei tatsächlich ein wenig in mich verliebt, und sie sagte es sehr langsam und deutlich, und ihre Augen waren jetzt sehr dicht vor meinen. Ich wollte, um den Satz für die Ewigkeit abzuspeichern und um lebenslang den Klang jeder Silbe parat zu haben, gerade fragen, ob sie das bitte noch einmal wiederholen könne, nur noch einmal, da legte sie mir eine Hand auf den Mund und sagte, sie sei ein wenig in mich verliebt, obwohl das gar nicht so einfach sei.

Ihre Hand war glatt und kühl und weich und roch nach ihr. Ich küsste ihre Handfläche, und sie legte den Kopf schief und lächelte, wie mich noch nie eine Frau angelächelt hatte. Sie ließ die Hand eine Weile auf meinem Mund, bis sie sicher war, dass ich die Frage nicht wiederholen würde. Ich küsste die Hand wieder und dachte, dass sie meinetwegen den ganzen Nachmittag so sitzen bleiben könne. Da nahm sie die Hand vorsichtig weg und sah mich fragend an, und ich musste sofort etwas tun, um mehr von ihr zu riechen, zu fühlen, zu küssen. Ich kniete mich vor sie hin, legte den Kopf in ihren Schoß und umschlang ihre Beine. Natürlich nicht aus übertriebener Anbetung. Einfach nur, weil es vollkommen angemessen war. Denn sie war eine sehr schöne Frau, und ich war nur ich.

FRAU DAHLBERG

Ich legte mein Diplomzeugnis in der Personalabteilung vor, und wir machten einen Vertrag. Frau von Walther bat mich zu sich und fragte, was ich denn nun eigentlich studiert hätte. Sie schüttelte irritiert den Kopf, als ich ihr meinen Abschluss nannte, und fragte zweimal nach. Dipl.-Bibl., das sei doch etwas seltsam, nicht wahr? Dann unterschrieb sie den Vertrag, es lief alles plangemäß. Ich heftete das Bündel Scheine aus den Seminaren ab und warf den Rest der Literatur und der Unterlagen weg. Das Kapitel Studium war für mich abgeschlossen. Ich war Akademiker, wenn auch nicht gerade mit dem edelsten Grad versehen, aber immerhin, ich hatte irgendeinen Abschluss. Abitur und studiert, das klingt so weit fast wie geplant, dachte ich. Abitur, studiert, Arbeitsvertrag, das klang sogar noch viel besser. Die ersten Hürden schien ich elegant genommen zu haben.

Und es gab neuerdings auch noch Stella, das ganze Erwachsensein schien so schwer nun auch wieder nicht zu sein. «Hier ergibt sich immer alles», hatte die Sekretärin damals bei meinem Vorstellungsgespräch gesagt, und seitdem schien das auch für den Rest des Lebens zu gelten. Dann zog ich in eine kleine Stadt in der Nähe von Hamburg. In eine langweilige, gar nicht schöne, vollkommen unspektakuläre Stadt dicht hinter dem Sachsenwald, der Hamburg im Osten begrenzt. Stella wohnte im Nachbardorf, das war für mich Grund genug, mir dort eine Wohnung zu suchen. Hier war vormals Zonenrandgebiet, in der Gegend war auf eine sehr gründliche Art nichts los. Ein paar Kilometer weiter, in der nächsten kleinen und ebenso langweiligen Stadt, befand sich schon der letzte westdeutsche Bahnhof vor der mittlerweile ehemaligen innerdeutschen Grenze. Auf diesem Bahnhof wurden früher immer die bekannten Bilder gedreht, auf denen man in der Tagesschau sah, wie ältliche Missionsdamen Kaffee, Bananen und Orangen in Zugfenster reichten, hinter denen Menschen mit seltsamen Frisuren sie begeistert entgegennahmen. Bilder, die wahrscheinlich schon bald in Geschichtsbüchern vorkommen würden. Der Bahnhof mit der größten deutschen Bahnhofsmission, das konnte man auf einem Schild am Gebäude nachlesen. Na super, dachte ich. Das war auch nicht gerade das, was ich in einem *Merian*-Heft über meine Heimat lesen wollte. Aber ich hatte keine Wahl, Stella wohnte nun einmal in dieser Gegend.

In dem Städtchen, in das ich zog, gab es keine hübsche Altstadt, kein Einkaufszentrum, keinen Hafen, keine Autobahnanbindung. Es gab nicht einmal einen richtigen Bahnhof, nur einen kurzen Betonriegel neben dem Gleis, mit einem winddurchlässigen Wartehäuschen darauf, dessen Glasscheiben die Jugendlichen des Ortes regelmäßig zerschlugen. Ein Fahrkartenautomat, der nie in Betrieb war, das Display von wütenden Kunden heftig zerkratzt, sodass man sowieso nichts mehr erkennen konnte. Wenn man hier auf einen Zug wartete, blickte man dabei auf den Parkplatz und die Container eines Penny-Marktes und die baufällige Lagerhalle einer seit vielen Jahren bankrotten Möbelhandlung, es war alles nicht sehr erbaulich.

Immerhin fuhren stündlich Züge nach Hamburg, jedenfalls tagsüber. In die andere Richtung fuhren sie neuerdings nach Mecklenburg. Im Fahrplan standen lauter Stationsnamen, die mir gar nichts sagten, außer Schwerin, dem Endbahnhof. Das hatte ich immerhin schon einmal gehört.

Ich fuhr nie nach Osten, mir fehlte da jede Neugier. Es sollte noch Jahre dauern, bis ich wenigstens die Mecklenburger Küste kennenlernte.

Stella wohnte nur ein Dorf weiter, das allein gab der Gegend einen seltsamen Zauber. Mir war ganz egal, wo ich lebte, solange es nur in ihrer Nähe war. Man muss Prioritäten setzen, dachte ich. Sie hatte von ihren Eltern ein Haus geerbt, es war also naheliegend, dass sie nicht zu mir nach Hamburg zog, wer würde schon ein Haus verkaufen, schon gar ein geerbtes? «Es ist doch meins», hatte Stella gesagt, und ich dachte, und Hamburg ist meins, aber das schien kein wirklich brauchbares Argument zu sein. Das Haus entschied die Diskussion über den Wohnort schnell und ohne lange Verhandlungen.

Es war mir nicht geheuer, aufs Land zu ziehen, es kam mir nicht richtig vor. Aber es ist alles ganz nahe bei Hamburg, dachte ich, so schlimm wird es schon nicht werden. Ich hatte etliche Kollegen, die auf dem Land wohnten, das waren, soweit ich beurteilen konnte, ganz gewöhnliche Menschen, und sie sahen auch nicht besonders leidend aus. Oder zumindest nicht jeden Tag. Wenn ich erst auf dem Land wohnte, könnte ich Stella jeden Tag sehen, wir könnten uns besuchen und danach einfach wieder nach Hause fahren, ohne Autobahn dazwischen, einfach so, wie es bei jungen Paaren üblich war. Nur noch ein paar Monate, und wir könnten uns auch jede Nacht sehen, es schien sich doch alles in diese Richtung, in die einzig richtige Richtung meines Lebens, zu entwickeln. Ich brauchte wirklich nicht lange darüber nachzudenken.

Ich fand eine Wohnung in einem genossenschaftlichen Mietblock aus den dreißiger Jahren, einem langgestreckten

Gebäude mit nur zwei Etagen. Dunkelroter Backstein, dunkelgraues Dach, mattgrau gestrichene Türen und Fensterrahmen, eine Haus gewordene Ödnis am Waldrand. Die Wohnung war unfassbar billig, wenn man es aus Hamburger Perspektive betrachtete. Am Monatsende hatte ich so viel Geld übrig wie noch nie im Leben. Ich fuhr mit dem Taxi über die Dörfer und lud Stella zum Essen in muffige Landgasthäuser ein. Ich kaufte bundweise Rosen am Hamburger Hauptbahnhof, mit denen ich dann die Landstraße bis zu ihrer Haustür entlangging. Ich lud sie zum Champagnerfrühstück ein und entdeckte ganz neue Preislagen bei Pralinen und Schokolade. Ich hielt mich für reich und heiratsfähig.

Stella fragte tatsächlich eines Abends, während wir über eine Landstraße spazierten, ob ich eigentlich auch zwei Personen ernähren könne, so theoretisch.

«Ja», sagte ich, «das ginge mit Sicherheit. Theoretisch.»

«Auch mehr Personen?», fragte Stella. Ich nickte, und sie griff nach meiner Hand. «Das ist gut zu wissen», sagte sie, «ich könnte ja meinen Job verlieren. Oder so.»

«Oder so», wiederholte ich, und dann sprachen wir nicht weiter darüber.

In meinem Leben ging es eindeutig voran, fand ich, da fiel es nicht weiter ins Gewicht, dass der Wohnort beim besten Willen nicht meiner ersten Wahl entsprach. Man musste dem Kaff vielleicht einfach eine Chance geben.

Die Balkone der Wohnungen in dem Block waren noch mit verwittertem Holz verschalt, das niemals gegen Metall oder Glas ausgetauscht worden war, wie es sonst längst üblich war. Das Holz fühlte sich an wie das alte Stegholz am Strand von Travemünde, ausgewaschen, sonnenbleich und von vielen Wintern verbeult und verzogen. In den Küchen der Wohnungen gab es noch geräumige Speisekammern, an deren Decken alte Haken hingen. Vielleicht hatten frühere Bewohner hier Würste oder Schinken aufgehängt, die sie damals von den Bauern ringsum gekauft hatten. Als es noch Bauern gab, aber das war nun auch schon eine Weile her.

Die Küche war mit der buntesten Tapete dekoriert, die ich je in einer Wohnung gesehen hatte, eine Explosion geometrischer Figuren in wildester Farbgebung. Meine Vormieterin, eine mollige junge Frau mit lackschwarz gefärbten Haaren und grellroter Brille, die bei der Bahn als Schaffnerin arbeitete, hatte bei der Wohnungsbesichtigung auf die Wand gezeigt und mit todernstem Blick gesagt: «Ich bin nämlich eine ganz Lustige.» In den Toiletten gab es Druckspülungen, wie ich sie in meiner frühen Kindheit zuletzt gesehen hatte. Sie machten einen Heidenkrach und gingen dauernd kaputt, dadurch sicherten sie aber immerhin die Existenzberechtigung des alten Hausmeisters, der auf einem knatternden Motorroller mit Anhänger über die Dörfer von Block zu Block fuhr und in den Wohnungen und Gärten nach dem Rechten sah. Auf dem Dachboden tief durchhängende Wäscheleinen mit Holzklammern daran.

Ich ging durch das Haus und fühlte mich wie in einem Heimatmuseum. Im Keller stand eine alte Mangel, die noch mit einem Fußpedal angetrieben wurde. Versuchsweise trat ich darauf, das Gerät drehte sich mühsam ruckend und quietschend, dicke Staubschichten lösten sich bröckelnd in grauschwarze Wolken auf. Hier hatte nie jemand etwas geändert, hier wurde einfach alles stehengelassen, jahrelang, jahrzehntelang. Die Bewohner hatten irgendwann Waschmaschinen und Trockner gekauft, den alten Waschkeller und den Boden hatten sie danach einfach nicht mehr betreten. In den Kellergängen gab es Schränke mit alten, leeren Einweckgläsern, und in der Ecke unter der Treppe stand erstaunlich viel verrostetes Gartengerät.

Der Rasen zwischen den Blöcken war in der Nachkriegs-
zeit als gemeinschaftlicher Gemüsegarten genutzt worden,
wie mir die älteren Nachbarn später erzählten. Damals, als
wir sonst nichts hatten, sagten sie und zeigten auf den jetzt
immer adrett gemähten Rasen, in dem es nicht einmal mehr
Gänseblümchen gab. Die üblichen Hinweisschilder in den
Treppenhäusern, man möge bitte die Türen stets gut verschlossen halten, das Licht wieder löschen und die richtige
Wäscheleine benutzen, sie waren noch mit schwarzer Frak-
turschrift auf weißer Emaille ausgeführt. Hätten irgendwo
die Anweisungen für das richtige Verhalten im Falle eines
Luftangriffs gehangen, ich hätte mich nicht weiter gewundert.

Vom Balkon aus hatte man den Blick auf den Waldrand,
hinter dem abends die Sonne unterging. Danach viele Kilometer nichts als Bäume. Gerade ausgerichtete Bäume, alle
ungefähr gleichen Alters, eine Reihe nach der anderen, in
endloser Folge, wieder und wieder, fast bis an die Hamburger Stadtgrenze. Buche um Buche, kaum Unterholz, nur
monotone Forstwirtschaft. Romantischer Wald sah anders
aus, fand ich, aber das merkte man natürlich erst, wenn man
darin war. Vom Balkon aus war der Blick vollkommen in
Ordnung.

Als ich in den Block einzog und meine paar Sachen in das
obere Stockwerk trug, öffnete sich die Tür der Nachbarwoh-
nung einen Spaltbreit, und ich sah undeutlich, wie mich jemand aus dem Dunkel heraus beobachtete. Ich grüßte und
wollte mich gerade vorstellen, da wurde die Tür sofort
wieder energisch geschlossen, eine Kette wurde rasselnd von
innen vorgelegt. Dahlberg stand auf dem Schild neben
der Tür. Super, dachte ich, das wird bestimmt total nett hier.
Auf dem Land sind die Menschen noch so herzlich, das weiß
man ja. Ich schleppte die ersten Kartons in meine neue

Bleibe und trat auf den Balkon. Hinter dem Wald ging gerade die Sonne unter. Ich sah es zum ersten Mal, und es war tatsächlich gemäldetauglich. Eine innere Stimme sagte in einem spöttischen Tonfall: «Hey, Gemälde mit Landschaften, super. Total spannend.»

Schräg hinter den ersten Bäumen, wo in der Ferne die Lichter am Turm einer Müllverbrennungsanlage rot blinkten, nur ein paar Kilometer weiter, da wohnte Stella. Ich beobachtete die Schwalben, die unter den Regenrinnen nisteten und in der Dämmerung die letzten Mücken erlegten. Ich wohnte jetzt auf dem Land, da sieht man eben Vögeln zu, dachte ich. Ich versuchte, mich zu entspannen und den Gedanken zu verdrängen, dass die Imbissbude auf der Osterstraße nennenswert spannender zu beobachten gewesen war. Die Schwalben flogen Achten und Kreise, sie machten das sehr gut, aber das war auch nicht anders zu erwarten, sie machten das ja dauernd.

Später ging ich noch einmal raus, ich wollte zum Waldrand. Wald riecht am Abend immer besonders gut, und ich dachte, ich könnte mich besser einstimmen, wenn ich randvoll mit dieser guten Luft wäre, wenn ich mich an den Gedanken klammern konnte, gesund zu atmen, wenn schon keine einzige Kneipe in der Nähe war. Von den Wiesen vor dem Wald kam mir ein erstaunlich kühler Abendwind entgegen, und ein paar dünne Nebelfetzen trieben dahin, es erinnerte alles sehr an Naturlyrik, eine Literaturgattung, mit der ich noch nie viel anfangen konnte.

Bei den ersten kleinen Bäumchen stand prompt ein Reh auf dem Weg und starrte mich an. Ich blieb stehen, atmete sachte und starrte zurück. Das Reh stand ganz still, nur die Ohren bewegten sich ein wenig. Wir sahen uns an, dann drehte ich mich vorsichtig um und ging langsam zurück. Was sollte ich hier Rehe vertreiben, die waren da zwischen den Bäumen immerhin zu Hause und ich nur zu Besuch, und so spannend war der Wald nun auch wieder nicht. Ich lief wieder den Weg durch die kalte Wiese entlang und sah mich noch einmal um, da waren neben dem Reh noch zwei weitere aufgetaucht. Hier ist aber was los, dachte ich, von wegen, auf dem Land gibt es abends kein Leben mehr.

In den folgenden Tagen sah ich die Nachbarin aus der Wohnung nebenan gelegentlich im Treppenhaus und grüßte immer betont freundlich, was sie nur kurz angebunden und unwillig knurrend im Vorübergehen beantwortete. Eine kleine alte Frau mit kurzen grauen Haaren, die immer äußerst ordentlich saßen, mit Klammern und einem dünnen Netz rigoros in Form und altmodische Wellen gebracht. Im Haus trug sie stets bunte Kittelschürzen und Hausschuhe. Sie war erstaunlich häufig zwischen ihrer Wohnung, dem Dachboden und dem Keller unterwegs. Ihr Gang war gebückt, aber an Ausdauer schien es ihr noch nicht zu mangeln. Ihr Kinn stand ein wenig schief, wodurch ein Ausdruck permanenter Missbilligung in ihrem Gesicht festgefroren war. Sie musterte einen immer erst eine Weile prüfenden Blickes, bevor sie auf etwas antwortete, wobei sie das Kinn noch schiefer als sonst zog und die Augenbrauen über der Nasenwurzel zusammendrängte. Wäre ihre Nasenform nur etwas näher an Karotte als an Kartoffel gewesen, sie hätte wie die deutsche Bilderbuchhexe schlechthin ausgesehen.

Als Kind hätte ich sicherlich Angst vor diesem Blick gehabt, dachte ich. Als Kind wäre es bei uns wahrscheinlich eine Mutprobe gewesen, diese alte Frau zu ärgern. In der Straße, in der ich als kleines Kind wohnte, gab es einen alten, missmutigen Mann mit einer ledernen Hand, bei dem machten wir gelegentlich Klingelstreiche, wenn wir einmal etwas wirklich Todesmutiges unternehmen wollten. Er stürmte dann Drohungen brüllend zur Tür, wedelte mit der schwarzen Hand und lief uns ein paar Schritte hinterher, während wir kreischend durch die Straße jagten und atemlos in den Wohnungseingängen verschwanden. In diese Kategorie hätte Frau Dahlberg bestimmt gut gepasst.

Nach meinen ersten Wochen in dem Haus wurde sie freundlicher, im Rahmen ihrer in dieser Hinsicht arg begrenzten Möglichkeiten. Sie hatte, wie mir später klar wurde, erst ergründen wollen, ob ich nachts nicht vielleicht wilde Partys feierte, Drogen im Hausflur verstreute oder betrunken leere Flaschen vom Balkon warf, denn das Chaos und der Ungeist der modernen Zeiten, sie lauerten überall. Anscheinend war ich aber ein vergleichsweise erträglicher junger Mann, mit regelmäßigen Arbeitszeiten und ungewöhnlich gepflegter Garderobe. Viele Anzugträger liefen in dem Ort nicht herum, da fiel ich mit meiner Bürokleidung schon auf. Ich machte keinen Lärm in der Wohnung, ich hatte gelegentlich Besuch von einer schönen, freundlichen Frau, die ebenfalls einen manierlichen Eindruck hinterließ. Das schien alles so weit in Ordnung zu sein. Frau Dahlberg war ernst und etwas ruppig, ihre Sätze waren gerade eben noch höflich in der Wortwahl. Ich sah sie niemals mit einem Lächeln im Gesicht. Vielleicht konnte sie aus gesundheitlichen Gründen nicht mehr lächeln, das schiefe Kinn war womöglich ein unüberwindliches Hindernis dabei.

Am vierten Sonnabend nach meinem Einzug klingelte sie morgens früh bei mir, es war noch vor acht Uhr, nur zufällig war ich schon wach.

«Wollte Sie nur erinnern. Sie haben Treppenhausdienst, junger Mann. Nicht vergessen!» Sie wandte sich abrupt zum Gehen.

Ich war etwas entgeistert und fragte nach: «Ich habe was?»

Sie drehte sich erneut um und sah mich unwillig an. «Na, was glauben Sie, Sie haben Treppenhausdienst. Sie müssen das hier putzen, von da ganz unten bis nach da oben zum Dachboden. Ich habe es letzte Woche gemacht, davor hat es der von unten gemacht.» Sie zeigte mit dem Kinn abschätzig auf die Wohnung des etwas ausländisch aussehenden Typen im Erdgeschoss, der ihr ganz offensichtlich nicht sonderlich sympathisch war. «Jetzt sind Sie dran. Sie machen hier jetzt mal Klarschiff. Man los!»

«Aha», sagte ich, «wie denn genau?»

Bis zu diesem Tag war mir das Prinzip der auf die Mieter verteilten Treppenhausreinigung noch nie irgendwo begegnet, in den Wohnungen, in denen ich davor gewohnt hatte, gab es immer Hausmeister, die auch reinigten. Sie musterte mich misstrauisch, ob ich sie nicht vielleicht auf den Arm nehmen wollte. Erst als ich nachfragte, ob es vielleicht mit Fegen getan sei, dämmerte ihr, dass ich wirklich wissen wollte, was genau gemacht werden musste. Sie atmete tief durch, schüttelte den Kopf und hob einen Finger. Dann bekam ich eine längere Einweisung in das Dahlberg'sche Prinzip der Treppenhausreinigung, eine umständliche Prozedur, zu der man Handfeger und Schaufel, einen großen Besen, einen Schrubber mit stabilen Borsten, wenigstens einen, noch besser aber zwei Lappen, ferner zwei Eimer und diverse Putzmittel brauchte. Und Haushaltshandschuhe, da würden die ganz billigen aber schon reichen. Sie zählte an den Fingern ab, was alles nötig sei.

Da ich überhaupt nichts davon hatte, fragte ich sie, in welchem Laden man so etwas am besten erstehen könne. Ich war bisher nur einmal durch die kleine Stadt gelaufen. Zu sehen gab es da nichts, und meine Einkäufe erledigte ich sowieso in Hamburg. Ich hatte außer dem Supermarkt, in dem ich ein paar Lebensmittel für das Wochenende kaufte, noch keinen Laden betreten.

Sie guckte mich an, und in ihren Augen war für einen ganz kleinen Moment eine schwache Ahnung von Belustigung zu erkennen, zumindest bildete ich es mir ein. «Na, den Weg zur Stadt kennen Sie aber schon, was?», fragte sie dann kopfschüttelnd und ging zurück in ihre Wohnung, grußlos wurde die Tür geschlossen, dann klapperte die Kette.

Fortan war ich ihr sympathisch, soweit man bei ihr überhaupt davon sprechen konnte. Es äußerte sich vor allem darin, dass sie nach dem Grüßen im Treppenhaus jeweils noch einen knappen Kommentar zum Wetter abgab.

Sie blieb stehen, wandte sich zu mir um und sagte nach dem üblichen prüfenden Blick auf meinen Anzug feierlich: «Gibt Regen!»

Ich nickte und sagte ernst: «Jaja, gibt Regen, man riecht es schon.»

Sie nickte auch, hob ihre Hand zu einem halben Winken und machte dann mit ihren seltsam emsigen Treppengängen weiter, hinauf und hinunter, immer wieder, Keller, Wohnung, Dachboden, Keller, Wohnung, Dachboden. Das große Schlüsselbund in ihrer Kittelschürze klimperte den ganzen Tag im Flur.

Ich achtete alle vier Wochen auf meinen Treppenhausdienst und machte immer reichlich Lärm dabei. Ich rammte mit dem Schrubber die Türen, besonders die von Frau Dahlberg, und ich schob die Eimer laut über den Boden, damit sie auch hören konnte, dass ich bei der Arbeit war. Ich fing im Keller an und arbeitete mich zum Dachboden vor, wobei ich im Erdgeschoss erst einmal eine Zigarette in der offenen Tür rauchte und die Eimer dabei mit dem Fuß weiter hin und her rückte. Ich kippte ordentlich Wasser über die

Treppe und schob es mit dem Schrubber vor mir her die Stufen hinunter. Ich wusste ungefähr, wie lange Frau Dahlberg für die Treppe brauchte, und hatte keine Ahnung, wie man so viel Zeit mit ein paar Stufen und einem schmalen Stück gekachelten Flurs zubringen konnte. Das Treppenhaus war nie richtig dreckig, die monatliche Reinigung durch Frau Dahlberg hätte für normale Ansprüche vollkommen gereicht.

Wenn ich endlich fertig war, wenn also genug Zeit vergangen war und ich mein Putzzeug wieder eingesammelt und meine Wohnungstür hinter mir geschlossen hatte, dauerte es nur ein paar Minuten, und Frau Dahlberg kam heraus. Sie ging im Treppenhaus umher, einmal bis zum Keller, einmal bis zum Dachboden und inspizierte das Ergebnis meiner Bemühungen. Ich lehnte von innen an der Wohnungstür, sah durch den Spion und hörte sie draußen unzufrieden brummeln und mit dem Schlüsselbund klimpern. Sie beschwerte sich aber nie bei mir, obwohl meine Art der Treppenhausreinigung lediglich auf Geräuschentwicklung und nasse Treppen abgestellt war.

Wenn ich sie später am Tag im Treppenhaus traf, zeigte ich auf die Stufen und sagte fröhlich: «Alles sauber!»

«Jaja», sagte Frau Dahlberg dann, «Sie waren ja aber auch dran, junger Mann.»

Wenn Stella mich besuchte, hörte das Klingeln des großen Schlüsselbundes manchmal vor meiner Wohnungstür auf, ohne dass die Tür von Frau Dahlberg aufging. Sie stand im Treppenhaus und lauschte. Ich lag mit Stella auf dem Bett, und wir hielten den Atem an, machten kein Geräusch und warteten, bis die Schlüssel nach einer Weile endlich leise weiterklingelten. Es konnte ziemlich lange dauern, und ich musste lachen, während wir so verharrten, nichts sagten und lauschten. Es erinnerte mich an die Abende, als ich vor langer Zeit als Kind mit meinem Bruder im gemeinsamen Bett lag und unsere Mutter horchend vor der Tür stand, um zu hören, ob wir schon schliefen oder noch herumalberten. Leise atmen, angestrengt auf den Feind vor der Tür lauschen und dabei nicht kichern, ich fand das immer noch schwierig, und Stella zog sich glucksend die Decke über den Kopf, während ich sie in die Oberarme biss, wo sie besonders kitzelig war.

Es war eine besondere Herausforderung, mit Stella absolut lautlos im Bett zu liegen. Es war grotesk schwierig, dabei leise zu bleiben, und wir wussten, dass das Haus ungewöhnlich hellhörig war. Frau Dahlberg fragte mich nie nach der Art unserer Beziehung, aber sie stand oft am Fenster, wenn Stella spätabends noch nach Hause fuhr, und blickte herunter auf unsere Abschiedsszene, die ziemlich lang ausfallen konnte. Sie schien den Kopf zu schütteln, vielleicht wackelte der aber auch schon dauerhaft, ganz sicher war ich mir da nicht.

Frau Dahlberg war den ganzen Tag beschäftigt. Sie hielt ihre Wohnung unermüdlich sauber, kochte, buk, putzte Fenster, saugte Staub. Sie pflegte auch die Büsche vor dem Haus, streute im Winter die Wege um den Block und schippte sogar Schnee, sie fegte Laub im Herbst und machte sich immer wieder in ihrem Keller zu schaffen. Diesen geräumigen Lattenverschlag hatte sie von innen komplett mit Zeitungspapier und Folie verklebt, damit man nicht hineinsehen konnte. Zeitungen noch aus den siebziger Jahren, Schlagzeilen über die Ölkrise, Interviews mit Stoltenberg, Werbung für Weinbrandbohnen und Lord-Zigaretten. Frau Dahlberg öffnete die Tür zu ihrem Kellerverschlag nur, wenn kein anderer Bewohner in der Nähe war. Manchmal hörte ich sie darin rumoren, wenn ich nach der Arbeit vom Bahnhof

nach Hause kam und mein Fahrrad die Treppe hinunter-
trug. Licht fiel durch die Zeitungen, und ihr dürrer Schatten bewegte sich dahinter, der Schatten ihrer hochgereckten
Arme, wie sie Zeug von links nach rechts räumte. Wenn sie
mich hörte, blieb sie still stehen und wartete, dass ich wieder
wegging.

Sie bekam nie Besuch und schien keine Verwandten zu
haben. Ich wusste auch nicht, ob sie einmal verheiratet gewesen war, und wollte die Nachbarn nicht nach allem fragen. Auf ihrer täglichen Einkaufsrunde in der Stadt, die oft
den ganzen Vormittag in Anspruch nahm, führte sie lange
Gespräche mit den älteren Verkäuferinnen beim Schlachter
oder beim Bäcker, ebenso mit den Frauen an den Markt-
ständen und den Hausmeistern der Wohnblöcke, an denen
sie vorbeikam, mit der ganzen alten Garde des Ortes. Ab
einem gewissen Alter schien sie jeden Menschen hier zu kennen. Der Weg in die Stadt dauerte zu Fuß etwa eine halbe
Stunde, wenn man so langsam lief wie sie. Ich brauchte nur
zehn Minuten. Sie ging den Weg jeden Tag und bei jedem
Wetter, mit einem kunstledernen braunen Einkaufsbeutel
am Arm, bei Regen mit einem weiß gepunkteten Plastik-
kopftuch auf dem Haar.

Die Straßen hinter unserem Block waren nach ostdeut-
schen Gebieten bezeichnet, Masurenweg, Pommernweg,
Ostpreußenring. Auf einem Findling waren ein Richtungs-
pfeil und eine Entfernungsangabe nach Tilsit. In den Straßen kleine Häuser aus den fünfziger Jahren, gepflegte Gärten, moderne Carports mit Keramikvögeln an der jährlich
gestrichenen Holzwand, geraffte Gardinen an den Fenstern und freundlich grinsende, fleißige Gartenzwerge davor.
Manchmal seltsame Flaggen, die an Masten in den Gärten
wehten. Städte und Gebiete in Ostpreußen oder noch weiter weg, ich schlug ein paar davon in der Bibliothek nach.

Ein Acker, der wegen eines Erbstreits noch nicht als Bauland verkauft war, seltsam sinnlos inmitten der Siedlung, bewachsen mit jungen Birken, zu denen immer wieder jemand «Na guck mal, wie groß die schon sind» sagte. Dann ein Altenheim, in dem Frau Dahlberg oft Besuche machte, dahinter eine schmale Fußgängerbrücke über die Bahngleise. Dazu die obligatorischen Supermärkte in Schuhschachtelarchitektur. Schließlich das Stadtzentrum mit ein paar kleinen Geschäften und einem Hotel, in dem alles stattfand, wenn überhaupt etwas stattfand. Oft war das nicht.

Wenn in den umliegenden Häusern unseres Blocks jemand aus der älteren Generation krank war, brachte Frau Dahlberg Essen und Einkäufe vorbei, sie eilte dann mit Töpfen und Schüsseln beladen über den Rasen. Mein Nachbar Dimitri, der in unserem Block aufgewachsen war, erzählte mir, dass die Kinder früher oft Ärger mit ihr gehabt hätten. Wenn man zu laut spielte oder zur falschen Zeit Lärm machte, kam sie aus ihrer Wohnung geschossen wie eine Furie und rannte keifend den Kindern nach. Lange her, sagte er, als wir ihr nachblickten, wie sie langsam durch den Nieselregen in die Stadt ging, den leeren Beutel am Arm. Auf dem Rasen genau vor ihrem Fenster stand noch eine Schaukel aus der alten Zeit. Sie war lange verrottet, sinnlos baumelnde Seile ohne Brett. Er habe als Kind noch darauf geschaukelt, sagte Dimitri. Als ich dort lebte, spielten in dem Block keine Kinder mehr.

Ich wohnte zwei Jahre in der Wohnung neben Frau Dahlberg, bevor ich Stella schließlich heiratete und zu ihr zog. Ein anderes Gespräch als die immer ähnlichen zwei Sätze über das Wetter kam mit Frau Dahlberg in der ganzen Zeit nicht zustande.

Im letzten Jahr, als ich noch in der kleinen Stadt wohnte, kam es manchmal vor, dass Frau Dahlberg versuchte, meine Tür aufzuschließen, weil sie sich in der Wohnung geirrt hatte. Ich hörte, wie sie sich bemühte, ihren Schlüssel in das falsche Schloss zu stecken. Ich sah ihr missmutiges Gesicht in der Fischaugenoptik des Spions, das Kinn durch die Verzerrung schiefer denn je. Wenn ich nach einer Weile behutsam von innen öffnete, weil sie ihren Fehler nicht selbst bemerkte und sich immer weiter sinnlos abmühte, erschreckte sie sich fürchterlich, weil sie mich für einen Einbrecher in ihrer eigenen Wohnung hielt. In ihrem Blick Entsetzen, panische Angst und Verwirrung. Ich redete dann beruhigend auf sie ein und zeigte immer wieder auf ihre Tür, drehte sie vorsichtig am Arm um, damit sie ihr eigenes Namensschild lesen konnte und vielleicht auch ihre Fußmatte erkannte. Nach einer Weile fing sie sich wieder und entschuldigte sich grummelnd, schloss ihre Wohnung zitternd auf oder ließ sich von mir dabei helfen und verschwand grußlos darin. Ich hörte sie drinnen weiter mit sich selbst reden, es klang, als schimpfte sie leise.

Die Treppenhausreinigung entfiel für mich in dieser Zeit immer öfter, weil Frau Dahlberg die Treppe jetzt jeden Sonnabend putzte. Wahrscheinlich wusste sie nicht mehr, wann sie an der Reihe war.

«Muss ja», sagte sie unwillig, wenn man sie ansprach, während sie mit hochgekrempelten Kittelärmeln auf der Treppe kniete.

«Na», fragte ich, «sind Sie denn schon wieder dran?»

«Muss ja», sagte sie unwillig noch einmal und machte weiter. Sie wurde etwas wunderlich, sprach immer häufiger mit sich selbst oder stand mit nachdenklichem Gesicht im Treppenhaus, von irgendetwas abgekommen und nun hoffnungslos verloren zwischen zwei Handlungen, zwischen

Dachboden, Wohnung und Keller. Sie lief zwar weiterhin jeden Tag mit eiserner Routine in die Stadt, nur war sie jetzt gelegentlich nicht mehr passend zum Wetter angezogen, und manchmal kam sie auch mit leerem Beutel zurück. Sie ging dann später am Tag nicht noch einmal los. Es gab immer öfter Tage, an denen es mittags aus ihrer Wohnung nicht mehr nach Essen roch.

Frau Dahlberg war, während wir uns noch über ihre kleinen, harmlos scheinenden Aussetzer amüsierten, längst wesentlich wunderlicher geworden, als wir ahnen konnten. Eines Nachts trug sie einen Stapel Altpapier ins Treppenhaus und zündete diesen mit einem Streichholz an. Ein größerer Hausbrand wurde nur verhindert, weil Dimitri aus dem Erdgeschoss zufällig zu später Stunde nach Hause kam, als sie gerade erst mit dem Zündeln begonnen hatte. Frau Dahlberg wollte sich aber von dem brennenden Papier durchaus nicht einfach trennen lassen, sondern verwies vielmehr vehement auf den Kohlenmangel und dass man jetzt doch Licht und Wärme brauche, in dieser Zeit, ganz dringend, wobei sie ihre Hände an dem Feuerchen wärmte und den zudringlichen Nachbarn, diesen ihr ohnehin unerträglichen Typen mit dem seltsamen Namen, unsanft mit dem Ellenbogen wegschob und sogar unvermutet kräftig nach ihm trat.

Sie wurde in derselben Nacht noch abgeholt, nachdem Feuerwehr und Polizei stundenlang erfolglos mit ihr verhandelt hatten. Wir sahen sie nie wieder. Noch im selben Jahr starb sie, wie wir von den älteren Nachbarinnen aus dem Block hörten, die sie noch ein paarmal in dem Pflegeheim kurz vor der Innenstadt besucht hatten, wo sie ihre letzten Monate verbrachte. Gespräche mit ihr seien allerdings nicht mehr möglich gewesen, erzählten sie. «In ihrem Kopp war es schon zappenduster», sagten sie, «das ging dann wirklich schnell. Ratzfatz und Licht aus. Manchmal ist das so. Seien Sie mal froh, dass Sie gesund sind, junger Mann.»

Die Treppe wurde danach natürlich kaum noch geputzt. Nur wenn sie im Winter sehr dreckig war, weil alle Nachbarn tagelang den Streusand und den Schneematsch mit den Schuhen hineingetragen hatten, nahm jemand noch einen Besen in die Hand und fegte schnell mal durch, weil man sonst irgendwann auf dem Dreck ausgerutscht wäre. Im Keller von Frau Dahlberg, den ein Nachlassverwalter erst etliche Monate nach ihrem Tod aufschloss, als die Wohnung schließlich entrümpelt wurde, gab es nichts als wandfüllende, deckenhohe Regale voller Einweckgläser mit selbstgemachter Marmelade. Regal an Regal, Glas an Glas, auf jedem Bord mehrere Reihen, Unmengen davon. Der Vorrat hätte wahrscheinlich für alle Bewohner der ganzen Stadt gereicht.

DIMITRI DÖRRWALD
UND DAS DOPPELTE GLÜCK

In der Wohnung unter mir wohnte Dimitri, der einzige Mensch im ganzen Block, der mit mir sofort ein Gespräch anfing, als ich einzog. Er kam aus seiner Wohnung, als er den kleinen Transporter mit meinen Kartons vor der Tür sah, stellte sich vor und fragte, ob er helfen könne.

«Dimitri», sagte er und hielt mir die Hand hin, «ich heiße Dimitri. Meine Freunde sagen Dimi.» Er sprach vollkommen akzentfrei, es klang sogar ausgesprochen norddeutsch.

Ich stellte mich auch vor, dann nahm er sich ganz selbstverständlich einen Karton und half mir beim Tragen. Wir gingen durch das Treppenhaus, er zeigte auf seine Wohnung und dann auf die Tür gegenüber: «Da wohne ich, und da wohnen meine Eltern.»

Dimitri war älter als ich, er war bestimmt schon über dreißig, aber seine Eltern wohnten drei Meter von ihm entfernt. Ein Nestflüchtling schien er nicht gerade zu sein. Er fragte nach meinem Beruf, warum ich in dem Kaff leben wolle, ob ich denn keine Frau hätte oder ob die nachkäme. Er war neugierig, aber sehr freundlich, und ich erklärte ihm in etwa meine Lage. Er hörte sich alles an, setzte sich auf einen Karton, zündete sich eine Zigarette an und sagte: «Und sie wohnt dahinten? Sie sieht gut aus? Das ist gut, das ist sehr gut. Wegen einer Frau etwas zu machen ist fast immer gut. Du hast dich bestimmt richtig entschieden. Auch wenn du jetzt in diesem Kaff hockst. Ist eigentlich auch ganz nett hier bei uns.»

Er stieß mir den Ellenbogen in die Rippen, als hätten wir schon ein paar Jahre gemeinsam als gute Kumpel verbracht.

Mein Beruf sagte ihm nichts, unter Marktforschung konnte er sich nichts vorstellen, ich sah es ihm an. Ich war es gewohnt, unter Marktforschung konnten sich die meisten Menschen nichts vorstellen. Schließlich hatte ich bis zu meinem ersten Tag in dem Institut selbst keine Ahnung gehabt, was man da genau machte, und auch nachdem ich schon monatelang in der Firma gearbeitet hatte, kannte ich nur einen Teil der Tätigkeiten und hätte das Große und Ganze nur schwer erklären können. Als ich dann noch mein seltsames Studium erwähnte, winkte Dimitri ab und fragte nicht mehr nach, für ihn war ich einfach ein Bürotyp, ein Akademiker, fertig. Mehr musste er nicht wissen. Ich hatte eine elektrische Schreibmaschine, einen Computer, Anzüge, er sah es beim Tragen, das reichte ihm als Typenbeschreibung vollkommen aus.

Er selbst habe mit Autos zu tun, sagte er vage und machte eine Geste, als würde er schrauben. Er erklärte es nicht näher. Dann fragte er nach meinem Auto und konnte nicht fassen, dass ich keines besaß. Er dachte zuerst, ich machte Spaß, und fragte noch mehrmals nach. Ich sagte, ich fahre morgens mit dem Zug zur Arbeit nach Hamburg, das dauere zwar ziemlich lange, mehr als eine Stunde sogar, weil die Firma dummerweise ganz am anderen Ende der Stadt liege, aber ich könne immerhin unglaublich viel dabei lesen. Dimitri wirkte noch irritierter. Mit dem Auto sei ich ähnlich lange unterwegs, erklärte ich weiter, weil ich im Berufsverkehr quer durch die ganze Stadt müsse, zur besten Stauzeit. Mit Büchern könne ich mich während der Fahrt aber wohl kaum beschäftigen. Autofahren sei doch verschenkte Zeit.

«Ja», sagte Dimi kopfschüttelnd, «Bücher. Verstehe.» Er zeigte auf die aufgestapelten Bücherkartons in der Wohnung. «Eine ganze Menge hast du da.»

«Ja», sagte ich, «ich habe eine Weile im Buchhandel gearbeitet.»

«Ach», sagte er und nickte, «deshalb.»

In seiner Wohnung gab es, wie ich später feststellen sollte, kein einziges Buch, außer dem schmalbrüstigen Telefonbuch der Stadt und dem noch dünneren Branchenbuch. In seiner Wohnung gab es einen großen Fernseher, ein gewaltiges Gerät, das fast ununterbrochen lief.

Es war ein kleiner Umzug, ich besaß noch nicht viele Möbel. Zu zweit war der Transporter, den ich mir geliehen hatte, schnell geleert. Dimitri stand, nachdem wir die letzten Sachen raufgetragen und aufgetürmt hatten, zwischen den Kartons in meinem künftigen Wohn- und Schlafzimmer und blickte auf den Boden, als gäbe es dort etwas zu entdecken. Er zählte an der Wand ein paar Schritte ab und zeigte dann nach unten, auf eine der Fußleisten.

«Wenn du willst», sagte er, kniete sich hin und hob den Teppich ein wenig hoch, «kannst du Premiere von uns haben. Dann ziehen wir hier einfach ein Kabel durch, kein Problem. Hat mein anderer Nachbar unten auch. Der zwischen meinen Eltern und mir wohnt, der Karl. Und meine Eltern natürlich auch.»

Ich verstand nicht, was er meinte. Er erklärte mir, dass er ein Premiere-Abo habe, das Bezahlfernsehen. Und er könne das verteilen. Nicht mit legalen Methoden natürlich, aber egal, wer solle das denn kontrollieren in den Wohnungen. Da komme ja keiner einfach so zur Durchsuchung vorbei und stürme das Wohnzimmer, das gehe gar nicht, da müsse man keine Angst haben. Die GEZ sei da nicht zuständig.

Und von außen messen konnten die natürlich auch nicht, wer da was guckte, wie sollte das denn auch gehen?

«Das ist aber nett», sagte ich. Premiere war mir hauptsächlich als Sportsender ein Begriff, und daran hatte ich überhaupt kein Interesse. Allerdings war ich mir nicht ganz sicher, ob im Bezahlfernsehen nicht auch Pornos liefen, daher sagte ich sicherheitshalber ja, denn bei Pornos hatte ich eine Bildungslücke, die ich schon lange einmal schließen wollte.

Dimi sah sich in dem Raum um und meinte, das Bett müsse dann so stehen, er zeigte dabei auf eine Wand, der Fernseher dann wohl da, und er zeigte auf die andere Wand, dann käme da vorne das Loch für das Kabel hin, dann würde das alles passen, mit der langen Strippe und so. Er ging noch einmal an der Wand entlang und zählte tonlos.

Ich hatte mir bisher keine Gedanken gemacht, was wo stehen sollte. Ich sagte, ich wolle gerne etwas mit den Möbeln herumprobieren, immerhin sei es meine erste eigene Wohnung. Ich dachte, ich könnte eine Woche an der einen Wand schlafen, eine Woche an der anderen und immer so weiter. Das Bett könnte meinetwegen auch einmal mitten im Raum stehen oder quer, wer weiß, vielleicht wäre das gut, es musste doch nicht immer alles so genormt aussehen. Alles ganz entspannt. Ich fand die Vorstellung schön, mir viel Zeit mit der Wohnung zu lassen. Der Raum sollte schließlich auch Stella gefallen und vielleicht wollte sie genau wie ich erst einmal ein wenig testen, was sich wie anfühlte. Ich stellte mir das interessant vor, das Bett ein wenig zu verschieben, mich mit ihr hineinzulegen, die Position zu diskutieren, mal mehr rechts und mal mehr links zu liegen, die Seiten zu tauschen und es dann noch einmal an eine andere Stelle zu verschieben. Vielleicht wäre der Sex an der einen Wand schöner als an der anderen. Es existierte diese Theorie, dass es in einer Wohnung nur genau einen perfekten

Platz zum Schlafen gebe, das hatte ich bei Castaneda gelesen. Warum sollte das nicht auch für Sex gelten? Vielleicht gab es auch dafür eine genau richtige Stelle, die man nur finden musste? Ich dachte, Stella und ich könnten uns einmal durch den ganzen Raum lieben und dann noch einmal zurück, bis es uns irgendwo am besten gefiel. Wenn man verliebt ist, wird das Möbelrücken gleich viel interessanter.

Ich erklärte Dimi, ich sei mir mit dem Bett noch nicht ganz sicher.

«Klar», sagte Dimitri, «ist doch kein Problem. Überleg es dir erst einmal in Ruhe. Aber das Kabel sollte nicht quer durch den Raum führen, so viele Meter habe ich nun auch nicht mehr über, und das sieht sowieso nicht aus. Nachher kommst du einfach runter und sagst Bescheid, wie es sein soll. Dann kannste mir gleich beim Bohren helfen, den Staubsauger halten, weißt schon, dann saut das nicht so rum. Bis später dann. Räum mal schön.» Er ging in seine Wohnung runter.

Ich rief ihm einen Dank hinterher und hörte, wie er unten aufschloss und die Tür öffnete, kurz war die Übertragung eines Fußballspiels im Fernseher zu hören, wogende Sprechchöre der Fans. Er sagte etwas zu jemandem in der Wohnung, aber das konnte ich schon nicht mehr verstehen. Ich ging zurück in mein neues Zimmer und dachte noch einmal über die Position des Bettes nach. Ich legte die Einzelteile des Bettrahmens auf dem Boden zusammen und schob sie dann durch die Gegend. Wahrscheinlich hatte Dimitri sowieso recht mit der Bettposition. Das ist das Dumme bei den Menschen mit praktischen Berufen, sie haben meistens recht in solchen Fragen, dachte ich und verabschiedete mich von meinen romantischen Einrichtungsvorstellungen. Stattdessen fing ich schon einmal an, das Bett zusammenzuschrauben.

Ein paar Tage später lernte ich Dimitris Freundin kennen, die bei ihm wohnte. Eine ausgesprochen unattraktive junge Frau, etwas dicklich, mit ungewaschenen, hängenden Haaren und einem teigigen, ausdruckslosen Gesicht. Ein lebender Pfannkuchen. Als er sie mir vorstellte, gab sie mir eine schlaffe, kalte Hand und sagte: «Ich bin Claudia. Ich wohne hier bei Dimi.» Sie sagte nicht, dass sie seine Freundin sei, seine Frau oder sonst etwas. Sie sagte nur, sie wohne hier, und sie lächelte kein bisschen dabei. An einem weiteren Gespräch schien sie nicht interessiert. Sie starrte auf den Fernseher, trank Cola aus einer großen Flasche und rauchte Kette. Sie schien keine große Leuchte zu sein, war aber wirklich gut darin, lange Zeit regungslos auf dem Sofa zu sitzen. Wenn sie aufstand, was selten genug geschah, blieb eine ungewöhnlich tiefe Delle im Polster zurück, das Möbel hatte unter ihr irgendwann allen Widerstand aufgegeben und war in sich zusammengesackt.

Dimitri liebte sie sehr, das war unübersehbar. Er nahm sie begeistert in die Arme, wenn er nach Hause kam, er drückte sie wild an sich und schwenkte sie herum, so gut es bei ihrer Figur eben ging. Sie war schwer, aber Dimi war stark. Ihrem Gesicht war bei diesen Begrüßungen keine Reaktion anzusehen, aber sie ließ es sich immerhin gefallen, dass er ihr enthusiastisch auf den Po klatschte, einen Arm um sie legte und ihr liebevoll durch die wirren Haare fuhr. Wenn sie dann abends gemeinsam auf dem Sofa saßen und in den Fernseher starrten, war er ständig damit beschäftigt, sie zu kraulen oder irgendwie zu liebkosen, während sie einfach nur dasaß, eine Hand leblos auf der Sofakante, in der anderen eine Zigarette, den Aschenbecher auf den Knien. Dimitri leerte den Aschenbecher gelegentlich aus, wenn sie ein paar Zigaretten nacheinander geraucht hatte. An der Hausarbeit schien sie sich nicht zu beteiligen.

Wenn ich die beiden besuchte, war es immer er, der in der Küche stand und sich um das Abendessen kümmerte oder den Staubsauger durch das Wohnzimmer schob oder den Müll zur Tonne in den Keller trug. «Heute koche ich mal», sagte er, wie um es zu entschuldigen, «ist eh besser so.»

Ich zweifelte nicht daran, wahrscheinlich beschränkten sich Claudias Küchenkenntnisse auf das Öffnen von Dosen. Er briet Fleisch, schnippelte Gemüse, kochte Kartoffeln, er deckte den Tisch, er füllte auf. Claudia saß und aß, ohne sich zu bedanken, ohne das Essen zu kommentieren. Dann räumte Dimi den Tisch wieder ab, wobei er sich fürsorglich erkundigte, ob es ihr auch geschmeckt habe, was sie mit einem uninteressierten Brummen beantwortete. Ihre mangelnde Begeisterung schien ihn nicht im Geringsten zu stören. Dimi war ausgesprochen gastfreundlich und bat mich oft in die Wohnung, auf ein Bier oder zum Abendessen. Er kochte jeden Tag, und er machte das gar nicht schlecht. Ich konnte überhaupt nicht kochen und nahm die Einladungen gerne an. Wenn Claudia allein zu Hause war und mich im Treppenhaus traf, nickte sie mir nur ausdruckslos zu und sagte nichts. Wenn mir in meiner Wohnung oben nach Gesellschaft war und ich ein Bier überhatte, kam Dimi gerne zu mir herauf, nachdem ich über den Balkon nach unten gerufen hatte. Claudia blieb währenddessen unten.

«Sie hat noch zu tun», sagte er, während man leise den Fernseher durch den Boden der Wohnung hören konnte.

Nach ein paar Wochen war mir klar, dass Dimitri und Claudia offensichtlich keiner geregelten Arbeit nachgingen. Sie schliefen morgens aus und waren fast immer zu Hause. Abends saßen sie beide lange vor dem Fernseher; wenn ich nachts aufwachte, hörte ich so gut wie immer das dumpfe Geräusch aus ihrem Wohnzimmer. Es kam kaum vor, dass sie ausgingen, die Stadt bot auch nicht gerade viele Möglichkeiten dazu. Ein nennenswertes Nachtleben hatten in dieser Gegend sowieso nur die Tiere im Wald. Ich konnte abends von meinem Balkon aus sehen, wie sich das Flackern ihres Fernsehers in den Scheiben der parkenden Autos am Straßenrand spiegelte, hektische blaugrüne Lichtfetzen im ruhigen Kleinstadtdunkel. Vielleicht schliefen die beiden einfach auf ihrem Sofa, während der Fernseher lief. Es hätte mich nicht gewundert, wenn zumindest Claudia ihre Sitzhaltung die ganze Nacht nicht verändert hätte.

Gelegentlich hielten Dimis Kumpels aus der Stadt mit ihren aufgemotzten Autos bei uns vor der Tür, und es wurden lange Fachgespräche über geöffneten Motorklappen geführt. Dimitri zog sich dabei manchmal eine alte Latzhose an, nahm einen imposanten Werkzeugkoffer mit vors Haus und schraubte hier und da etwas an einem Wagen herum. Er leuchtete mit einer Taschenlampe in das Innenleben eines Motors oder legte sich sogar gelegentlich unter eines der Autos, das sie dafür mit einem kleinen Wagenheber etwas anhoben. Nach einer beruflichen Beschäftigung sah das allerdings nicht aus. Weder bekam er Geld dafür, noch konnte er mit seinem Werkzeug größere Probleme lösen.

Dieses Basteln erschien mir eher als die logische Fortsetzung einer früheren Phase, als die Jungs noch alle gemeinsam nach der Schule Mopeds frisiert hatten, um schneller von Dorf zu Dorf und in die nächste Großraumdisco zu kommen oder um heimliche Rennen auf den Feldwegen zwischen den Rapsfeldern zu fahren. Heute konnten sie sich eben Autos leisten, Schrauber waren sie immer noch. Mit den Mädchen von damals gingen sie nun nicht mehr nur, mit denen waren sie mittlerweile verheiratet. Der Freundeskreis ist immer noch der gleiche, dachte ich. Jungs, die nicht studieren, bleiben im Heimatkaff zusammen und führen die gleichen Gespräche, ihr ganzes Leben lang. Irgendwann haben sie graue Haare, aber sie reden wahrscheinlich immer noch über die Lehrer von damals, über die Jugendstreiche, die Mopeds, die Discos, und sie reden auch weiterhin mit den Mädchen von damals, mit denen sie dann allerdings längst Kinder oder Enkel haben.

Schon ein paar Monate nach dem Abitur hatte ich zu keinem einzigen meiner Mitschüler mehr Kontakt, von den meisten wusste ich nicht einmal, in welche Stadt es sie verschlagen hatte. Ich kannte nur die mehr oder weniger vagen Pläne, die manche von ihnen auf der Abiturfeier verkündet hatten.

Dimitris Freunde, für die das Abitur nie im Leben ein Thema gewesen war, saßen im Sommer auf dem Rasen vor dem Haus, tranken ein paar Bier, rauchten und redeten über Autos, eine Szenerie wie in einer Freizeitwerkstatt für Jugendliche in den Hamburger Problemstadtteilen. Claudia brachte den Jungs ab und zu Bier raus, das war für ihre Verhältnisse eine Tat von unvergleichlichem Engagement. Dann stand sie rauchend im Fenster und sah ihnen zu. Wenn Frau Dahlberg mit ihrer Einkaufstasche vorbeiging, grüßten die Jungs sie alle betont höflich. Es sah ganz so aus, als hätte Dimitri ihnen eingeschärft, auf jeden Fall nett zu der alten Nachbarin zu sein. Vielleicht kannten sie aber auch alle Frau Dahlberg noch von früher, aus ihrer Kindheit, und der Eindruck von damals war so furchtbar und prägend, dass er immer noch nachwirkte.

Dimitris Freunde schienen genau wie er über viel Tagesfreizeit zu verfügen, und dass sie nicht gerade die Leistungselite des Städtchens waren, erkannte man auf den ersten Blick. Wenn man mit ihnen auf dem Rasen saß und sich die Gruppe lange genug ansah, merkte man, dass gelegentlich zwei, drei der Freunde betont unauffällig in der Wohnung verschwanden und Pakete heraus- oder hineintrugen. Pakete, die dann in einem der Autos verschwanden oder in der Wohnung hinter der Tür im Flur gestapelt wurden. Kleinkriminelle, dachte ich, nachdem ich das ein paar Wochen lang mitbekommen hatte, Hehler, Schieber, irgendetwas in der Richtung. Manchmal wechselte Geld den Besitzer, ohne dass man recht erkennen konnte, wofür es war. Die jungen Männer gaben sich kurz die Hand und vergruben sie hinterher in ihren Jackentaschen, leise knisterndes Papier, eingerollte Plastiktüten. Drogengeschäfte also auch noch, dachte ich, wenn auch wahrscheinlich in ziemlich kleinem Maßstab, fast schon niedlich.

Wie diese Vorstadtjungs da auf dem frisch gemähten Rasen hockten, artig «Guten Tag» zu Frau Dahlberg sagten und dann klammheimlich zwei, drei Autoradios verkauften, das wirkte wirklich nicht gerade wie der Vorhof der Hölle. Außer für Frau Dahlberg natürlich, die mit einem Ausdruck flammender Verachtung an der Bande von Tagedieben vorbeischritt, den Einkaufsbeutel immer besonders eng am Körper, den Blick starr geradeaus. Nie erwiderte sie einen Gruß der jungen Leute.

Wenn ich von der Arbeit nach Hause kam, boten sie mir mit großer Selbstverständlichkeit ein Bier an. Ich saß eine Weile bei den Jungs, trank und wusste zunächst nicht recht, worüber man reden sollte, denn gemeinsame Themen gab es selbst nach längerer Suche nicht. Es dauerte ein paar Wochen, bis ich verstand, dass es vollkommen egal war. Es machte nichts aus. Man musste hier nicht reden, niemand erwartete das von mir. Einen Schluck trinken, auf die Autos starren, zuhören, wie ein Gaspedal wieder und wieder durchgetreten wurde und ein gepeinigter Motor minutenlang aufjaulte, während jemand mit einem Schraubenschlüssel in der Hand am Wagen lehnte, kluge Kommentare zur Maschine abgab und Dimitri unauffällig einen anderen jungen Mann beiseitezog, um ein wenig Geld den Besitzer wechseln zu lassen.

Es war alles ganz einfach. Ich kam verschwitzt und abgehetzt aus dem Büro, in dem gar nichts einfach war, in dem den ganzen Tag etwas besprochen, geregelt oder geklärt werden musste und in dem immer vollkommen wahnwitzige Termine eingehalten werden mussten. Während der Zugfahrt nach Hause ging ich noch Sitzungsprotokolle durch, rechnete Budgets nach oder bereitete Präsentationen vor, die Sache mit der ausgiebigen Buchlektüre hatte sich doch eher als Theorie erwiesen. Am Abend, wenn ich endlich zu Hause ankam, setzte ich mich auf den niedrigen Lattenzaun vor dem Rasen, trank ein Bier, das Claudia mir aus dem Fenster reichte, pflückte ein paar dreiblättrige Kleeblätter aus dem raspelkurzen Grün und sah zu, wie die Sonne hinter dem Wald unterging. In der späten Dämmerung flammten in der Ferne die roten Lichter der Müllverbrennungsanlage auf. Hinter mir hörte ich, wie die Jungs über Motoren und Automarken redeten. Ich verstand kein Wort und fand meinen Feierabend ungeheuer entspannend. Ich war ein Freund von Dimi, ich war okay, wie er sagte, hier war alles überschaubar geregelt. Er hatte mir, als ich zum ersten Mal nach Hause gekommen war, während die Gruppe auf dem Rasen saß, ein Bier angeboten und mit einem Blick in die Runde gesagt, dass ich der neue Nachbar sei. Die Jungs nickten mir zu, einige hoben schweigend ihre Bierdosen in meine Richtung. Niemand fragte mich etwas, niemand wollte auch nur meinen Namen wissen. Ich sei okay, hatte Dimi gesagt, das erklärte alles, mehr gab es nicht zu besprechen. Ich gab hin und wieder Zigaretten und ein paar Dosen Bier aus, ich war offensichtlich wirklich in Ordnung.

Dimitris Wohnung im Erdgeschoss war von großen Holunderbüschen verschattet, sie war besonders im Sommer ein dunkles Loch. Ein Loch, das er mit all den Möbeln ausgestattet hatte, die seine Eltern im Laufe der Jahre gegen modernere Varianten ausgetauscht hatten, von der Schrankwand in Eiche rustikal aus den Siebzigern bis zum sandfarben gekachelten Beistelltischchen und den schweren Vorhängen in weinrotem Samt, es war eine Wohnhölle der Spießigkeit. Künstliche Blumen auf Spitzendeckchen, Ölbilder von bayrischen Seen, Männchen machende Porzellanhunde auf der Fensterbank. Die Wohnung hätte auch von seiner Großmutter bewohnt werden können, man hätte keinen Unterschied bemerkt, nur hätte vermutlich im Kühlschrank weniger Bier gestanden.

Während Dimi eher ungepflegt, unrasiert und in deutlich abgetragenen Sachen aus der Abteilung legere Freizeitmode herumlief und Claudias Frisur sich nicht nennenswert von der einer Obdachlosen unterschied, die seit Wochen keine Dusche mehr gesehen hatte, war die Wohnung der beiden stets makellos.

«Zieh dir die Schuhe aus», sagte Dimi zu mir, wenn ich sie besuchte, «ich habe gerade erst Staub gesaugt.» Er sah mit einem kritischen Blick auf meine Schuhe, an denen womöglich Dreck haften konnte.

Im Flur stand tatsächlich noch der eingestöpselte Staubsauger, ein riesiges Exemplar von Vorwerk, auch dies sicherlich ein Erbstück seiner Eltern, von denen er alles zu haben schien, sogar die abgetragenen Cordhosen seiner Vaters. Selbst die Wohnung hatte er von ihnen, denn sein Vater hatte bei der Genossenschaft gearbeitet, da war es einfach, dem Sohn mal eben einen passenden Mietvertrag zuzuschieben. Vielleicht zahlten sie sogar die Miete für ihn, es hätte mich nicht gewundert.

Die Wohnung der Eltern Dörrwald hatte exakt den gleichen Schnitt wie die von Dimi, sogar die Möbel standen an ähnlichen Plätzen. Allerdings waren sie bei den Eltern alle etwas neuer, leichter und luftiger. Der Vater hatte die Wohnung gerade renoviert, die Wände rochen frisch gestrichen, das Bad hatte er mit modernen Kacheln verschönert. Da diese Wohnung nicht hinter einem Holunderbusch lag und daher viel heller als die andere war, wirkte es ein wenig so, als würde das Rentnerpaar heiter und sonnig der Zukunft entgegenleben, während der Sohn widersinnigerweise im Möbelschutt und im Schatten der Familiengeschichte hockte. Eine Aufteilung, mit der aber alle einverstanden zu sein schienen.

Die Eltern Dörrwald waren beide in Rente, kleinbürgerliche, ordentliche Leute. Er ehemaliger Sachbearbeiter, sie ehemalige Verkäuferin für Damen- und Kindermoden im örtlichen kleinen Kaufhaus. Sie war freundlich und aufgeschlossen, mütterlich fürsorglich zu jedermann, er eher verschlossen und brummig, ohne dabei jemals aggressiv zu wirken. Die beiden pflegten mit ihrem Sohn einen freundschaftlichen Umgang, sie luden ihn und seine schweigsame Freundin gelegentlich zum Abendessen ein oder frühstückten in der Wohnung gegenüber, das ganze Arrangement wirkte recht idyllisch.

Nur Enkelkinder fehlten noch zum perfekten Glück. Die Eltern Dörrwald sprachen nicht darüber, aber sie schienen mir der Typ Rentner zu sein, der in der Großelternrolle richtig aufblüht. Mit Kindern hätte sich Claudia allerdings wesentlich mehr bewegen müssen, ich konnte mir daher nicht vorstellen, dass sie jemals schwanger werden würde. Und sicherlich war es gut so, denn das Kind würde vor dem Fernseher neben einer lethargischen, anteilslosen Mutter aufwachsen, im dichten Zigarettenrauch einer ungelüfteten, dunklen Wohnung, mit einem Vater, der ab mittags Bier trank und als stadtbekannter Kleinkrimineller ganz gewiss keine hoffnungsvolle Karriere mehr vor sich hatte.

Natürlich fragte ich ihn irgendwann, als wir uns gut genug kannten, warum er Dimitri heiße. Er lachte und sagte, er sei während eines Urlaubs auf Kreta gezeugt worden und seine Eltern hätten sich danach monatelang darüber gestritten, ob wirklich der Ehemann oder nicht doch vielleicht der Hotelkellner der Erzeuger gewesen sei, denn mit dem Kellner, da sei bestimmt etwas gelaufen, das behauptete damals jedenfalls der Ehemann, der im Urlaub gesehen hatte, wie die beiden sich am Strand unterhielten. Die Frau behauptete das natürlich nicht, sie sagte vielmehr hartnäckig gar nichts und schwieg, allerdings schwieg sie dem Mann entschieden zu vielsagend. Die beiden stritten heftig und mit fortschreitender Schwangerschaft immer bitterer, und mit dem Bauch wuchs der Unfrieden. Sie hätten sich noch im neunten Monat fast getrennt und versöhnten sich erst ein paar Tage vor der Geburt des Sohnes wieder. Zumindest hatte es den Anschein, dass sie sich versöhnt hatten, so wusste es Dimi aus der Familientradition, denn die Geschichte erzählten ihm des Öfteren seine Onkel und Tanten auf Geburtstagen oder Weihnachtsfeiern, wenn es zu später Stunde richtig gemütlich wurde.

Die rechtzeitig wieder vereinten Dörrwalds bekamen einen stattlichen Sohn, der mit ungewöhnlich vielen lackschwarzen Haaren auf die Welt kam. Sie war eine glückliche Mutter, er ein stolzer Vater, und alles war gut. Dann meldete der Vater die Geburt allein beim Standesamt und trug ohne Wissen der Mutter den Namen Dimitri ein, denn, so sagte er ihr hinterher im Krankenhaus, während er freundlich ihre Hand tätschelte, ganz sicher könne er schließlich nach wie vor nicht sein und der Name sei doch auch irgendwie schön und das sei dann jetzt auf jeden Fall ein für alle Mal ganz wunderbar geregelt.

«Mein Vater fand das lustig», sagte Dimitri und grinste, als teilte er den seltsamen Humor seines Vaters.

«Und deine Mutter?», fragte ich.

«Ich weiß gar nicht», sagte Dimitri und überlegte einen Moment, «aber solange ich denken kann, haben meine Eltern sich nie gestritten. Und das kann auch nicht jeder sagen.» Er grinste wieder und ähnelte dabei sehr seinem Vater, wie ich fand.

Dasselbe breite Kinn, dieselben wohlgenährten Hamsterbäckchen, die beim Lachen von den Mundwinkeln nach oben gestupst wurden und die Augen zu verengen schienen. Andererseits hatte er immer noch dunkle, um nicht zu sagen schwarze Haare, während seine Eltern beide langweilig mittelblond waren, diese nordeuropäische Mischfarbe, die hier fast alle haben. Wie wenn man im Tuschkasten zu lange Farben mischt und dann so ein hellbräunliches Geschmier auf dem Papier hat. Dimitris Haare waren wirklich entschieden dunkler. Ich stellte ihn mir als Kellner in einem griechischen Restaurant vor, wie er den Gästen fröhlich einen Gratis-Ouzo aufs Haus anbot, während er gleichzeitig die leeren Souvlaki-Teller und Mokkatassen abräumte und im Hintergrund der ewige *Alexis-Sorbas*-Soundtrack lief. Richtig überzeugend bekam ich das Bild allerdings nicht hin, denn Dimi gehörte für mich unverrückbar in sein spießig-deutsches Möbelensemble.

«Warst du schon einmal auf Kreta?», fragte ich Dimitri, und er sah mich verblüfft an.

«Nein», sagt er, als wäre das ein vollkommen abwegiger Gedanke, «was soll ich denn da? Du hast vielleicht Ideen.»

Ich erzählte ihm, dass ich eigentlich Johannes heißen sollte, das war vor der Geburt zwischen meinen Eltern so abgesprochen. Wenn es ein Junge wird, dann heißt er Johannes, das war eine klare Sache. Ein anständiger, gebräuchlicher Name. Meine Mutter nannte mich dann aber klammheimlich Maximilian, das war damals für eine norddeutsche Anmeldung auch ziemlich exotisch, und die Familie war entsetzt über diese Eigenmächtigkeit. Maximilian, das war in Lübeck ein wirklich seltsamer Name, in den sechziger Jahren.

«Ich schätze, Dimitri ist etwas exotischer», sagte Dimi unbeeindruckt, und ich gab ihm recht.

«Dafür ist Dimitri besser abzukürzen», sagte ich, «Dimi, das klingt gut, das ist viel besser als Maxi. Maxi, das habe ich immer gehasst.»

Dimi gab mir noch ein Bier. «Irgendwas ist immer», sagte er.

Dann tranken wir und sahen den Fledermäusen zu, die am Abend das Haus umflatterten und über den Vorgärten nach den Nachtfaltern jagten, die zwischen den blassen Lichtern der Straßenlaternen unterwegs waren.

Der illegale Premiere-Verteiler funktionierte tadellos. Ich konnte nach der Arbeit tatsächlich kostenlos Pay-TV sehen. Die Pornos erwiesen sich allerdings als eher uninteressant, jedenfalls im Vergleich zu den Abenden mit Stella. Minutenlang wogende Busen in halb geöffneten büroblauen Satinblusen und wehende Föhnwellen im Weichzeichner, dazu diese immer halb geöffneten Münder mit von Lipgloss triefenden Lippen, die lasziv sein sollten und dabei nur dümmlich aussahen, das brauchte kein Mensch, fand ich. Das brauchte ich ganz bestimmt nicht, wenn ich genauso gut echten Sex haben konnte. Wenn ich genauso gut Stella ins lange Haar greifen konnte, wenn ich den Verschluss ihres BHs öffnen konnte. Wenn ich ihre Schuhe aus dem Bett werfen konnte, auf das ich sie zur Begrüßung gezogen hatte, um keine Minute mit Reden zu verschwenden.

Ihr Mund schien nie dümmlich halb geöffnet zu sein, auch nicht im Bett, ich rechnete ihr das hoch an. Schon der Geruch ihres Parfüms, der mir aus ihrem an der Garderobe hängenden Mantel entgegenkam, wenn ich in die Küche ging, um Getränke zu holen, war viel aufregender, als es jeder Film je sein könnte. Noch stundenlang, nachdem sie wieder weg war, roch es da, wo ihr Mantel gehangen hatte, nach ihr, und ich blieb dort stehen, lehnte mich an die Wand und atmete tief ein. In meiner Wohnung roch es nach Frau, und, was noch besser war, in meinem Bett roch es nach Frau. Wenn ich schlafen ging, umarmte ich das Kopfkissen, auf dem sie eben noch gelegen hatte, und grub mich in ihren Duft. Sie zu riechen, das war fast genauso gut, wie sie anzufassen.

Wenn die Frauen in den Pornos so riechen, wie sie aussehen, dann hängt an ihnen wohl der Duft von Automatenkaugummi, dachte ich. Das war Zeitverschwendung. Immerhin wurden aber auf den anderen Kanälen des Pay-TV-Senders Spielfilme ohne Werbeunterbrechung gesendet, das war nicht schlecht, damit konnte ich die Stunden herumbringen, in denen ich auf Stella wartete und zu müde zum Lesen war. Ich wartete immer auf Stella, wenn sie nicht da war, alle Zeit ohne sie war nur eine Zeit dazwischen. Wenn Stella nicht bei mir war, setzte ich mich auf das Bett und sah fern. Ich konnte dabei hören, was bei Dimitri unten gesehen wurde, denn das Loch für das Kabel in der Fußleiste war versehentlich ziemlich großzügig geraten. Man konnte nichts erkennen, aber hören konnte man ganz gut, und so vernahm ich bei meinen Filmen nebenbei das monotone Gemurmel eines Kommentators, der etwas zur Bundesliga oder zu irgendeinem Länderspiel sagte. Dimitri und Claudia hörte ich selten. Sie sagte sowieso nichts, und er sagte nur gelegentlich etwas Abfälliges über den Kommentator oder über das Spiel. Er schien sich beim Fernsehen nicht so aufzuregen, wie es die meisten Fußballfans tun, er saß nicht brüllend auf dem Sofa und sprang bei Toren auch nicht wild feiernd durchs Wohnzimmer. Er sagte nur manchmal etwas Friedliches wie «Fein, fein» oder «Na, na» zu einem Spielergebnis, mehr nicht. Ich konnte mir vorstellen, wie er dabei zufrieden grinste und Claudia auf die umfangreichen Schenkel klopfte, während sie weiter ungerührt auf den Bildschirm starrte.

Wenn Stella bei mir war, legte sie, bevor wir ins Bett gingen, ein Kissen auf das Loch und danach noch ein paar schwere Bücher darauf, denn sie wollte auf keinen Fall, dass Claudia und Dimi uns hören konnten. Mir wäre das egal gewesen, ich fand aber ihre Vorbereitungen seltsam rührend, wie sie das Bett etwas verschob, das Kissen platzierte, sorgsam die Bücher auswählte und festdrückte, es erinnerte ein wenig daran, etwas Verbotenes zu tun. Das Loch mache sie nervös, sagte sie, als sie sich endlich neben mich legte und die Decke über uns zog, als gäbe es ein Guckloch unter dem Bett. Ab und zu richtete sie sich plötzlich auf und sah zum Loch hinunter, als bestünde jederzeit die Gefahr, dass Dimi ein Periskop hindurchschieben könnte, um zu beobachten, was wir im Bett machten. Besonders wenn wir den Fernseher von unten deutlich hören konnten, fand sie das Loch so störend, dass wir sowieso nichts machten.

«Ich kann nicht», sagte sie, setzte sich auf und umfasste ihre Knie, «ich kann einfach nicht. Ich fühle mich, als würden die beiden hier am Fußende sitzen und uns zusehen.»

Ich streichelte ihren Rücken, küsste die Wirbel, die sich unter ihrer Haut abzeichneten, und wollte gerade etwas Beruhigendes erwidern, da ertönte vor der Tür das Klimpern

149

des Schlüsselbundes von Frau Dahlmann. Schritte, die vor meiner Tür stehen blieben.

«Vielleicht sollten wir einfach Kreuzworträtsel lösen», sagte Stella, während sie sich anzog, «oder Briefmarken sortieren.»

Es wäre entspannter gewesen, in ihrer Wohnung gemeinsam im Bett zu liegen. Bei ihr gab es keine Nachbarn, nur Büsche und Wald ringsum, bis zum nächsten Haus waren es über hundert Meter. Man hätte in ihrem kleinen Haus Gott weiß was veranstalten können, und niemand hätte es gehört. Zumindest kein Mensch. Aber bei ihr sahen uns zwei missmutige alte Katzen vom Schrank aus zu, wenn wir uns auf das Bett legten. Das machte mich nervös.

Als ich zum allerersten Mal in Stellas Schlafzimmer stand, entdeckte ich die beiden Tiere auf dem Schrank und sagte: «Ah, Katzen. Wusste ich gar nicht, dass du Katzen hast.»

«Ja», sagte sie, «meine beiden Süßen.»

Ihre Stimme hatte plötzlich eine Tonlage, die ich so nicht an ihr kannte, so hatte sie noch nie gesprochen. Eine Tonlage, mit der manche Menschen besonders niedliche kleine Kinder ansprechen. Die Katzen sahen allerdings überhaupt nicht süß aus, es waren viel mehr gestandene alte Kater, und sie blickten streng und griesgrämig vom Schrank herunter. Große Viecher mit unruhig zuckenden Ohren und bohrenden Blicken, den Rest des Körpers demonstrativ entspannt und grazil auf Kissen gebettet.

Als ich später am Abend zufällig vor diesem Schrank stand und in den Garten sah, hob einer der Kater eine Pfote und ritzte mir lässig von oben mit nur einer Kralle ein wenig die Kopfhaut auf. Ich zuckte zusammen und guckte hoch. Die Katze wirkte im ersten Moment, als würde sie nachdrücklich in meine Richtung nicken, dann erst erkannte ich, dass sie angefangen hatte, sich die Brust zu lecken. Sie hatte mich ganz nebenbei gekratzt, der Großteil ihres Körpers hatte sich überhaupt nicht bewegt, nur die eine Pfote hatte sie kurz und zielsicher eingesetzt.

«Er hat mich gekratzt», sagte ich zu Stella, die neben mir stand und mich verwundert ansah, weil ich so eine jähe Bewegung gemacht hatte. Ich fasste mir an den Kopf, es blutete tatsächlich. Dann zeigte ich ihr meinen Finger mit dem Blutstropfen daran.

Sie nahm meinen Kopf in die Hände, begutachtete den Kratzer an und fand, ich stellte mich an, wegen eines so kleinen Ratschers. «Du hast aber auch wirklich eine komische Frisur», sagte sie dann missbilligend, «das müssen wir demnächst mal ändern. Das sieht so nicht aus, und es reizt die Katzen.»

Vom Schrank her hörte ich ein lautes Schnurren. Die beiden Kater hatten sich lang ausgestreckt und waren von unten nicht mehr zu erkennen. Nickerchen. Obwohl Stella und ich jetzt dicht zusammenwohnten und zwei Wohnungen zur Auswahl hatten, war es für uns nicht einfach, entspannte Stunden zu zweit zu verbringen. Frau Dahlberg, Dimi und Claudia, die beiden Katzen, irgendwer schien immer neben uns zu stehen und zuzusehen oder zu lauschen. Wir gingen viel spazieren, in der ersten Zeit. Ich nahm an, dass sich solche Startschwierigkeiten gaben, wenn man sich nur genug Zeit ließe. Und ich war selbstverständlich bereit, Stella und mir alle Zeit der Welt zu geben.

Als ich zum ersten Mal in ihrem Haus übernachtete, bat ich sie, die Viecher aus dem Schlafzimmer zu werfen, nachdem ich eine Weile über ihre Schulter in diese grün blitzenden vier Augen auf dem Schrank geblickt hatte, die mich aus sicherer Höhe unentwegt anstarrten. Die Katzen guckten unerträglich arrogant und schlecht gelaunt, ich musste immer wieder hinsehen. Mir war, als würden sie jeden Moment anfangen zu sprechen, wie Waldorf und Statler in der *Muppet Show*, ein paar bissige Kommentare zu meinen Leistungen im Bett. Mir war klar, dass Katzen beim Sex ein viel jämmerlicheres Schauspiel als Menschen boten, aber ich wusste nicht, ob das den Katzen auch klar war. Sie schienen anderer Ansicht zu sein, zumindest las ich das in ihren Augen. Ich bat Stella also, die Katzen aus dem Schlafzimmer zu werfen, und sie sah mich entgeistert an, als hätte ich vorgeschlagen, die beiden Tiere zu schlachten.

Durch sie lernte ich schnell sehr viel über die seelischen Besonderheiten von Katzenbesitzern. Ich kannte mich da nicht aus, ich war mit Hunden groß geworden, das war bei weitem nicht so kompliziert.

Hunde kann man jederzeit aus dem Schlafzimmer werfen, die bleiben dann auf der Schwelle liegen und warten ab. Wenn man die Tür irgendwann aufmacht, um sie wieder hereinzulassen, freuen sie sich immer zuverlässig und springen wedelnd an einem hoch. Hunde sind schlicht und berechenbar. In Katzen scheinen dagegen Dinge vorzugehen, die man nur nach jahrelanger Erfahrung deuten kann. Wenn man sie denn überhaupt deuten will, aber das scheint bei Katzenbesitzern die Regel zu sein.

Stella erklärte mir, dass sie die Katzen ganz bestimmt nicht aus dem Schlafzimmer werfe, die seien es gewohnt, sich aufzuhalten, wo immer es ihnen beliebe, und seien natürlich immer gerne in ihrer Nähe.

«Ich auch», sagte ich, «ich auch.»

Stella sagte, sie hätten da sozusagen eine seit Jahren etablierte Dreierbeziehung, in der ich nun einmal der Neuling sei und mich entsprechend verhalten müsse. Sie sah nicht so aus, als machte sie einen Spaß. Sie sagte, wir würden uns schon aneinander gewöhnen, die Katzen und ich, auch wenn es sein könne, dass die Katzen etwas Zeit brauchten. Katzen hätten immer ein ganz eigenes Timing. Sie sehe aber auch, dass die Situation für alle im Moment sehr angespannt sei, sagte sie, und dann schlug sie vor, dass wir doch lieber zu mir fahren sollten, damit die Katzen sich ein wenig erholen und alles verarbeiten konnten. Auch das schien kein Witz zu sein.

«Ich habe Claudia schon lange nicht mehr gesehen», sagte Stella eines Tages, als sie mich in meiner Wohnung besuchte.

Ich überlegte eine Weile und gab ihr dann überrascht recht. Es war mir gar nicht aufgefallen, aber jetzt dachte ich weiter darüber nach, und mir fiel nicht ein, wann ich ihr überhaupt zuletzt begegnet war; das musste schon eine Weile her sein. Auch Dimi war mir seltener als sonst begegnet, fiel mir jetzt ein, er war schon ein paar Tage nicht mehr bei mir und auch nicht unten vor dem Haus gewesen, das war ungewöhnlich.

«Wenn sie weg ist, dann hat er aber ein Problem», sagte Stella, und ich sagte, ja, wenn die Frau weg ist, dann hat so ziemlich jeder Mann ein Problem.

Vielleicht nicht gerade bei Claudia, dachte ich, aber sonst schon. Sie sagte, ich solle ihn mal fragen, darüber könne man als Nachbar doch nicht so einfach hinweggehen. Ich erklärte ihr, dass Dimi mir davon erzählen würde, wenn er der Meinung sei, ich müsse etwas wissen, was aber anscheinend bisher nicht der Fall sei. Daraufhin hielt Stella mir einen längeren Vortrag über weibliche und männliche Kommunikationsmuster, das Wort Empathie kam verdächtig häufig darin vor. Sie sagte, wenn ich mehr Anteil an den Menschen um mich herum nähme, dann wüsste ich längst, wo Claudia sei und worum es da gehe. Sie sagte, eine Frau lasse so etwas nicht einfach im Raum stehen, da fehle eben ein Mensch, ein anderer gebe keinen Laut mehr von sich, mache ja nichts, Hauptsache business as usual, das sei typisch männlich, diese Ignoranz, diese Kälte. Ich gab zu bedenken, dass ihre Empathie vielleicht doch eher schlichte Neugier sei. Ich sagte, das sei immerhin nicht gänzlich untypisch für Frauen und es mache sie ja offensichtlich komplett wahnsinnig, nicht zu wissen, was mit der Beziehung der beiden passiert sei, dabei könne es uns doch vollkommen egal sein. Immerhin sei Dimi ein erwachsener Mann, der sich einfach melden könne, wenn er wirklich in Not wäre, und ich sei dann total empathisch für ihn da, gar keine Frage. Und ob sie wirklich glaube, dass ihr Ansatz, Menschen ungefragt mit vermeintlicher Nächstenliebe zu bedrängen, ein reiner Akt des Erbarmens sei und nicht doch vielleicht einfach Hunger auf Klatsch und Tratsch. Den Rest des Wochenendes verbrachten Stella und ich dann nicht mehr gemeinsam.

«Was ist eigentlich mit Claudia?», fragte ich Dimi, als ich ihn ein paar Tage später im Treppenhaus traf.

Ich dachte kurz an den Streit mit Stella zurück und war mir nicht sicher, ob ich aus Neugier oder aus Empathie fragte, und dann dachte ich, ach was, Empathie hin oder her, im Grunde ist es eine Bürgerpflicht. Dienst am Mitmenschen. Das war doch ein passender Ausdruck für so etwas. Ich kam gerade von der Arbeit nach Hause, und Dimi trug Einkäufe aus dem Auto, hauptsächlich Bier. Sehr viel Bier.

«Weg», sagte er, «die ist einfach weg. Alles große Scheiße.»

«Gestritten?», fragte ich.

Er schob eine Palette Bier mit dem Fuß zu seiner Wohnung und suchte in den ausgebeulten Taschen seines Jogginganzugs nach dem Schlüssel. «Nee», sagte er, «nicht gestritten. Eigentlich nicht. Mehr so unzufrieden mit allem, ich weiß gar nicht. Ich hab's nicht einmal verstanden. Wer versteht schon Frauen?» Ein paar Bierdosen fielen aus der Palette und kullerten über die Fliesen im Treppenhaus, er kickte sie lustlos in die Wohnung.

Ich konnte mir beim besten Willen nicht vorstellen, dass die beiden ein Beziehungsgespräch geführt hatten, aber ich fragte nicht weiter nach. «Kein Mensch versteht Frauen», sagte ich nur. Ich tat, was man in solchen Momenten eben macht als empathischer Mann. Ich trank mit Dimi ein Bier, rauchte ein paar Zigaretten in seiner Wohnung und sah mit ihm Fußball, wobei ich mangels anderer Sitzgelegenheiten auf dem Sofa in der Delle von Claudia saß und die ganze Zeit die Vorstellung nicht loswurde, dass er mir aus reiner Gewohnheit sicher gleich das Bein tätschelte.

«Große Scheiße», sagte Dimi noch ein paarmal kopfschüttelnd, und er meinte nicht das Fußballspiel.

«Wenn du reden willst, du kannst jederzeit zu mir hochkommen», sagte ich zum Abschied. Was man eben so sagt.

«Danke», sagte er, «aber was soll man reden?»

Ich hatte keine andere Antwort erwartet. Wir verstanden uns glänzend. Ich würde Stella später am Telefon erzählen, dass ich mit Dimi ein sehr gutes Gespräch von Mann zu Mann geführt hätte.

Er kam natürlich nicht zum Reden hoch, er kam überhaupt nicht mehr zu Besuch, er vergrub sich in seiner Wohnung. Die Jungs aus der Stadt kamen immer seltener mit ihren Autos vorbei, der Staubsauger war immer seltener zu hören, und eines Tages sprach mich seine Mutter im Treppenhaus an, ob das nicht furchtbar sei, das mit ihrem Sohn. Das könne man doch nicht mit ansehen. So ein guter Junge und so verlassen. Ich dachte, das wirklich Allerletzte, was man als Mann in so einer Situation möchte, ist eine Mutter, die einen «guter Junge» nennt, sich Sorgen macht und versucht, die Freunde zu aktivieren. Aber ich sagte, ja, das sei wirklich schlimm, aber was solle man machen. Der Vater brummte aus dem Hintergrund, dass sich alles finden werde, die Mutter solle sich da lieber raushalten und es gebe ja nun nicht nur ein einziges hässliches Mädchen auf der Welt, oder was? Der Vater hatte wirklich einen merkwürdigen Humor. Die Mutter schüttelte den Kopf und blickte besorgt auf die Wohnungstür von Dimi, hinter der nichts, gar nichts zu hören war.

Dimi sah unrasierter denn je aus, ich nannte ihn spaßeshalber einmal den Mann aus den Bergen, aber er reagierte gar nicht darauf, kratzte sich nur kurz am Bart und ging weiter, ohne mir auch nur zu antworten. Wir sahen seine Müllbeutel in den Tonnen, sie waren fast nur mit Bierdosen gefüllt. Er wechselte seine Kleidung oft tagelang nicht, und manchmal sah ich im Treppenhaus, wenn ich abends nach Hause kam, dass seine Eltern ihm Essen vor die Tür gestellt hatten. Teller mit Gulasch und Nudeln oder mit geschmierten Broten, säuberlich auf ein Tablett gestellt und mit Plastikfolie abgedeckt, damit der Junge wenigstens mal etwas zwischen die Kiemen bekam zwischendurch. Wahrscheinlich schaute die Mutter alle paar Minuten durch den Türspion, ob der Teller schon reingeholt war. Ab und zu hupte einer von Dimis Freunden vor dem Haus, wartete auf ein Lebenszeichen und fuhr weiter, wenn sich in der Wohnung nichts rührte. Das Licht des Fernsehers spiegelte sich abends weiterhin flackernd in den Scheiben der parkenden Autos, aber Dimi sagte jetzt überhaupt nichts mehr zu den Kommentatoren der Fußballspiele, ganz egal, wie die Mannschaften spielten. Durch das Loch in meinem Fußboden hörte ich nur noch das endlose Gemurmel der Kommentatoren und ab und zu ein ganz leises Zischen, wenn er unten eine neue Dose Bier aufmachte.

Dann war auf einmal eine andere Frau bei ihm. Ich dachte zuerst, Claudia sei zurückgekehrt, weil die Neue ihr so ähnlich war, aber sie trug keine Brille und sah auf den zweiten Blick auch irgendwie anders aus, ich kam bloß nicht recht darauf, wo die Unterschiede eigentlich lagen. Es waren nur Details an der Form der Nase oder des Kinns, wirklich schwer auszumachen. Die Gemeinsamkeiten waren viel auffallender als die Abweichungen. Die gleichen wirren, träge hängenden Haare, die gleichen überbreiten Schenkel, der gleiche plumpe Gang. Sie hätte Claudias Schwester sein können, man hätte es sofort geglaubt.

«Na, was hab ich gesagt?», flüsterte mir Vater Dörrwald im Keller zu, als wir einmal gleichzeitig den Müll runterbrachten.

«Ja», sagte ich, «das ist wirklich erstaunlich. Und wo hat er die jetzt her?»

Dimi hatte in letzter Zeit das Haus nur noch selten verlassen, ich konnte mir kaum vorstellen, wie und wo er es zu einem erfolgreichen Flirt gebracht haben sollte. Und der Typ für Kontaktanzeigen schien er mir auch nicht zu sein.

«Er war im Imbiss am Bahnhof», sagte der Vater grinsend, «und zack. Stellen Sie sich das mal vor. Einmal im Imbiss und zack. Mit den Pommes nach Hause gebracht, die Braut.» Lachend knallte er den Mülltonnendeckel zu. Er sah ganz so aus, als wäre er furchtbar stolz auf seinen Sohn, der sich offensichtlich mal eben eine Frau to go besorgt hatte.

Die Frau, die Dimi da mit den Pommes nach Hause gebracht hatte, blieb tatsächlich bei ihm. Sie hieß Andrea und unterschied sich von Claudia nicht nur durch das Fehlen einer Brille und geringfügig andere Gesichtszüge, sie sah auch nicht gerne fern. Sie las stattdessen *Bianca*-Romane und Frauenzeitschriften mit vielen Adelsgeschichten, sie machte stundenlang Kreuzworträtsel und versuchte vergeblich, Dimi und mich für das Skatspiel zu interessieren. Außerdem arbeitete sie ein paar Stunden in der Woche in dem Imbiss am Bahnhof, von wo er sie mitgebracht hatte. Sie war ein wenig lebendiger als Claudia, fand ich.

Ich freute mich für Dimi, dass er wieder in einer Beziehung lebte. Bald hörte ich den Staubsauger wieder öfter und stellte mir vor, wie er um sie herumsaugte, während sie am Couchtisch saß, über ein Rätselheft gebeugt, eine Zigarette zwischen den Lippen und mit einem Kuli auf einer Bierdose trommelnd, aus der sie ab und zu einen Schluck nahm. Ich machte zu dieser Zeit viele Überstunden in meinem Hamburger Job, sodass ich abends oft erst spät nach Hause kam, wenn im Fernsehen schon lange die zweiten Spielfilme liefen und die Nachbarn alle in ihren Wohnzimmern saßen. Dimi sah ich daher immer seltener, so spät abends war er kaum noch vor seiner Tür anzutreffen. Und an den Wochenenden war ich immer öfter bei Stella, im Bemühen, mit ihr etwas Alltag zu spielen, was sich weiterhin als heillos schwierig erwies.

Wir hatten diese Art von Verschiedenheit, die sich nicht ergänzte, sondern überall nur im Weg war. Obwohl wir beide sehr verliebt waren, fanden wir es seltsam anstrengend, auch nur eine Nacht komplett gemeinsam zu verbringen, also nicht nur miteinander zu schlafen, was einfach war und uns selbstverständlich erschien, sondern danach auch noch gemeinsam Arm in Arm einzuschlafen. Ein paar Stunden nebeneinanderzuliegen und mehr oder weniger gleichzeitig wieder aufzuwachen, zusammen zu frühstücken und so weiter, darin lag das Problem.

Gleich an dem Abend, als ich zum ersten Mal bei ihr über Nacht bleiben wollte, machte sie irgendwann, nachdem wir verblüffend lange über die Katzen geredet hatten, die Vorhänge zu, als sie endlich einschlafen wollte. Tintenblaue

Vorhänge, wie vor einer Kinoleinwand. Im Zimmer war nicht das kleinste bisschen Licht mehr, eine gnadenlos umfassende Dunkelheit wie in einem Kohlenkeller um Mitternacht. Ich sagte ihr, dass ich ohne ein wenig Licht unmöglich schlafen könne, und sie sagte: «Oh!» Sie könne nicht schlafen, wenn auch nur ein winziger Streifen Licht im Zimmer sei, sagte sie dann, das mache sie wahnsinnig, sie habe extra diese Vorhänge nähen lassen. Dann schwiegen wir beide ein wenig. Ich hörte sie im Dunkeln atmen, ihre Hand lag auf meinem Bauch, wir warteten beide, ob der andere noch etwas sagen würde. Wir lagen lange wortlos nebeneinander wach. Ich hörte die Katzen, wie sie schleichend durchs Zimmer gingen, ein Schnurren, das langsam näher kam, ich fand es entschieden unheimlich. Hunde liegen nachts schnarchend in einer Ecke, Katzen scheinen sich unentwegt zu bewegen, man weiß nie, wo sie sind, und plötzlich steigt etwas auf einen drauf.

Stella nahm ihren Arm von mir und streichelte eine der Katzen, das Schnurren wurde viel lauter, als hätte sie an einem Regler gedreht, und sie wandte sich ganz der Katze zu und murmelte ihr Zärtlichkeiten ins Fell. Ich starrte in die Finsternis. Nach einer Weile glaubte ich, einen winzigen Streifen Mondlicht am Rand des Vorhangs erkennen zu können, ein silbriger Faden im Nichts, vielleicht war es aber auch nur eine optische Täuschung. In völliger Dunkelheit kann man sich schon einmal ein Licht einbilden. Ich schlief ein, während ich noch darüber nachdachte, und hatte absurde Albträume, in denen ich lebendig begraben wurde, mit Katzen im Sarg.

«Wurst kommt mir nicht ins Haus», sagte Stella beim Frühstück, als ich den Kühlschrank durchsuchte und nach Aufschnitt fragte.

«Ich kann auch mal auf Wurst verzichten», sagte ich, «kein Problem, aber kannst du das Katzenfutter vielleicht etwas weiter vom Tisch entfernt aufstellen? Der Geruch macht mich fertig.»

Eine der Katzen rieb sich demonstrativ schnurrend an meinem Bein, es war nicht nett gemeint, nahm ich an, es war sicher einfach ihre Art, mich zu verhöhnen.

Stella sah mich und die Katze zufrieden an. «Sie mag dich», sagte sie, und es klang ein wenig verwundert, als wäre es eine ganz besondere Leistung, mich zu mögen, ein seelischer Kraftakt, zu dem nur besonders ambitionierte Katzen in der Lage waren.

Die Situation war insgesamt nicht so einfach, wie ich es mir vorgestellt hatte, und ich war mir nicht sicher, ob es an mir oder an ihr lag oder ob die Sache mit der Liebe und den Beziehungen am Ende generell gar nicht meinen Vorstellungen entsprach. Mir fehlte jegliche Übung. Ich hatte bis dahin immer gedacht, wenn man sich verliebt und der andere Mensch das entgegen aller Erwartung tatsächlich auch tut, dann verbringt man ab dem ersten Kuss den Rest seiner Tage mit berauschendem Sex, innigem Gekuschel und ein paar rosafarbenen Pausen dazwischen, in denen man Karriere macht oder Kinder oder das Abendbrot, was eben gerade so anfällt, um sich dann am Abend wieder in die Arme zu sinken, gemeinsam zu altern und irgendwann in einem verträumten Kurort auf einer Parkbank zu sitzen und auf den nächsten Sonnenuntergang zu warten, wobei man dann eines Abends gemeinsam abtreten könnte, am besten Hand in Hand. So in etwa, dachte ich, verliefen erfolgreiche Beziehungen, und erfolgreich waren Beziehungen in meiner Erwartung immer dann, wenn sich beide liebten. Aber so war es gar nicht.

Stella und ich verbrachten zwar die Sommernachmittage

an den Wochenenden tatsächlich gemeinsam im Garten, lasen nebeneinander in friedlicher Eintracht auf dem Rasen und hielten uns an den Händen, unsere Finger spielten miteinander, und ab und zu legten wir die Bücher weg, um uns zu küssen, während die Bienen um uns herum summten und Ameisen von ihr zu mir und zurück krabbelten. Das war alles schön und einfach, und die Vögel sangen dazu mit einem Schmelz, den ich nie zuvor gehört hatte. Man musste geliebt werden, um es so zu hören, man musste bei einer Frau im Arm liegen und durch ihr Haar in den Himmel sehen, dann klang alles anders, duftete alles anders, fasste sich alles ganz anders an. Nachmittage waren leicht, Nachmittage waren wie im Traum. Aber Nachmittage, das wurde mir im Laufe des ersten gemeinsamen Sommers klar, Nachmittage konnte jeder.

Später, lange nach Einbruch der Dunkelheit, rief ich mir dann ein Taxi und fuhr über die nächtlichen Dörfer nach Hause. Alles war besser, als schon wieder die sinnlose Frage nach der nächtlichen Beleuchtung zu diskutieren, nachdem ich in der stockdunklen Wohnung auf dem Weg ins Bad irgendwo ins Katzenfutter getreten war. Ich dachte, so ein Anfangsproblem werde sich irgendwann geben, wenn man nur lange genug zusammen war. Andere Menschen wohnten schließlich auch gemeinsam in einer Wohnung und hielten sich aus. Es musste irgendwie gehen. Man musste sicherlich nur kräftig dagegen anlieben, und an meinem Einsatz sollte es dabei nicht scheitern, dachte ich zunächst. Als ich aber wieder einmal nach einer weiteren sinnlosen Vorhangsdiskussion irgendwann mitten in der Nacht entnervt aus dem Bett stieg, sagte Stella, wegen eines Wiedersehens könnten wir telefonieren, und sie sagte es auf einmal in einem Tonfall, als würden wir nicht ohnehin spätestens alle acht Stunden telefonieren. «Ja», sagte ich, beugte mich zu ihr runter und küsste sie, nachdem ich im Dunkeln endlich ihren Kopf gefunden und nach ihren Lippen getastet hatte, «ja, wir telefonieren. Ruf mich an.»

Es wurde immer klarer, dass zwischen uns beiden nichts besser wurde. Wir mussten bald eine Entscheidung treffen.

Es gab viele solche Nächte, in denen ich mir ein Taxi rief und es vorzog, nach Hause zu fahren, statt mich mit Stella zu streiten oder wortlos angespannt neben ihr zu liegen. Der Taxifahrer war meistens derselbe, ein junger Türke. Er gab mir jedes Mal gute Ratschläge, wie ich mit der Frau umzugehen hatte, die er manchmal am Gartenzaun im Bademantel winken sah, wenn wir es geschafft hatten, uns halbwegs friedlich zu verabschieden. Er nahm an, dass ich dauernd bei ihr rausflog, mir war es zu kompliziert, ihn aufzuklären. Am Ende hatte er nicht ganz unrecht, wenn man es recht bedachte.

«Du musst härter sein», sagte er und musterte mich abschätzend, anscheinend sah ich ihm nicht machomäßig genug aus, «viel härter. Und charmant dabei, ist eh klar. Immer charmant, aber knallhart. So geht's. Wirste dann schon sehen.»

Ich stellte mir vor, wie ich Stella hart, aber charmant sagte, sie möge bitte die verdammten Katzen aus dem Schlafzimmer werfen und die Vorhänge aufreißen. Ich war nicht richtig überzeugt von der Methode. Er ließ mich vor meinem Wohnblock in dem kleinen Städtchen aussteigen, ich zahlte, gab ihm für seine Ratschläge ein gutes Trinkgeld und ging rauf in meine Wohnung, vorbei an Dimis Tür, hinter der wie immer der Fernseher lief, während er sicherlich mit Andrea friedlich auf dem Sofa saß. Die beiden schienen sich in allen Fragen des Alltags wunderbar einig zu sein, ich hörte nie, dass sie sich stritten.

An den Wochenenden schlief ich lang, mit den Tagen konnte ich auf dem Land sowieso nichts anfangen. Ich wartete, dass es endlich Zeit wurde, zu Stella zu fahren, oder dass sie zu mir kam. Meist saß ich auf dem Balkon, rauchte, las und sah über den Wald. Einmal sah ich Dimi aus dem Wald kommen, er hatte wohl einen Spaziergang gemacht, eine seltsame Idee, in diesem abgezirkelten Normwald spazieren zu gehen, das tat sonst keiner der Nachbarn. Überhaupt spazieren, das war ganz entschieden nicht Dimis Art. Hand in Hand mit ihm ging seine neue Freundin, die auf die große Entfernung wieder unglaublich nach der verflossenen Claudia aussah. Als sie näher kamen, sah sie noch unglaublicher nach Claudia aus, und als die beiden dann unter meinem Balkon standen und zu mir hochsahen, da war es tatsächlich Claudia, die mir ausdruckslos wie eh und je zuwinkte, als wäre sie nie weg gewesen, während Dimi vielsagend zwinkerte, ohne etwas zu sagen.

Soso, dachte ich, ist sie also zurück. Macht auch nicht viel Unterschied, ein paar Kreuzworträtselhefte weniger neben dem Sofa. Und um welche der beiden so ähnlichen Damen, Andrea oder Claudia, er nun gerade mit der Riesenmaschine von Vorwerk herumsaugte, was sollte das groß ändern? Das Telefon klingelte, ich winkte Dimi und Claudia zu und ging rein. Stella fragte, wann ich endlich käme oder ob sie mich holen solle. Es wäre doch vielleicht besser, wenn ich das Wochenende bei ihr verbrachte, wir könnten noch einmal versuchen, es uns nett zu machen, das müssten doch auch wir beide endlich einmal hinbekommen. Wenn wir uns Mühe gaben. Ich sagte, ich sei im Gegensatz zu ihr aus genau diesem Grund seit Stunden einsatzbereit, säße längst angezogen herum und wartete nur auf ihren Anruf.

Dann legte ich auf, duschte hektisch und zog mich schnell an. Ich trank einen Kaffee und ging runter, sie würde gleich mit dem Auto kommen und mich abholen. Ich setzte mich auf den Zaun vor dem Rasen und wartete, aus dem offenen Küchenfenster von Dimi hörte ich Schlager und das Klappern von Geschirr. Jetzt bekocht er wieder Claudia, dachte ich, was für ein friedlicher Wechsel, wo auch immer Andrea nun geblieben ist. Heute die, morgen die, macht ja nichts, er steht am Herd und pfeift. Er sieht abends fern und tätschelt ein Bein, er hält sich bestimmt für einen glücklichen Mann. Schon der Gedanke daran, nicht mehr mit Stella zusammen zu sein, gruselte mich. Wahrscheinlich würde ich Jahre brauchen, um über die Trennung hinwegzukommen. Wenn nicht das ganze restliche Leben, was dann allerdings eine ziemlich trostlose Angelegenheit wäre, man könnte es ohne weitere Gewissensbisse komplett versaufen. Ich konnte mir beim besten Willen nicht vorstellen, eine andere Frau jemals so anziehend wie Stella zu finden, ich war immer noch wie frisch verliebt, und für einen einzigen Kuss von ihr hätte ich Jahre mit einer anderen Frau hergegeben. Überhaupt waren andere Frauen gar nicht vorstellbar.

Ich dachte schnell an etwas anderes, um nicht das Wort Trennung ausgerechnet in dem Moment zu denken, in dem ihr Wagen um die Ecke bog, das hätte womöglich Pech bringen können. Essen, dachte ich konzentriert, Dimi kocht seiner Freundin wieder etwas zu essen. Welcher von den beiden Ladys auch immer, ist ja egal bei ihm, der Herr hat bei Trennungen ja Reserve. Genau in dem Moment sah ich den roten Golf von Stella am Ende der Straße auftauchen. Verloren, dachte ich, leider verloren.

Ich ging zur Autotür, machte sie auf, küsste Stella und sagte: «Du hast nicht vielleicht die Absicht, dich von mir zu trennen, oder?»

Stella sagte, wenn ich den Tag wieder mit so einer Psychonummer beginnen wolle, dann könne sie auch gleich wieder fahren, sie beschäftige sich an Werktagen bereits genug mit seelischen Anomalien. Nein, sagte ich, geht schon, vergiss es. Ich setzte mich neben sie. Sie fuhr nicht los. Nach einer Weile guckte ich sie irritiert von der Seite an, sie starrte nach vorne, als hätte sie ein Gespenst gesehen. Ich folgte ihrem Blick und entdeckte Andrea und Claudia, die gleichzeitig aus dem Haus kamen, sie gingen nebeneinanderher wie Schwestern, eine mit Brille, eine ohne. In den Gesichtern gab es, wenn man sie beide so zusammen sah, doch keine wirklich überzeugenden Ähnlichkeiten, aber die Haltung, die Figur, die nachlässige, schlabberige Kleidung, es war unglaublich. Die beiden liefen an uns vorbei, ohne uns zu bemerken.

«Ich habe Erscheinungen», sagte ich zu Stella.

Sie sagte nichts, aber sie blickte den beiden lange nach. Dann startete sie kopfschüttelnd den Motor, und wir fuhren zu ihrem Haus in dem Nachbardorf. Wir verbrachten ein paar Stunden gemeinsam, und ich dachte nicht mehr an das Liebesleben von Dimi. Ich kam spät in der Nacht nach Hause, nachdem mein Versuch, in Stellas Bett zu schlafen, wieder einmal gescheitert war. Ich rief mir ein Taxi, als eine ihrer Katzen nachts anfing, auf das Fußende meiner Bettseite zu kotzen. Ich wusste, die Nacht war damit gelaufen.

Während Stella an dem Bettlaken herumschrubbte und beruhigend auf die Katze einredete, ging ich in den Garten vor dem Haus, stand in dem nachtfeuchten Gras und wartete auf den Wagen. Um die beleuchtete Hausnummer neben der Eingangstür flogen Insekten, sie stießen sich daran, taumelten und prallten kreiselnd wieder und wieder dagegen. Nachtfalter, Schuster, Schneider, ich wusste nicht mehr, welche man wie nannte, ziemlich große Tiere jedenfalls. Ab und zu streifte etwas mein Gesicht, ich zuckte jedes Mal zusammen, obwohl ich wusste, dass es nur ein sehr harmloses Insekt sein konnte.

Der türkische Taxifahrer sah, wie ich händewedelnd im Vorgarten stand, er öffnete mir kopfschüttelnd die Autotür und fuhr mich ohne ein Wort nach Hause. Er machte zwei, drei Versuche, sich zu einem Satz aufzuraffen, er hatte die Hand jeweils schon erhoben, den Zeigefinger mahnend nach oben gerichtet, aber er blieb dann doch still. Ich dachte, dass es immerhin toll sei, bei einem Taxiunternehmen Stammkunde zu sein, es war doch schön, nachts in einem Mercedes mit Chauffeur an den verblühten Rapsfeldern vorbeizufahren. Noch schöner wäre es allerdings gewesen, an der Alster entlangzufahren, aber ich konnte wohl nicht alles haben. Ich zahlte, gab reichlich Trinkgeld und ging rauf in meine kleine Wohnung.

Ich fing schon an, mich auszuziehen, als es leise klopfte. Ich sah durch den Spion, da stand Dimi, mit ein paar Bierdosen im Arm.

«Kann ich mal mit dir reden?», fragte er. «Ich hab dein Taxi gerade gesehen. Ich muss dich was fragen. Hast du eben Zeit?»

Ich ließ ihn rein. Wir setzten uns auf das Bett, er machte zwei Dosen Bier auf, und wir tranken schweigend eine Weile.

«Ich dachte», sagte er, «du kennst dich vielleicht aus. Du machst doch so Sachen mit Papieren und Organisation, du liest viel, du hast studiert. Vielleicht weißt du das, ich hab da ein Problem.» Er sah mich fragend an.

Ich trank einen Schluck und wartete, aber es kam nichts mehr. Dimi drückte schweigend an seiner Bierdose herum und spielte nervös an der Lasche.

«Du musst mir schon sagen, worum es geht», sagte ich schließlich.

«Oh», erwiderte er, «ja, da hast du recht.» Er stellte sein

Bier auf den Boden, setzte sich in den Schneidersitz und sah mich an. «Es ist so», begann er, «die beiden verstehen sich, sie verstehen sich super, also so richtig. Alles super. Claudia und Andrea meine ich. Und ich denke, ich liebe sie beide. Und so, wie sie heute da waren, also so beide, und sie sind ja auch jetzt noch da … also, was ich meine, ist … darf ich das denn überhaupt? So mit zwei Frauen?»

«Was mit zwei Frauen?», fragte ich, denn ich verstand nicht ganz, wo das Problem lag.

«Mit zwei Frauen in der Wohnung», sagte Dimi, «zwei Frauen gleichzeitig. Darf ich das? Wenn die jetzt beide bleiben? Sie wollen bleiben, sagen sie. Stell dir mal vor, beide.» Er dachte nach und sah aus wie ein Mann, dem plötzlich klar wird, dass ihm alle Reichtümer dieser Erde gehören, dazu ewige Gesundheit und die Gunst sämtlicher Frauen.

Ich erklärte ihm, dass man in Deutschland nicht mit zwei Frauen verheiratet sein dürfe, dass man aber zusammenleben könne, mit wem man wolle. Außer mit Schafen und so, da gebe es dann doch Grenzen, aber den Scherz verstand er nicht.

«Na, heiraten müssen wir ja nicht gleich», sagte er ernst, «das geht alles auch so.» Er sah mir in die Augen, fasste mich am Arm und fragte erneut: «Sag noch einmal, nur zur Sicherheit … das ist legal, ja?»

Ich gab ihm die Hand und versprach ihm hoch und heilig, dass so etwas nach meinem besten Wissen vollkommen legal sei. Ich sagte, er könne die beiden Grazien so lange unter seinem Dach beherbergen, bekochen und weiß der Teufel was noch alles, wie er nur wolle.

Dimi grinste einen Augenblick vor sich hin. «Alter», sagte er dann und stieß mit mir an, dass das Bier auf mein Bett schäumte, «kannst du dir mein Glück vorstellen? Mit beiden?»

Er nahm einen großen Schluck, machte sich eine neue Dose auf und lehnte sich entspannt zurück, ein seliges Lächeln auf dem Gesicht. Das Sofa unten in seinem Wohnzimmer wird bald eine neue Delle bekommen, in der Mitte, dachte ich. Er wird abends vor dem Fernseher sitzen und beide Hände auf Frauenbeine legen können, eines links, eines rechts.

Das Telefon klingelte. Ich ging ran, es war klar, wer dran war. Stella, die sagte, dass wir vielleicht noch einmal grundsätzlich reden sollten. Es war nicht so, dass wir nicht schon oft, viel zu oft, grundsätzlich geredet hätten. Aber dieses Mal hatte ihre Stimme einen seltsam harten Klang bei der Ankündigung.

«Ja», sagte ich, «wir reden dann besser mal. Bald.»

UND AUCH
SO BITTERKALT

Es dauerte etwas, bis Stella und ich uns wiedersahen. Ich arbeitete ein paar Tage zu lange, um sie hinterher noch zu besuchen, danach war sie auf einer Dienstreise, dann drückten wir uns beide ein wenig vor dem Wiedersehen, bis es nicht mehr ging, bis es zu albern geworden wäre, schon wieder keine Zeit zu haben. Wir hatten uns drei Wochen nicht gesehen, so lange waren wir noch nie getrennt gewesen. Es hatte sich nicht gut angefühlt.

Sie klingelte, um mich abzuholen. Ich machte schnell die Sondersendung im Fernsehen aus und ging ihr auf der Treppe entgegen. Wenn sie jetzt mitbekam, dass Lady Di in der Nacht gestorben war, dann war der Tag mit Sicherheit gelaufen, dann wollte sie sicher nur vor dem Fernseher sitzen, und der Tag würde nicht einmal mit Sex enden, das musste auf jeden Fall vermieden werden. Ich lächelte sie betont fröhlich an, jetzt bloß kein verdächtiges Benehmen. Ich hätte selbst gerne weiter ferngesehen. Es war gruselig anziehend, zu wissen, dass die halbe Weltbevölkerung gerade diese ganzen Sondersendungen guckte. Aber es war noch wichtiger, mit Stella zu klären, was nun einmal zu klären war. Wir gingen runter zum Auto.

Dimis Mutter stand im Treppenhaus und fragte: «Habt ihr schon gehört …?», als wir die Treppe hinuntergingen.

«Später», sagte ich schnell, «wir müssen gerade ganz dringend weg, tut mir leid.»

Ich schob Stella an ihr vorbei und warf die Tür hinter mir zu, wobei ich Dimis Mutter noch einmal zuwinkte und wild gestikulierend auf meine Uhr zeigte.

«Was wollte die denn?», fragte Stella, als wir ins Auto stiegen.

«Ist doch egal», sagte ich, «in letzter Zeit erzählt sie dauernd irgendwelchen Klatsch aus der Nachbarschaft, wenn man da stehen bleibt, dann dauert es gleich Stunden.»

Dimi sah aus dem Fenster und winkte uns zu, er machte unverständliche Zeichen und sagte irgendetwas, wir konnten ihn nicht verstehen. Wahrscheinlich wollte er uns auch von Lady Di erzählen, wahrscheinlich wollten alle Menschen jetzt tagelang nur noch über dieses Thema reden. Alle Menschen, außer mir, ich hatte gerade etwas Wichtigeres vor. Ich winkte zurück und zeigte schon wieder auf meine Uhr. Dimi nickte. Wir fuhren los. Wir fuhren ein wenig über die Dörfer, wir hatten kein Ziel, wir wollten einfach nur irgendwo spazieren gehen, wir dachten, es würde sich leichter reden beim Laufen, dann musste man sich nicht die ganze Zeit in die Augen sehen. Irgendwo im Wald, ohne Zuschauer und Zuhörer im Treppenhaus, in der Wohnung unter uns oder auf dem Schrank.

«Da vorne», sagte ich, nachdem Stella eine Weile gefahren war, «da sieht es doch nett aus.»

Wir hielten am Waldrand an einem Parkplatz für Wanderer, es stand kein anderes Auto weit und breit. Ein Weg mit einem Schlagbaum davor führte in den Wald, ich warf einen Blick auf die Schilder mit den Erklärungen zum richtigen Verhalten im Wald, die an einen Holzpfahl genagelt waren. Beziehungsgespräche waren nicht ausdrücklich untersagt. Es roch intensiv nach frühem Abend, der Boden wurde schon feucht. Es war ein Tag Ende August, das Wetter war noch unentschlossen, ob es passend zum nahenden September bald kühler werden sollte oder nicht. Vorerst schien noch die Sonne, aber sie hatte keine hochsommerliche Kraft mehr, an den Abenden wurde es schon frisch. Auch im Schatten des Waldes war es nicht mehr so stickig warm wie in den letzten Wochen.

Wir gingen schweigend den Weg entlang. Wir müssen ausgesehen haben wie in einem Werbeprospekt der Tourismusinitiative des Kreises, ein junges Paar im Wald, ein paar erste Blätter fallen schon malerisch bunt, der Herbst kündigt sich äußerst vorsichtig und dekorativ an, golden der Glanz der Sonne auf den Baumstämmen. Unten das satte Grün der Farnbüsche. Die letzten richtig schönen Tage, alles leuchtete im dämmernden Spätsommerlicht. Wir gingen Hand in Hand tiefer in den Wald, der hier sogar etwas Unterholz hatte. Die Sonne schuf ein Postkartenidyll nach dem anderen um uns herum. Die Luft war klar, und alles schien zu funkeln. Das Licht der tiefstehenden Sonne brach in schrägen Strahlen durch das Laub. Tausende Spinnweben leuchteten zwischen den Zweigen, man sah im Gegenlicht, dass der ganze Wald eine einzige Falle war. Dennoch tanzten Schwärme von Mücken um uns herum, und Libellen in beeindruckender Größe flogen auf dem Weg vor uns her.

Stella drückte meine Hand und sah sich um. In besseren Zeiten hätten wir nach einer kuscheligen Stelle gesucht und es uns gemütlich gemacht. Stattdessen gingen wir schweigend immer weiter. Ich wusste, dass wir gleich ein schwieriges Gespräch führen würden, aber ich wollte nicht anfangen zu reden. Wir hatten mittlerweile Übung mit schwierigen Gesprächen. In den letzten Monaten hatten wir, wie ich fand, mehr davon geführt, als die meisten anderen Paare in langen Ehejahren schaffen. Sie hatten uns zwar nicht weitergebracht, diese endlosen Verhandlungen ohne klares Ziel, aber alle paar Wochen kam es uns doch wieder so vor, als ginge ohne eine Grundsatzdiskussion nichts mehr weiter. Eine Ansicht, die ich oft schon nach dem ersten Satz revidierte.

Stella sah mich von der Seite an, ich konnte es fühlen, aber ich sah lieber nicht zurück. Sie will, dass ich anfange, dachte ich. Da kann sie aber lange warten. Ich wusste noch nicht, was ich wollte, ich wusste aber, dass ich es wissen würde, wenn sie nur erst angefangen hätte.

«Wir wollten ja noch einmal reden», sagte sie schließlich und ließ meine Hand los.

Bei ernsten Beziehungsgesprächen hielt man sich besser nicht an der Hand. Ich guckte sie jetzt doch an und wartete ab. Sie wirkte nicht unfreundlich, aber sie lächelte auch nicht, sie hatte einen ganz eigenen Gesichtsausdruck für ernste Gespräche. Ein Gesichtsausdruck, der mich wahnsinnig machte, als ob wir eine Geschäftsbeziehung hätten und nicht eine leidenschaftliche Liebesgeschichte mit grandiosen Sexszenen. Sie sah aus, als ob sie mich gleich siezen würde, und ich wusste, wenn sie so guckt, dann dauert es Ewigkeiten, bis man wieder zu einer angenehmen Form zurückfinden kann, das kannte ich schon. Ein fordernder Blick in ihren Augen, als ginge es darum, mir ein Geständnis abzuringen, und nicht darum, wieder gemeinsam zum Frieden zurückzufinden. Vor mir lagen Stunden voller Debatten und Vorwürfe, voller verhörmäßiger Fragen und bohrender Blicke. Vor mir lag ein Paargespräch der allerübelsten Sorte. Sie hatte mir einmal vorgeworfen, ich hätte bei solchen Gesprächen einen arroganten Managerblick, das hatte mich überrascht. Ich dachte bis dahin, ich guckte so, wie man eben guckt, wenn man sich innerlich gelangweilt Durchhalteparolen aufsagt und heimlich darauf hofft, bald wieder miteinander ins Bett steigen zu können. Nach Management fühlte sich das nicht an.

Ich seufzte, und sie sah mich weiter von der Seite an, sie hatte einen angriffslustigen Ausdruck im Gesicht, und wenn ich jetzt irgendetwas sagte, ganz egal was, dann begann sie bestimmt mit dem Vorwurf, ich wolle sowieso wieder nicht reden und dafür hätte ich sie gar nicht erst in den Wald locken müssen. Ich hätte ihren normalen Text vor dem Gespräch aufschreiben können, ich wusste ziemlich genau, was mich erwartete, wenn dieses Gespräch wie immer verlief. Vielleicht wurde aber auch alles ganz anders, sie schien mir ernsthafter denn je zu gucken. Also sagte ich lieber weiterhin nichts. Ich hatte keine Ahnung, ob ich vielleicht in wenigen Minuten den Anfang einer Trennung erlebte, ich kannte mich mit Trennungen noch nicht aus. Ich merkte, dass mir der Gedanke an eine Trennung zum ersten Mal überlebbar vorkam, das war neu und fremd. Aber ich spürte mein Herz bis unter die Schädeldecke bei dem Gedanken, nicht mehr mit Stella zusammen zu sein und sie nicht mehr berühren zu können. Ich sah auf den Boden, auf den laubbedeckten Waldboden, warme Sonnenflecken überall, wirklich wunderschön. Pilze am Wegrand, Tannenzapfen dazwischen, dichte Farnbüschel, alles wie im Bilderbuch. Ich spürte ihre Hand nicht mehr in meiner, und ich sagte immer noch lieber nichts.

«Wir müssen etwas ändern», sagte sie, «oder meinst du nicht?»

«Och», sagte ich.

Mir war immer noch nicht klar, worauf sie hinauswollte, also zog ich es vor, mich weiterhin nicht eindeutig zu äußern, bevor mir die Richtung ausreichend verständlich erschien. In der Defensive, das wusste ich, kam ich mit solchen Gesprächen gut zurecht, verdammt gut sogar. Manchmal staunte ich selbst, mit welch brillanten Antworten ich das Gespräch führen konnte. Ich hätte mir als Schachspieler doch mehr Mühe geben sollen, stellte ich nach solchen Sequenzen fest. Aber ich wusste vor dem Beginn einer dieser Grundsatzdiskussionen nicht, ob ich auch an diesem Tag schlagfertig sein würde. Es gab Aussetzer, es gab verheerende Niederlagen.

«Da bist du auch nicht anders als andere Männer», sagte Stella und blieb vor mir stehen. «Schweigen ist immer super, was? Am besten zwanzig Jahre lang, alles immer wegschweigen und schön weitermachen. Alles so einfach.»

Sie weinte unvermittelt, und ich griff jetzt doch nach ihrer Hand, die sie mir aber wütend sofort wieder entzog. Ich wollte sie in den Arm nehmen, aber sie lief weiter.

«Lass mal hier langgehen», sagte ich und zeigte auf einen kleinen Nebenweg.

Uns kam weiter vorne eine Radwandergruppe entgegen, fröhlich strampelnde Rentner mit Landkarten in Lenkerhalterungen und Flachmännern um den Hals. Ich hatte jetzt keine Lust, Menschen zu treffen. Stella sagte, super, endlich gäbe ich einmal eine Richtung vor, sie sei total begeistert, der Tag sei bestimmt noch steigerungsfähig, sie sehe jetzt endlich das Potenzial in mir. Ich sagte, dass es bekanntlich nicht gerade einfach sei, sich mit ihr auf eine Richtung zu einigen, das sei ja schon manches Mal ziemlich heikel gewesen, selbst bei trivialen Fragen wie der nach dem Vorhang zum Beispiel oder der nach der nächtlichen Dunkelheit, und schon waren wir mitten in einem heftigen Streit, genau wie ich es erwartet hatte. Sie lief ziemlich schnell, weil sie wütend war, sie machte immer alles sehr schnell, wenn sie wütend war.

Wir warfen uns die ewig gleichen Argumente an den Kopf, verletzten uns routiniert und ohne größere Verluste auf beiden Seiten. Sie schritt zeternd vor mir her, ich verstand gar nicht alles, was sie sagte, weil sie sich beim Sprechen nicht umdrehte, aber wahrscheinlich verstand sie meine Antworten genauso wenig, und ich dachte, nun ja, das macht einen Streit irgendwie einfacher, wenn man sich nicht zuhört, nicht einmal ansatzweise. Jeder pöbelt in irgendeiner Richtung Bäume an, und am Ende verträgt man sich wieder, ich fand das Modell eigentlich gar nicht schlecht, fast hätte ich gelacht bei dem Gedanken. Wenn man sich schon streiten musste, und das mussten wir anscheinend, dann doch am besten genau so. Stella wollte mit mir zusammenleben, sie sagte es, ohne mich anzulächeln, sie fand mich aber im Alltag unerträglich. Das gilt auch umgekehrt, dachte ich und sagte es dann auch, aber das verbesserte die Lage nicht.

«Da waren Regentropfen», sagte ich und wischte mir Wasser von der Brille, «wir sollten besser umkehren.»

«Tau», sagte sie, «kein Regen, Tau.» Sie machte abrupt kehrt, anscheinend war auch Tau ein Grund, sofort umzukehren.

Ich sah nach oben, es kamen keine weiteren Tropfen nach. Eichhörnchenpipi, dachte ich. Tau fällt doch nicht von Bäumen. Vielleicht ja doch, ich wusste es nicht genau. Ich war nun einmal kein Landmensch, im Grunde wusste ich hier überhaupt nichts, ich hätte keinen einzigen Baum beim Namen nennen können, was wusste ich denn, was hier an Flüssigkeiten durch die Luft sabberte? In Hamburg war es Regen, wenn von oben Tropfen kamen, Regen und fertig. Ich wurde wütend. Wütend, weil ich überhaupt durch einen dämlichen Wald rannte, auch wenn die Frau vor mir noch so schön war, was hatte ich eigentlich in einem Wald verloren? Keine Kneipe weit und breit. Wenn sie sich in zehn Minuten von mir trennte, dann könnte ich nicht einmal ein paar Meter weiter ein Bier bestellen, in was war ich da bloß hineingeraten?

Stella ließ sich über meine Sturheit in Alltagsdingen aus, über meine Tyrannei mit dem Katzenfutter, und ich dachte, dass es vermutlich keinen Zweck hätte, die ganze Zeit wie ein Kind «Selber! Selber!» im Singsang vor mir herzusprechen, obwohl ich große Lust dazu hatte. Ich sah weiter zum Himmel, er war dunkelblau, soweit ich es zwischen den Bäumen noch erkennen konnte. Die Farbe ging schon ins Nachtschwarze über.

«Also, was jetzt?», fragte sie und blieb unvermittelt stehen.

«Wir müssen uns einfach mehr Mühe geben», sagte ich.

Was sollte man auch sonst sagen, ich machte hier bestimmt keine voreiligen Versprechungen. Mühe geben, das war stets richtig, damit konnte man nie falschliegen, wer immer strebend sich bemüht, den können wir erlösen, da hatte Goethe so weit recht gehabt, auch wenn es noch so abgedroschen war. Und selbst wenn es keine Erlösung gab, es lief dennoch alles auf Mühe hinaus. Das Leben war so. Außerdem war der Satz vollkommen ernst gemeint, zum Mühegeben war ich jederzeit bereit. Aber im Wald irgendwelche anderen Zugeständnisse zu machen – nein. Ich hatte auch nicht das Gefühl, eine Grundsatzentscheidung treffen zu müssen, mir hätte es gereicht, wenn wir einfach so weitergelebt hätten, ein wenig freundlicher vielleicht, mit ein bisschen mehr gutem Willen auf beiden Seiten, vor allem aber auf ihrer, wenn ich ehrlich war.

«Nein, ich meine nicht uns», sagte sie, «ich meine, wo müssen wir hin? Wo ist der verdammte Weg?», sagte sie und stampfte wie ein kleines Mädchen mit dem Fuß auf.

Ich sah mich um. Tatsächlich war der Weg nicht mehr zu erkennen, und vor uns wurde das Unterholz immer dichter und dunkler. Ich schlug vor zurückzugehen, das schien mir wesentlich einfacher, als sich geradeaus weiter durchs Gehölz zu kämpfen. Stella hatte einen grobmaschigen Pullover an, sie war damit auch auf dem normalen Weg schon dauernd an herabhängenden Zweigen hängengeblieben. Ein paar Meter durchs Gehölz, und sie wäre obenherum vermutlich nackt gewesen. Eine schöne Vorstellung eigentlich, aber es war nicht der richtige Moment für so etwas, obwohl mir der Gedanke eine Weile nicht mehr aus dem Kopf ging. Allerdings war hinter uns auch kein Weg auszumachen, wir mussten schon lange gegangen sein, ohne darauf zu achten, der Boden war überall gleich. Aber jetzt, da es allmählich dunkel wurde, sah er nicht mehr so gut aus. Für Postkarten war es schon entschieden zu dämmerig, zu schwarz an den Rändern.

Wir haben uns verlaufen, dachte ich. Wie albern ist das denn, sich in Norddeutschland im Wald zu verlaufen? In einem Wald, durch den ungefähr alle hundert Meter ein Weg führt, in einem Wald, der geradezu zersiebt ist von Wanderwegen und Forstzufahrten. Nur an der Stelle, an der wir jetzt ein wenig hektisch im Kreis liefen, an der Stelle war erstaunlich weit kein Weg zu sehen. Wahrscheinlich gab es keinen einzigen Quadratkilometer reine Wildnis in diesem Wald, aber wenn doch, dann standen wir mittendrin, so viel war sicher.

«Sei mal still», sagte ich, blieb stehen und lauschte angestrengt.

Stella stand vor mir und sah mich spöttisch und angriffslustig an. «Was ist?», sagte sie. «Hörst du jetzt am Klang des Vogelgeschreis, in welche Richtung wir müssen, oder was? Alter Trapper, hm? Jahrelang bei den Pfadfindern gewesen?»

«Nein», sagte ich, «ich höre Autos.»

«Groß», sagte Stella empört und warf die Hände hoch,

«ganz groß. Steht in Deutschland im Wald und hört irgendwo eine Straße. Wirklich groß. Vielleicht möchtest du noch ein Ohr auf den Boden legen, um ganz sicherzugehen. Ich möchte nicht irgendeine Straße, verdammt, ich möchte zu meinem Auto, du Held.»

Tatsächlich hörte ich nicht nur einfach Autos, nein, ich hörte viele Autos. Ich versuchte, ihr zu erklären, dass ich eine Autobahn hörte, aber es dauerte eine ganze Weile, bis sie mich verstand, weil sie zu sehr damit beschäftigt war, sich über mich lustig zu machen.

«Überleg doch bitte mal, wo wir in den Wald gegangen sind», sagte ich.

Sie dachte nach und sagte dann nur noch: «Oh.»

Denn dort, wo wir geparkt hatten, da war weit und breit keine Autobahn, da hätten wir noch eine ganze Weile fahren müssen, wirklich verblüffend weit. Wir mussten einen ziemlich weiten Weg zurückgelegt haben, während unseres Streits, wesentlich mehr, als wir gedacht hatten. Dafür, dass rein gar nichts geklärt ist, haben wir aber ganz schön Strecke gemacht, dachte ich. Wenn man wütend ist, kommt man anscheinend weiter, das wäre doch wieder eine tolle Geschichte für diese Managementtheoretiker, management by anger oder so etwas, ärgere dich zum Erfolg.

«Welche Autobahn?», fragte sie, nachdem sie das Geräusch auch gehört hatte, und ich sagte: «Moment bitte.»

Dann tat ich so, als würde ich den Kopf in den Wind drehen und noch einmal eine Weile lauschen, und gab schließlich eine vollkommen willkürliche Autobahnnummer und einen Streckenkilometer von mir. Als ob irgendjemand am Klang der Autos jemals eine Autobahn erkannt hätte, so eine absurde Idee.

«Schon gut», sagte sie giftig, «schon gut.»

«Wir müssen jedenfalls dahin», sagte ich, «an der Autobahn kommen wir mit Garantie irgendwohin, hier verlaufen wir uns nur weiter und weiter, und es wird dunkel.»

Es wurde sogar ziemlich schnell dunkel, zwischen den kleineren Bäumen und dem Gesträuch konnte ich schon nichts mehr erkennen, nur tiefschwarze Striche vor dunkelgrauem Hintergrund, wenn ich ganz genau hinsah. Wenn wir jetzt mitten durch den Wald zurückgegangen wären, hätten wir selbst auf dem normalen Weg bald nichts mehr erkennen können. Und neben den Wegen würden wir bald nur noch gegen Bäume rennen. Es wurde jetzt auch schnell kühler. Die Vorstellung, stundenlang durch den zusehends finsteren Wald zu irren, behagte mir überhaupt nicht. Ich sah keinen Weg, und Stella sah auch keinen, und mir wurde etwas fröstelig, allein von der Vorstellung, längere Zeit unfreiwillig hier zuzubringen.

Es war sehr lange her, dass ich *Lederstrumpf* gelesen hatte, ich hatte nicht die mindeste Lust, mich hier mit Jugendabenteuern zu amüsieren. Wildnisabenteuer waren in meinen Vorstellungen von einem normalen Leben nicht vorgesehen.

Stella zitterte, ob vor Wut oder vor Kälte, ich wusste es nicht, und ich zog meinen Pullover aus und legte ihn ihr um, das macht man so, als Offizier und Gentleman, dachte ich. Sie sah mich an und sagte, die Geste käme besser, wenn der Mann nicht selbst so offensichtlich jämmerlich friere dabei, dann gab sie mir den Pullover zurück. Ich weigerte mich natürlich, ihn anzunehmen, und wir hatten ein neues Thema, um uns zu streiten, und davon wurde uns wenigstens wieder ein wenig wärmer. Schließlich warf sie den Pullover in meine Richtung, und er fiel neben mir auf den Boden in taunasses Farngestrüpp.

«Danke», sagte ich, «jetzt brauche ich ihn auch nicht mehr.»

179

Ich ging im T-Shirt weiter, vom Unterholz weg, ungefähr in die Richtung, aus der die Geräusche der Autobahn zu kommen schienen. Stella sagte, ich benähme mich wie ein bockiges Kind, ich könne den Pullover da nicht liegenlassen. Ich sagte ihr, dass ich ihn nicht auf den Boden geworfen hätte und wer hier wohl ein bockiges Kind sei, Sachen herumwerfen und so, sie könne ja einmal darüber nachdenken. Die Stimmung zwischen uns schien heute einfach nicht mehr besser zu werden.

Der Wald lichtete sich unvermutet schnell vor uns, und wir standen an der Leitplanke einer Autobahn im dichten Abendverkehr. Der Wechsel vom halbwegs stillen Wald zum Dröhnen der Laster kam so plötzlich, dass wir unwillkürlich innehielten und eine Weile starr auf die Autos sahen.

«Was machen wir jetzt?», fragte Stella schließlich.

«Jetzt ziehst du ein Hosenbein hoch, hältst einen Daumen so hin, ich versteck mich im Gebüsch, und zack, hält einer an und nimmt uns mit.»

«Das meinst du ja wohl nicht ernst?»

«Nein, natürlich nicht. Wir gehen hier an der Autobahn entlang, bis eine Ausfahrt kommt, was sollen wir denn sonst tun?»

«Ich glaube, ich habe mich noch nie im Leben verlaufen», sagte Stella. «In einem Wald! Ein paar Meter hinter Hamburg. Mit einem Mann dabei. Ich glaube es einfach nicht.»

Ich sagte, dass sich kein Mensch verlaufen hätte, wenn sie nicht sinnlos in Höchstgeschwindigkeit vorausgerannt wäre, einfach irgendwohin, weil es ihr wichtiger war, ihre immer gleichen Argumente herunterzurattern, statt auf den Weg zu achten. Immerhin sei sie zweifelsfrei vorweggerannt und ich nur hinterher, da fing sie schon wieder an zu weinen. Das brachte alles nichts.

Dann schwiegen wir und gingen an der Autobahn entlang, irgendwann musste ein Parkplatz kommen, eine Rast-
stätte oder eine Abfahrt. Wer an der Autobahn entlanggeht,
der kann so leicht immerhin nicht verlorengehen, so viel
stand fest. Es war allerdings nicht so einfach, an der Autobahn entlangzugehen, das hatte ich mir wesentlich entspannter vorgestellt. Alle hundert Meter reichte der Wald bis
direkt an die Leitplanke, mit Gebüsch und Unterholz, durch
das man nicht so leicht durchkam. Es gab Wildschutzzäune
und Stacheldraht zwischen Feldern, wir mussten über Grä-
ben springen und über Zäune steigen. Die Äcker waren
abends feucht, und ich lernte eine ganz neue Größenord-
nung von Brennnesseln kennen. Nach einer halben Stunde
waren wir noch nicht sehr weit gekommen, sahen aber aus
wie in einem *Indiana-Jones*-Film. Stellas Pullover hatte jede
Form verloren, er hing voller Blätter und Zweige, und man
merkte ihr von weitem an, dass sie viel geweint hatte. Sie war
wütend und verzweifelt, und zum ersten Mal fand ich, dass
sie nicht gut aussah. Bisher hatte ich sie in allen Lebenslagen
überirdisch schön gefunden, sogar im heftigsten Streit, aber
jetzt hatte sie einen Ausdruck im Gesicht, den ich nicht
kannte. Sie war mir auf einmal fremd wie nie zuvor.

Ich zog sie an mich und küsste sie, damit das aufhörte,
ich konnte Fremdheit zwischen uns nicht ertragen. Sie
schluchzte und küsste mich auch, und ich machte die Augen zu und küsste immer mehr, bis sie wieder die Frau war,
die ich liebte, und das dauerte eine Weile, aber schließlich
ging es. Dann liefen wir Hand in Hand weiter, neben der
Autobahn her wie zwei ausgerissene Kinder. In der Ferne
konnten wir ein blaues Schild erkennen, wahrscheinlich
kam eine Ausfahrt in Sicht. Stella zitterte vor Kälte und
Müdigkeit und Wut, und ich legte meinen Arm um sie, was
natürlich überhaupt keinen Sinn hatte, schließlich war mir

genauso kalt, aber ich fühlte doch, dass es jetzt so sein musste. Auf dem Ausfahrtsschild stand das nächste Dorf. Wir konnten es nicht fassen, wie weit wir gekommen waren. Bis zum Auto zurück war es eine wirklich erschreckende Entfernung, und ich zog es vor, von der nächsten Telefonzelle aus Dimi anzurufen, statt dort hinzugehen. Wir hatten beide Blasen an den Füßen, und wenn wir den ganzen Weg bis zum Auto gelaufen wären, hätten wir sicherlich blutige Füße gehabt. Wir marschierten schweigend bis zum nächsten Ort, und ich dachte, wenn da jetzt die Telefonzelle kaputt ist, dann klingeln wir einfach irgendwo und fragen, ob wir telefonieren dürfen, *Rocky Horror Picture Show* im Herzogtum Lauenburg. I'm glad we caught you at home, could we use your phone? Das würde bestimmt spannend werden.

Entgegen aller Erwartung war die Telefonzelle aber heil und stand in tröstlicher Beleuchtung da, wo sie hingehörte, also dort, wo sie in solchen Dörfern immer steht, nämlich bei der Bushaltestelle neben dem Dorfgemeinschaftshaus, aus dem schwach Musik zu hören war. Auf dem Busfahrplan standen die Abfahrtszeiten, der Bus fuhr viermal am Tag, mehr war hier nicht üblich. Der letzte Bus war lange weg. Dimi war natürlich zu Hause, er war immer zu Hause. Er fragte nicht viel, er sagte, er wolle gleich losfahren, wir sollten nicht weggehen, und ich sagte, keine Sorge, hier geht kein Mensch mehr irgendwohin, ganz bestimmt nicht. Wir blieben in der Telefonzelle stehen, hier war es wenigstens warm, die Zelle schien noch von der Nachmittagssonne zu glühen. Stella setzte sich auf die Telefonbücher, und ich rieb ihr die Arme und die Schultern. Es brachte nichts, aber man musste irgendetwas tun. Es dauerte nicht lange, und Dimis Wagen hielt neben der Telefonzelle, wir gingen zu ihm rüber und stiegen hinten ein, und er fragte, ob wir vollkommen den Verstand verloren hätten und ob wir jetzt irgendeinen Survival-Quatsch mitmachten.

«Nein», sagte ich, «wir waren nur etwas spazieren. Ein bisschen weit vielleicht.»

«Spazieren», sagte Dimi und blickte sich nach uns um. Wir müssen zu dem Zeitpunkt ausgesehen haben wie Flüchtlinge, die gerade irgendwo über die Grenze gekommen waren, es fehlten nur noch die Decken des Roten Kreuzes über unseren Schultern. «Was man so Spazieren nennt», sagte er. Dann startete er den Wagen und fragte, ob wir das von Lady Di gehört hätten.

«Ja», sagte ich, «aber das ist mir jetzt gerade so was von egal.» Ich hatte Lady Di mittlerweile vollkommen vergessen. Im Vergleich zu Orientierungsabenteuern in norddeutschen Wäldern waren die britischen Royals dann doch nicht mehr so wichtig.

Stella fragte irritiert, was denn mit Lady Di sei, und Dimi antwortete nicht, sondern stellte einfach das Radio an. Er musste sich nicht lange durch die Sender drücken, bis er bei einem Bericht zum Tod der Prinzessin angekommen war, und er ließ die Sendung einfach laufen. Stella beugte sich vor, hörte zu und fing kurz darauf schon wieder an zu weinen. Dann fragte sie mich, wieso zum Teufel ich es ihr nicht erzählt hätte, wenn ich es doch gewusst hätte. Ich hatte keine Ahnung, was ich antworten sollte.

«Das gibt es doch gar nicht», sagte Stella und klang schon wieder so wütend wie mitten im Streit, und sie wiederholte es noch einmal, «das gibt es doch gar nicht», und das war wahrscheinlich genau das, was die halbe Welt an dem Tag pausenlos dachte, mich eingeschlossen, nur bezog es sich bei mir auf den Verlauf des Nachmittages mit Stella und nicht auf den Autounfall einer Prinzessin in Paris.

Dimi fuhr uns zu Stellas Auto. «Ihr seid echt von hier bis

dahin gelaufen?», fragte er noch einmal. «Echt wahr? Den ganzen Weg durch den Wald? Das ist ganz schön weit, mein lieber Schwan.»

«Ja», sagte ich, «ja, das haben wir gemerkt.»

Dimi saß am Steuer und schüttelte ausdauernd den Kopf. Wir stiegen aus, und er winkte noch einmal und fuhr weiter. Man muss immer jemanden wie Dimi kennen, dachte ich, sonst ist man irgendwann verloren.

«Jetzt zu dir», sagte ich zu Stella, denn ich fand, nach so einem Tag konnte man sich schlecht trennen, ganz egal, wie die Stimmung war. Die Hoffnung stirbt zuletzt, was man in solchen Situationen eben so denkt.

Sie nahm das Etui mit ihrem Make-up aus der Handtasche und klappte den Spiegel über dem Fahrersitz herunter. Sie sah kurz hinein und packte das Etui dann wieder weg, ohne etwas herausgenommen zu haben, Kopfschüttelnd fuhr sie los, mit immer neuen Tränen in den Augen, und ich dachte, dass muss jetzt aufhören, und zwar schnell. Wir gingen in ihr Haus und machten Tee und ließen nebenbei die Badewanne volllaufen. Dann legten wir uns in die Wanne, so gut es zu zweit eben ging, es war eine ziemlich kleine Wanne. Wir redeten nicht viel, weil immer noch die Gefahr bestand, dass der Streit wieder losging, und weil wir beide jetzt vorsichtig waren und friedlich sein wollten. Das heiße Wasser ließ uns erst merken, was alles am Körper weh tat, und es war nicht gerade wenig. Gewaltmärsche zählten nicht zu unseren alltäglichen Übungen.

Es machte uns noch mehr müde, so im Wasser zu liegen, unvorstellbar müde. Wie schön wäre es gewesen, jetzt einfach einzuschlafen, Arm in Arm oder Bein an Bein oder auch allein, es kam schon gar nicht mehr darauf an. Wir hatten beide überhaupt keine Lust mehr, uns zu streiten, aber es war immer noch nichts geklärt zwischen uns. Wir waren kaputt und gereizt. Minutenlang hatten wir beide die Augen zu, und ich schlug einmal wild mit den Händen ins Wasser, als ich einschlief und mit dem Kopf unversehens nach unten rutschte. Die Katzen saßen Kopf an Kopf in der Badezimmertür und beobachteten uns ungerührt. Ich stieg als Erster aus der Wanne, schob die Katzen aus der Tür und machte sie hinter ihnen zu. Dabei achtete ich darauf, dass Stella es nicht merkte. Sie lag noch in der Wanne, ihr Kopf sank gerade nach unten wie meiner vor ein paar Minuten. Ich nahm ein Handtuch, zog sie hoch und trocknete sie ab, so wie man ein Kind abtrocknet. Sie murmelte etwas, dass ich nicht verstand, ich fragte lieber nicht nach, jedes Wort war gefährlich.

«Ab ins Bett», sagte ich und schob sie ins Schlafzimmer, sie sagte immer noch nichts.

Sie ging vor mir her zum Fenster, zog die Vorhänge zu und legte sich hin. Dieser prüfende Handgriff an die Stelle, an der die beiden Vorhanghälften aufeinanderstießen, gerade nachdem dieser gottverdammte Vorhang heute so oft Thema gewesen war, ich hätte wahnsinnig werden können. Dann legte sie sich stöhnend aufs Bett und bat mich, das Licht auszumachen. Ich riss die Vorhänge wieder auf und ging an ihren Kleiderschrank. Sie sah mir vom Bett aus zu und wollte etwas sagen, überlegte es sich dann aber anders und wartete ab. Ich suchte in ihren Schubladen herum, bis ich ein Tuch fand, dann trat ich ans Bett und verband ihr die Augen.

«Es ist dunkel hier drin», sagte ich, «stockdunkel. Siehste?»

Sie sagte nichts. Dann hob ich die wütend protestierenden Katzen, die sich ins Schlafzimmer geschlichen hatten, vom Schrank und schob sie in den Flur zurück. Ich machte ihnen in der Küche eine der widerlich stinkenden Dosen mit Fressen auf und schloss die Tür hinter ihnen.

Stella lag auf dem Bett und hatte sich nicht bewegt, nur als ich hereinkam, drehte sie den Kopf ein wenig in meine Richtung. «Stockdunkel», sagte sie und lächelte zum ersten Mal an diesem Tag.

Ich legte mich zu ihr und küsste sie. Stella drehte den Kopf zu mir und lag immer noch lächelnd da, es war sicher das beste Ende, das ein solcher Tag nehmen konnte. In der Badewanne hatte ich noch gedacht, dass ich mich an diesem Tag am besten gar nicht mehr bewegen sollte, aber jetzt änderte ich meine Meinung. Später lag sie immer noch mit verbundenen Augen unter der Decke eingerollt neben mir, während ich uns eine Zigarette anzündete. Ein Igel atmete asthmatisch keuchend auf der Terrasse, und im Dunkel sah man Zweige leicht ans Fenster schlagen. Wenn die Wolken ein wenig vom Mond freigaben, sah man auch den Rasen vor der Terrasse, man konnte die Hecke am Ende des Grundstücks erahnen und den Stamm des Birnbaums. Ich starrte ins Dunkel vor dem Fenster, immerhin nahm ich das zum ersten Mal wahr. Wir hatten kein Licht an, und nach einer Weile erkannte ich immer mehr, obwohl es eine unbeleuchtete Nacht auf dem Dorf war.

Ich schob Stella die Zigarette zwischen die Lippen und ließ sie ziehen. Sie fragte mich, ob ich sie heiraten wolle. Denn wenn wir uns beide Mühe gäben, sagte sie, dann müsste das doch hinzubekommen sein, das müsse doch gehen, bei all der Liebe.

«Ja», sagte ich, «wer immer strebend sich bemüht, ist doch meine Rede. Also eigentlich Goethes, aber egal.»

«Du mit deinen Zitaten», sagte sie und tastete nach meinem Arm und dann nach meiner Hand, um noch einmal an der Zigarette zu ziehen. «Andere würden jetzt einfach ja sagen», sagte sie. Sie fasste sich an das Tuch vor ihren Augen, und ich hielt ihre Hand fest, bevor sie es abnehmen konnte.

«Ja», sagte ich.

Letztlich ist alles im Leben eine Frage der Mühe, dachte ich. Warum sollte es bei einer Ehe anders sein? Immerhin konnte sie beim besten Willen nicht behaupten, sehend ins Verderben gerannt zu sein, das nun wirklich nicht. Und ich würde schon nicht in mein Verderben rennen. Ich betrachtete Stella, die im Mondlicht nackt vor mir lag. Verderben sah mit Sicherheit anders aus.

DAS KALB

«Es hat seine Augen», sagte die ältere Kollegin trotzig und stützte sich mit beiden Händen auf ihrem Schreibtisch ab, während sie unsicher aufstand. Der Computerbildschirm wackelte bedenklich. Sie war wirklich eindeutig betrunken, die Kollegen hatten nicht übertrieben. Ich konnte sie auf keinen Fall so in ihr Auto steigen lassen, als Vorgesetzter war ich für sie verantwortlich. «Es hat genau seine Augen, und es ist doch auch genau an dem Tag geboren worden, weißt du?»

«Du meinst, du erkennst deinen Sohn in dem Kalb?», fragte ich und drückte sie vorsichtig an den Schultern wieder auf ihren Stuhl.

«Er ist es», sagte sie, ruderte mit den Armen unter meinen Händen weg und stand schon wieder auf. «Ich weiß es. Ich sehe es doch. Ich kann es doch sehen!» Sie starrte mich jetzt wütend an, ging wankend zum Garderobenschrank und nahm ihre Handtasche heraus. «Ich bin nicht blöd und weiß schon, was ich sehe! Eine Mutter erkennt so etwas doch.»

Ihr Atem roch nach Korn und Pfefferminz, ich konnte es noch riechen, obwohl sie jetzt ein paar Meter von mir entfernt stand. Genau genommen stank das ganze Büro schwer nach Alkohol. Ich machte ein Fenster auf. Draußen war es schwülwarm, über der Straße vor dem Institut flimmerte es in der Julinachmittagssonne. Es kam keine frische Luft herein, es wurde nur noch wärmer und drückender im Raum.

«Gib mir jetzt bitte deinen Autoschlüssel», sagte ich so freundlich, wie ich nur konnte.

Ich setzte mich auf den Besucherstuhl neben ihrem Schreibtisch. Ich versuchte, ganz gelassen auszusehen, ich lehnte mich zurück, in der Hoffnung, sie würde sich auch wieder hinsetzen und vielleicht ruhiger werden. Vorne im Konferenzraum wartete ein Frankiermaschinenhersteller auf mich, um mir ein neues Modell vorzuführen, aber das hier war wichtiger. Ich griff zum Telefon und schickte meine Vertretung in die Konferenz.

Die Kollegin vor mir sah mich glasig an, rollte bemüht mit den Augen, was ihr nicht mehr leichtfiel, und sagte zum hundertsten Mal: «Ich bin nicht betrunken. Ich habe nur Tabletten genommen, zur Beruhigung, weißt du, aber ich kann noch fahren, gar kein Problem. Ich bin gestern auch so gefahren. Das geht schon. Lass mich doch einfach in Ruhe. Lasst mich doch alle einfach in Ruhe.»

Ich fragte sie, was für Tabletten sie genommen habe, das Gespräch musste irgendwie weitergehen, sie würde sonst stundenlang die Wand angucken, wie an den letzten beiden Tagen. Dann bat ich sie, mir die Medikamente zu zeigen, sie reagierte nicht. Ich wiederholte meine Bitte lauter, aber nicht unfreundlicher, und sie wühlte schließlich wortlos in ihrer Handtasche. Sie warf mir, ohne mich dabei anzusehen, eine kleine bunte Schachtel zu, die weit an mir vorbeiflog und in einem leeren Regal landete. Ich ging hin und sammelte sie auf, ich las die Aufschrift. Es waren harmlose, frei verkäufliche Baldriandragees aus dem Drogeriemarkt, wahrscheinlich mehr Zucker als Wirkstoff. Einige wenige Tabletten fehlten. Nichts, was ihren Zustand auch nur annähernd erklärt hätte.

«Du bist betrunken», sagte ich wieder, «du bist völlig blau, es hat doch keinen Zweck, es zu leugnen. Ich kann es sehen, ich kann es riechen, du hast eine mörderische Fahne. Das ist hier kein Spaß mehr. Wir rufen dir ein Taxi. Die Firma zahlt, du kommst umsonst nach Hause, alles kein Problem. Aber du fährst auf gar keinen Fall mehr mit deinem Auto. Und morgen gehst du zum Arzt, okay? Wir kriegen das schon irgendwie geregelt, aber ich kann dich nicht fahren lassen. Auf keinen Fall. Ich darf es gar nicht. Lass uns bitte morgen weitersehen.»

Ich glaubte selbst nicht daran, dass irgendein vernünftiger Satz etwas bei ihr bewirkte, was uns aus dieser Situation erlöste. Diese Frau hier, die sich jetzt wenigstens wieder hinsetzte, weil ihr das schwankende Stehen zu mühselig wurde, war mir bisher nicht als Trinkerin aufgefallen. Ich wusste überhaupt nur aus Erzählungen von älteren Kollegen, dass sie früher jahrelang schwer getrunken hatte. Sie war die erste Frau, die ich in dem Institut gesehen hatte, damals, bei meinem Vorstellungsgespräch, und da hatte sie auch ein Glas Sekt in der Hand, allerdings hatte sie nicht vollkommen betrunken gewirkt. Sie war eine Kollegin, die nicht eben viel Glück im Leben gehabt hatte. Misslungene Ehe, kaputte Familie, falsche Freunde. In der Personalakte stand das natürlich nicht, das waren alles nur die Bruchstücke, die mir die älteren Kolleginnen nach und nach erzählt hatten. Sie selbst redete nicht über sich, nie.

Vor ein paar Wochen hatte sie ihren längst erwachsenen Sohn bei einem Motorradunfall verloren, seitdem trank sie wieder. Sie war schon am ersten Tag nach dem Unfall betrunken zur Arbeit gekommen. Wir sagten alle nichts dazu, einige der Kolleginnen nahmen sie wortlos in den Arm, ich als ihr Chef murmelte etwas von Beileid und wies sie auf die beiden freien Tage hin, die ihr jetzt zustanden, Sonderurlaub beim Tod von Verwandten ersten Grades, dafür gab es natürlich eine Regel. Die Regel aufzusagen, das war nicht schwer. Ich hatte den Text in meinem Büro nachgeschlagen, ich konnte den Paragraphen der Betriebsvereinbarung fast auswendig aufsagen. Ich hatte die anderen gebeten, sie nicht mit zu viel Arbeit zu behelligen. Ich hatte ein bisschen Projektarbeit anders verteilt, damit sie aus allem raus war. Wir hatten alle etwas Angst, mit ihr zu reden. Man ist auf so etwas nie richtig vorbereitet. Sie wirkte auch am nächsten Tag deutlich angetrunken, und wir wechselten Blicke, Zeichen und Gesten hinter ihrem Rücken. Wir hätten gleich etwas dazu sagen müssen, wir hätten vielleicht wenigstens irgendetwas sagen müssen. Aber wir hatten dann doch lieber abgewartet.

Jetzt saß sie vor mir, stützte den Kopf in die Hände und sah mich mit verweinten Augen an. Ihre Brille verrutschte dabei und saß jetzt derangiert quer im Gesicht, ein Auge guckte daran vorbei, es störte sie nicht.

«Junge», sagte sie leise und undeutlich zu mir, ich beugte mich vor, um sie besser verstehen zu können, «Junge, du weißt nicht, wie es mir geht. Lass mich doch in Ruhe. Lass mich einfach fahren, und gut ist, ja?»

Sie nannte mich Junge, das war auch in Ordnung. Ich war der Jüngste in der Abteilung, obwohl ich der Chef war. Ich kannte die meisten Kollegen schon, seit ich als Aushilfe in der Firma angefangen hatte, vor ein paar Jahren, noch vor dem Studium.

«Junge», sagte sie noch einmal, «lass mich doch einfach in Ruhe. Bitte.»

Ich konnte mir nicht vorstellen, dass sie auch nur heil ausparken konnte. Sie fuhr einen riesigen Pick-up, den ihr letzter Mann ihr dagelassen hatte, als er für immer nach Mallorca verschwand, das war keine Kleinigkeit, damit um die Ecken auf dem Firmenparkplatz zu kommen, an den ganzen Bäumen vorbei, die zwischen den Reihen standen.

Die Kornflasche in der Damentoilette war deutlich mehr als halb leer gewesen.

Eine Kollegin vom Betriebsrat hatte sie am Vormittag gefunden und mir gezeigt, sie stand plötzlich in meinem Büro und sagte: «Kommst du mal? Wir haben da was.»

Ich konnte mir schon vorstellen, was das war, ich wusste, dass die Kolleginnen ihr den ganzen Tag unauffällig nachgegangen waren. Man braucht Beweise bei solchen Geschichten. Ich kam mir selten so deplatziert vor wie in dieser abgelegenen Damentoilette im Kellergeschoss, die kaum jemals benutzt wurde, sie lag weitab von allen wichtigen Gängen und Räumen des Gebäudes. Mit zwei Kolleginnen vom Betriebsrat stand ich darin, in einer der winzigen Kabinen zu dritt um die Kloschüssel gedrängt, auf eine ziemlich leere, große Flasche Korn starrend, deren Hals ein kleines Stück aus dem Wasserkasten ragte. Das Etikett hatte sich halb abgelöst, die freie Hälfte trieb sachte auf und ab. Das Wasser in dem Kasten war ganz klar – ich hatte, als wir den Deckel abhoben, irgendwie damit gerechnet, dass es verschmutzt sein müsse, bräunlich, abgestanden, übelriechend, verunreinigt mit dem Dreck von vielen Jahren. Es war aber genauso klar wie der Rest von dem Korn. Ich nahm die Flasche heraus und kippte den Inhalt ins Klo, es roch entsetzlich dabei in der Kabine, nach Fusel, Klostein und Reinigungsmitteln.

«Du musst mit ihr reden», sagte eine der Damen vom Betriebsrat, als ich mir die Hände wusch, und ich antwortete: «Was du nicht sagst.»

Mit der leeren, noch tropfenden Flasche in der Hand ging ich in ihr Büro, sie stand am Fenster und blickte hinaus, die Jacke halb angezogen über der Schulter, als hätte sie mitten in der Bewegung vergessen, was sie machen wollte. Sie drehte sich um und sah uns in der Tür stehen, bemerkte die leere Flasche in meiner Hand und guckte mich an. Ich konnte ihren Blick nicht deuten. Sie winkte unsicher ab und sagte, es sei alles nicht so leicht, jetzt gerade. Sie blieb mit dem Rücken zu uns stehen und blickte wieder hinaus.

«Erzähl mal», sagte ich.

Sie stand einen Moment still, nur ihre Schultern bebten sichtbar. Sie habe, erzählte sie uns langsam, bei einem Spaziergang ein Kalb auf einer Weide gesehen, in dem Dorf vor Hamburg, in dem sie seit vielen Jahren wohnte. Das Kalb kam zum Zaun und ließ sich streicheln, sie schmuste etwas mit dem Tier und erkannte dann, wie sie nicht müde wurde zu wiederholen, in den Augen des Kalbes die Augen ihres Sohnes. Ja, eigentlich war sogar noch mehr von seinen Gesichtszügen in dem Tier wahrzunehmen. Ganz eindeutig sogar. Alles, was an einem Kalb nur menschenähnlich ausfallen konnte, sah bei diesem Tier nach ihrem Sohn aus.

Ich stellte mir vor, wie sie weinend an der Weide stand, auf das Kalb einredete und es streichelte, halb über den Elektrozaun gebeugt, auf den Zehenspitzen schwankend und mit nach vorn gereckten Armen, während das Kalb mit den Nüstern neugierig gegen ihre Hände stupste. Wie sie am Zaun einfach zurückblieb, als das Kalb lostrabte, zum Stall oder zum Wassertrog, den anderen Kälbern hinterher. Wahrscheinlich stand sie stundenlang so am Zaun und sah den Tieren nach.

Am nächsten Tag fragte sie den Bauern, den sie als Nachbarn aus dem Dorf kannte, nach dem Geburtstermin des Kalbes, ohne sich etwas anmerken zu lassen, wie man annehmen muss. Sie erfuhr, dass es genau an dem Tag geboren war, an dem ihr Sohn bei dem Unfall starb. Der Sohn war in dem Kalb, der Sohn war das Kalb, das war für sie damit vollkommen klar. An dem Tag kam sie später als sonst zur Arbeit, weil sie morgens noch an der Weide vorbeiging. Sie ging auch nach der Arbeit wieder hin und stand lange am

Zaun, sehr lange, bis es dunkel wurde. Das Kalb fand diesen Menschen, der da immer mit lockenden Rufen am Zaun stand und mit ausgerupftem Löwenzahn wedelte, gar nicht so interessant, aber sie blieb da stehen und beobachtete, wie es über die Weide sprang, wie es Milch von der Mutterkuh trank, wie es über Maulwurfshügel stolperte und Schmetterlingen nachguckte.

«Ich sehe ihm immer zu», sagte sie. «Ich kann doch nicht so tun, als wäre er nicht da. Er ist doch da. Ich kann ihn ja sehen.» Sie zeigte auf ihre rot geweinten Augen hinter der verrutschten Brille. Sie wirkte nicht, als würde sie überhaupt irgendetwas wahrnehmen können.

Wir hörten ihr zu, wir nickten. Dabei vermied ich es, die Damen vom Betriebsrat anzublicken, jetzt bloß nicht nach Verschwörung aussehen, dann würde alles nur noch schlimmer. Ich wiederholte immer wieder das Angebot, ihr ein Taxi zu rufen, und kam mir nach einer Weile vor, als würde ich rituelle Sätze herunterbeten, wir kriegen das hin, wir rufen dir ein Taxi, wir kriegen das hin, morgen zum Arzt, wir rufen ein Taxi, wir kriegen das hin, gib mir den Schlüssel, gib mir endlich den verdammten Schlüssel. Das Letzte, was ich wollte, war ein Ringkampf mit einer betrunkenen Untergebenen.

Die Damen vom Betriebsrat fielen gelegentlich mit einer leise gemurmelten Bestätigung ein. Hin und wieder versuchten sie, die weinende Frau in den Arm zu nehmen, vom Fenster wegzuziehen und zu einem Stuhl zu schieben, aber sie schüttelte die anderen unwillig ab und blieb, wo sie war. Ihr fielen allmählich die Augen zu oder zumindest das Auge, das notgedrungen über die schiefe Brille hinwegsehen musste.

Vielleicht hatte ich tatsächlich schon einen priesterlichen Tonfall, und sie murmelte nur noch ein allmählich weniger aggressiv klingendes, resignierendes «Lass mich bitte, lass mich».

Als sie erschöpft beide Augen für einen Moment schloss, stand ich wieder auf, ging schnell um den Schreibtisch herum und nahm ihr den Autoschlüssel einfach aus der Hand. Sie ließ es geschehen, gegen schnelle Bewegungen hatte sie in diesem Zustand keine Abwehr mehr. Teilnahmslos starrte sie auf die Schreibtischplatte vor sich und schob einen Locher und einen Hefter hin und her, immer von links nach rechts und wieder zurück. Ich drehte mich zu der Bürotür um, in der die beiden Kolleginnen unseren Verhandlungen immer noch tatenlos zusahen.

«Könntet ihr jetzt bitte wenigstens ein Taxi rufen?»

«Du gehst morgen zum Arzt, hörst du? Du kommst morgen nicht zur Arbeit, bitte. Geh zu deinem Hausarzt, in Ordnung? Verstehst du mich?»

Sie sah mich mit leeren Augen an, sagte leise etwas Unverständliches und zog sich ihre Jacke endlich richtig an.

«Bitte», sagte ich noch einmal, «du brauchst wirklich einen Arzt.»

«Ich bin doch nicht krank», erwiderte sie, «ich habe es nur ein bisschen schwer gerade.»

«Ich weiß», sagte ich, «das habe ich schon verstanden. Jeder hier weiß das. Aber bitte geh trotzdem zu deinem Arzt. Mit Baldrian alleine wird das nichts.»

Sie blickte mich durch Tränen an und schüttelte stumm den Kopf. Ich wusste nicht, was ich noch sagen sollte. Nach einer Weile hörte ich Rufe über den Flur, die Kollegin von der Zentrale winkte von ganz hinten, das Taxi war da. Ich nahm die immer noch weinende Frau am Arm und führte sie nach draußen. Sie schwankte immer stärker, ging aber ohne weiteren Widerstand neben mir her. Wie schon zuvor redete ich beruhigend auf sie ein, sie antwortete nicht mehr.

Die Kollegen in den anderen Büros, an denen wir vorbeiliefen, sahen angestrengt weg. Es war seltsam und unangenehm ruhig auf dem Abteilungsflur. Ein paar Kollegen hatten ihre Türen geschlossen, was bei uns sonst nie vorkam. Keine lauten Telefongespräche, keine krachenden Locher, keine hektischen Anweisungen von Schreibtisch zu Schreibtisch, keine herumrennenden Aushilfen, keine kreischenden Nadeldrucker. Gespenstische Ruhe in der ganzen Abteilung.

Ich gab dem Fahrer, der seinen betrunkenen Gast etwas argwöhnisch beäugte, die Adresse auf dem Land und mehr als genug Geld für die Fahrt. Die Kollegin aus dem Personalbüro hatte die Adresse zuerst nicht herausrücken wollen, Datenschutzgründe, sie müsse erst nachsehen, ob sie mir das so ohne weiteres mitteilen dürfe. Sie machte dann aber nichts, als ich mir die Personalakte selbst aus der großen Hängeregistratur nahm und die Adresse heraussuchte. Ich hatte keine Zeit, auf irgendeinen bürokratischen Akt zu warten, während die weinende Kollegin unten am Empfang auf dem Besuchersofa einzuschlafen drohte. Ich wollte sie nicht auch noch ins Taxi tragen müssen.

Der Taxifahrer öffnete die hintere Tür und half der Betrunkenen ins Auto. Sie stieg ein, rollte sich auf der Rückbank zusammen und legte die Hände über die Augen.

Ich schlug die Taxitür zu und gab dem Fahrer ein Zeichen, sofort loszufahren. In dem Bürogebäude hinter mir standen die Kolleginnen und Kollegen an den Fenstern und beobachteten uns. Einige drehten sich um, als ich zu ihnen hinaufblickte, andere sahen mich kopfschüttelnd oder schulterzuckend an.

Die beiden Kolleginnen vom Betriebsrat standen in der Eingangstür und warteten. «Meinst du, sie geht wirklich zum Arzt?», fragten sie mich.

Ich hatte keine Lust mehr, irgendein Gespräch zu führen.

Irgendwie hatte ich es mir anders vorgestellt, Chef zu sein und Manager auf der Visitenkarte stehen zu haben. Ich weiß nicht mehr, ob sie am nächsten Tag zum Arzt ging. Ich weiß nur, dass sie nicht aufhörte zu trinken, nicht am nächsten Tag, nicht in den Wochen danach, gar nicht mehr. Sie fehlte immer öfter, sie sah immer schlechter aus, sie war bald nicht mehr einsetzbar. Das normale Ende einer Alkoholikerkarriere, nur etwas beschleunigt. Ich hatte nichts anderes erwartet. Das Kalb wurde kurz darauf natürlich geschlachtet. Sie erholte sich nie mehr davon.

Ich ging mit Stella abends über die Feldwege um ihr Dorf herum. Wenn wir Kälbern begegneten, blieb ich stehen und betrachtete die Köpfe genau an. Ich hielt ihnen Löwenzahn hin, damit sie an den Zaun kamen, ich kniete mich hin und streichelte die Tiere. Ich fand es vollkommen unmöglich, in ihren Gesichtern jemals etwas Menschliches zu entdecken.

SOLO

Die Glastür des Amtsgerichts in der kleinen Stadt, in der ich ein paar Jahre gewohnt hatte, fiel hinter uns zu. Die Frau, die seit ein paar Minuten nicht mehr meine Frau war, stand neben mir im Novemberregen.

Sie guckte mich an und fragte: «Na, und jetzt?» Dann spannte sie ihren Schirm auf.

Ich hatte wie immer keinen dabei und stellte mich mit unter ihren. Da standen wir dann eng nebeneinander im Dunkeln auf den Stufen des Gerichts und sahen immer noch nach Pärchen aus.

«Wollen wir noch was essen gehen?», fragte ich.

«Also, nach Feiern ist mir nicht gerade», antwortete Stella.

«Ich will auch nicht essen, um zu feiern, ich will essen, weil ich Hunger habe», sagte ich.

Darauf sagte sie, ich hätte schon wieder so einen unangenehm belehrenden Tonfall in der Stimme, das sei wirklich anstrengend, auch nach so langer Zeit noch.

«Muss auch nicht», sagte ich, «muss ja jetzt nicht mehr. Muss gar nichts mehr. Komm, dann bring ich dich mal zum Auto.»

Sie hakte sich bei mir ein, es wäre auch komisch gewesen, wenn sie es plötzlich nicht mehr getan hätte. Schließlich fingen wir auch nicht auf einmal an, uns wieder zu siezen. Wir gingen über den Hof. Der Richter, der uns gerade geschieden hatte, lief an uns vorbei. Er rief uns über die Schulter

«Schönen Abend noch» hinterher, setzte sich in seinen Mercedes und fuhr vom Parkplatz.

Die Scheidung war ein schneller Akt gewesen, wir waren nur ein paar Minuten in seinem Zimmer. Kurzer Prozess, dachte ich, als ich alles unterschrieben hatte. Aber die Ehe war auch nur kurz gewesen, das passte schon.

«So eine schöne Scheidung», hatte der Richter gesagt, als er die Papiere nach den Unterschriften einsammelte und zurechtschob. «Ich freue mich ja immer, wenn sich die Leute hier nicht herumstreiten.»

Der Wind kam kalt und nass um das große Gebäude herum, und wir duckten uns beide unter Stellas kleinen Schirm. Ich hielt ihr die Autotür auf, und sie stieg ein. Dann stand ich neben dem Auto, drehte mich ein wenig aus dem Wind und wippte frierend auf den Zehenspitzen, bis sie endlich den Gurt angelegt hatte, der wie immer seltsam verdreht in der Halterung hing. Ich hatte nie verstanden, wie man den Gurt beim Anlegen so verdrehen konnte, das schaffte sonst niemand. Aber eigentlich war alles mit ihr kompliziert, dachte ich, auch das passte schon. Ich sah ihr zu und sagte nichts mehr zu dem verdrehten Gurt. In Zukunft würde ich überhaupt nichts mehr zu irgendetwas sagen. Sie sah mich durch die nasse Scheibe fragend an, als rechnete sie noch mit einem Schlussplädoyer, kurbelte das Fenster aber nicht hinunter. Ich winkte ihr zu, sagte nichts mehr und lächelte.

Dabei dachte ich darüber nach, wie man in so einem Moment wohl richtig lächelt. Es durfte sicher nicht allzu fröhlich aussehen, übertrieben melodramatisch hätte aber andererseits auch nicht zu uns gepasst. Wir hatten uns keinen jahrelangen Kampf um irgendwelche Immobilien geliefert, es gab keine weinenden Kinder, für die das Sorgerecht nicht geklärt gewesen wäre, niemand war mit irgendwelchen Wertsachen durchgebrannt. Es war alles ganz friedlich verlaufen, sogar unsere Anwälte fanden uns langweilig. Sie versuchten nach Kräften, uns zum Streiten anzustiften, aber es gelang ihnen nicht. Wir waren fertig mit dem Streiten.

Ich grinste also vor dem Autofenster etwas ratlos herum, da war der Moment des Lächelns auch schon wieder vorbei. Sie winkte kurz zurück und lächelte nicht. Irgendwie kam ich mir ein wenig dumm vor, mit meinem Lächelrudiment im Gesicht, aber ich hatte keine Lust mehr, mich ihr gegenüber schlecht zu fühlen. Sie startete den Motor und fuhr los. Ich sah dem Auto nach, bis es hinter der Hecke bei dem Altenheim verschwand, die Rücklichter verloren sich im Gestrüpp der Buchsbaumhecken.

In dem Auto sind wir im letzten Sommer gemeinsam bis nach Porto gefahren, dachte ich, eine Wahnsinnsstrecke. Stella hatte Flugangst, in den Süden wollten wir trotzdem. Auf einer langen Autofahrt kann man vieles besprechen, auch die Themen, zu denen man sonst nicht kommt. In Belgien fühlte es sich schon nicht mehr so an, als würde dies irgendein beliebiger Urlaub. In Frankreich wurde der Ton immer sarkastischer, In Nordspanien schwiegen wir uns durch die Ausläufer der Pyrenäen, und in Porto sagten wir uns schließlich, dass wir es eigentlich auch endlich beenden könnten, das alles. Das wäre doch besser, als sich noch ein paar Jahre lang zu quälen, wo es doch offensichtlich keinen Sinn und keine Zukunft hatte. Wir blieben dennoch volle vierzehn Tage in Portugal, das Hotel war schließlich schon bezahlt. Zwei ratlose Wochen im Süden, um uns herum glückliche Pärchen, die Hand in Hand am Meer entlangspazierten und abends strahlend mit bunten Cocktails anstießen. Wir lasen viel. Die Rückfahrt kam uns danach noch länger vor, als sie ohnehin schon war, und ich sagte, als wir endlich wieder zu Hause ankamen, komisch, der Scheidungsantrag war bei uns jetzt viel aufwendiger als der Heiratsantrag. Sie hatte darüber nicht gelacht.

Der Parkplatz des Amtsgerichts war leer, wir waren wohl der letzte Fall an dem Tag. In einigen der dunklen Fenster des großen Backsteingebäudes leuchteten schon weihnachtliche Lichterbögen. Als wir reingingen, um uns scheiden zu lassen, hatten wir im Foyer die große, noch verschnürte Tanne an der Wand lehnen sehen, die in ein paar Tagen geschmückt in der Halle stehen würde. Ich setzte meine Kapuze auf, schlenderte durch den Regen zum Bahnhof und fuhr mit dem Regionalexpress nach Hamburg.

Ich hatte eine kleine Wohnung im Univiertel gemietet, die noch gar nicht richtig eingerichtet war. Nur das Bett war schon aufgebaut und bezogen, der Fernseher stand davor, und im Badezimmer lag meine Zahnbürste, alles andere war noch in Kartons. Ich saß auf dem Boden und schraubte die ersten Regale zusammen. Es war komisch, allein Regale zusammenzuschrauben, und einfach war es auch nicht. Dauernd fehlte eine Hand. Ich hatte den ganzen Abend den Fernseher an, ich war es nicht mehr gewohnt, ohne Gesellschaft zu sein, obwohl wir gar nicht lange richtig zusammen in Stellas Haus gewohnt hatten. Die Stille in der Wohnung war mir dennoch unheimlich. Vorweihnachtliche Sendungen auf etlichen Kanälen, alle paar Minuten schaltete ich um, wenn schon wieder gesungen wurde. Kinderchöre, Damenchöre, gemischte Chöre, Mireille Mathieu, Ivan Rebroff und natürlich Wham, immer wieder Wham, fröhliche Pärchen in bunten Jacken im Schnee.

Mit Weihnachten hatte ich nichts im Sinn, schon lange nicht mehr, erst recht nicht in diesem Jahr. Dieses Mal würde alles anders sein. Ich war allein, ich war Anfang dreißig, ich wohnte nach ein paar unnötigen Jahren auf dem Land wieder in einem interessanten Viertel in einer großen

Stadt. In einer Millionenstadt. Ich erinnerte mich, wie ich nach dem Abitur nach Hamburg gezogen war, das Gefühl war ganz ähnlich gewesen. Allerdings setzte ich mich dieses Mal nicht aufs Fensterbrett und verfolgte erlebnishungrig das Menschengewimmel auf der Straße, es wäre auch zu kalt dafür gewesen. Ich sah kurz aus dem Fenster, in dem Buchladen gegenüber blinkte die Weihnachtsbeleuchtung, grellbunte Kugeln an Plastikbäumchen. Das war natürlich ironisch gemeint, hier im Univiertel, aber ich fand Weihnachten nicht einmal im ironischen Sinne interessant.

Diesmal konnte ich endlich machen, wonach ich mich seit Jahren gesehnt hatte, nämlich Weihnachten komplett zu ignorieren. Ich stellte ein fertiges Regal an die Wand, schob Zehnpfennigstücke zum Stabilisieren unter die Vorderkante und trank einen Schluck Bier, den niemand mehr kommentierte. Dann nahm ich mir die nächsten Bretter und die nächste Dose Bier vor und suchte fluchend nach dem kleinen Inbusschlüssel, den jemand verlegt haben musste, der ich allerdings zwingend selbst war. Im Fernsehen versammelte sich schon wieder ein Kinderchor vor der Kamera, Engel tanzten schwebend durch die weißen Kulissen, Kunstschnee fiel vom Studiohimmel, ich schaltete weg.

Stella hatte am Nachmittag angerufen und nur wenig gesagt, es gab auch fast nichts mehr zu bereden, wir waren uns in allem einig. Ich stand an der Balkontür, und sie schwieg ins Telefon, ich hörte sie atmen und ein paarmal zu Sätzen anheben, die dann doch ungesagt blieben. Vor dem Fenster fielen ein paar vereinzelte Schneeflocken, ich sah hinaus und wusste nicht, was ich zu ihrem Schweigen sagen sollte. Ich dachte, wenn sie jetzt fragt, dann habe ich wahrscheinlich verloren, aber sie legte dann tatsächlich auf, ohne sich überhaupt nach Weihnachten erkundigt zu haben. Wir hatten noch ein paar kleinere Finanzfragen zu klären und nur dafür ein Treffen vereinbart, irgendwann nach den Feiertagen.

Das war die einzige Erwähnung des Festes, rein kalendarisch und nebenbei. Keine Ahnung, was sie Weihnachten machen würde. Ich stellte mir vor, wie sie draußen auf dem Land allein in dem Haus saß, in dem wir eine Familie hatten gründen wollen. Ich stellte mir vor, wie sie unglücklich war und an mich dachte, während ich allein und ratlos in Hamburg in einer Kneipe saß und auch an sie dachte, das besondere Sender-Empfänger-Modell der frisch geschiedenen Paare. Das würde dann später wieder anders werden, aber dieses Weihnachten war es natürlich etwas seltsam. Wahrscheinlich war sie auch wegen Weihnachten traurig, sie war sehr empfänglich für diesen Stimmungsterror. Ich war aber nur ihretwegen traurig, und wahrscheinlich fände sie das ungerecht, und ich konnte förmlich hören, wie sie mir daraus einen Vorwurf machte. Ich hörte sie sagen, dass auch das wieder typisch sei, wie elegant ich aus der Nummer herauskam. Ich trank noch einen Schluck Bier und versuchte, an etwas anderes zu denken. Dabei sah ich ihr Gesicht deutlich vor mir und hätte sie gerne geküsst. Momentan konnte ich mir noch nicht recht vorstellen, andere Frauen zu küssen, zumindest nicht so, wie ich sie geküsst hatte.

Meiner Mutter hatte ich für Weihnachten abgesagt, bevor sie auch nur eine Chance gehabt hatte, mich einzuladen. Ich hatte den Familien aus dem Freundeskreis, die aus Mitleid Stella oder mich oder sogar uns beide für den Heiligen Abend aufnehmen wollten, gesagt, dass so etwas nicht nötig sei, wirklich nicht. Den Kollegen im Institut hatte ich gar nicht erst von der Scheidung erzählt, das würde ja auch im nächsten Jahr noch reichen.

«Und, was macht ihr so an Weihnachten?», wurde ich auf dem Büroflur dauernd gefragt.

Man wollte wissen, was wir am Heiligabend aßen, die Frage schien für alle Menschen wahnsinnig wichtig zu sein, und ich sagte ausweichend, keine Ahnung, weiß noch nicht, sehen wir dann. Ich war so frei, wie man nur sein konnte. Kaum jemand wusste überhaupt, wo ich war, wo ich jetzt wohnte, und außer Stella kannte auch keiner die Telefonnummer, und sie würde nicht mehr allzu oft anrufen, so viel stand fest. Meine Bahn war frei.

Am 23. Dezember ging ich wie alle Kollegen früh aus dem Büro, um noch einzukaufen. Ich war Anfang dreißig und tatsächlich zum allerersten Mal im Leben an Weihnachten allein. Das, dachte ich, ist jetzt wirklich eine Art spätes Erwachsenwerden, das ist etwas ganz Besonderes. Ganz allein mein Ding. Keine Familientradition, keine Ehetradition. So viel Tradition hätte sich in einer kurzen Ehe auch gar nicht entwickeln können, nicht einmal dann, wenn wir uns bestens verstanden hätten. Aber egal, es ging jetzt um mich, es gab an diesem besonderen Tag nur noch mich. Nicht meine Eltern, nicht die Schwiegereltern, nicht die Freunde, nicht Stella, nicht die Nachbarn, nichts, nur ich. Solo.

Die Regale im Supermarkt waren leergekauft, aber ich wollte nur Tiefkühlpizza und Bier, das war kein Problem, davon gab es noch reichlich. Ich konnte mich überhaupt nicht erinnern, wann ich Weihnachten zum letzten Mal interessant oder berührend gefunden hatte, wahrscheinlich als ich neun oder zehn Jahre alt war. Damals also, zu einer Zeit, als ich mich noch kindlich auf die aufregenden Geschenke freute und alles darum herum auch spannend fand, weil es eben dazugehörte, der Weihnachtsmann, die Rentiere, der Lebkuchen, das Lametta im Baum. Als der ganze Zauber noch wirkte und nicht abgedroschenes Beiwerk einer von Jahr zu Jahr lahmeren Inszenierung war. Vielleicht war die wahre Begeisterung noch länger her. Kurz danach ging es

Weihnachten nur noch um die Geschenke, die Übung darum herum war lästig geworden, und noch später ging es dann um gar nichts mehr, eine hohle Tradition, jährlich dennoch brav abgewickelt.

Diese besondere Erwartungshaltung gegenüber dem 24. Dezember hatte mich immer wahnsinnig gemacht, dieses Gieren nach Stimmung und seelischer Wärme, die für ein schmales Zeitfenster von drei bis sechs Stunden perfekt inszeniert sein musste, und der Weltuntergang, der immer drohte, wenn es einmal nicht klappte mit dem Theater. Ich war seit vielen Jahren am Heiligen Abend so unfassbar schlecht gelaunt, dass Stella auch einfach diese Stunden als Scheidungsgrund hätte angeben können, ich hätte es sogar verstanden.

Aber dieses Jahr war es anders. Dieses Jahr war alles anders. Im Supermarkt standen gehetzt wirkende Menschen mit Resteinkäufen vor mir an der Kasse, von den Familien noch einmal losgeschickt, um rettende Zutaten zu besorgen. Den Großteil hatte man natürlich längst vorher eingekauft, jetzt ging es nur noch um ein fehlendes Stück Butter, eine Flasche Sherry, Schinkenwürfel, Rosinen oder Raclette-Käse. Die Menschen wirkten nervös, sie sahen dauernd auf ihre Uhren, kramten in ihren Taschen nach Zetteln, auf denen Posten abzuhaken waren, gingen hundertmal ihren Einkaufswagen durch, zeigten mit Fingern auf die darin liegende Ware, nickten und redeten mit sich selbst. Aus den Lautsprechern an der Decke kam in Endlosschleife das «Winterwonderland» im Remix für Fahrstuhl und Einkaufszentrum. Die Kassiererinnen trugen rote Weihnachtsmannmützen mit Glöckchen dran und wünschten jedem Kunden strahlend ein frohes Fest. Ich zahlte meinen Schmalspur-Single-Einkauf, erwiderte den Wunsch der Kassiererin nicht und ging nach Hause.

Meine Wohnung war weihnachtsfreie Zone, wahrscheinlich sogar die weihnachtsfreieste Zone weit und breit. Mittlerweile gab es bei mir immerhin auch Tisch und Stühle, die Räume wirkten damit schon halbwegs bewohnt, fast wie eine normale Bleibe. Es fehlten nur noch alle dekorativen Elemente. Es gab keine Vorhänge, keine Bilder, keine Teppiche, keine Lampenschirme. Ich war mir nach der Zeit mit Stella nicht mehr sicher, welchen Geschmack ich eigentlich hatte. Das Einrichtungshaus, in dem ich mir ein paar Sachen kaufen wollte, um die Wohnung zu verschönern und so etwas wie selbstbestimmte Gemütlichkeit herzustellen, hatte ich vor ein paar Tagen irritiert und mit leeren Händen wieder verlassen. Das machte aber nichts, ich hatte genug Zeit, um mich neu zu erfinden. Ich hatte alle Zeit der Welt. Der Fernseher lief noch, als ich mit den Einkäufen zur Küche ging, um die Pizza in den Tiefkühler zu legen. Ich sah aus dem Augenwinkel eine Szene aus *Der kleine Lord*, blieb kurz stehen, lief zum Gerät und schaltete um.

Am nächsten Morgen schlief ich lange, so lange, dass die Geschäfte schon wieder schlossen, als ich endlich aufstand und aus dem Fenster sah. Der 24. Dezember, der halbe Feiertag, an dem gegen Mittag jegliche Normalität ausgeschaltet wurde. Der Verkehr hatte bereits nachgelassen, aber es waren deutlich mehr Taxen als sonst unterwegs. Großeltern auf dem Weg zum Familienfest, Enkel auf dem Weg zu den Großeltern, Tanten zu Neffen, Nichten zu Onkeln, wie auch immer. Ich stand verschlafen am Fenster, blickte auf die Straße und drückte nebenbei auf die Fernbedienung. Es waren kaum noch Programmausschnitte zu finden, in denen es nicht um Weihnachten ging, MTV schien endgültig nur noch Wham zu spielen. Ich ging zum Briefkasten runter, in dem natürlich nichts war. Depressive Menschen kümmern sich nicht mehr um ihre Post, das hatte ich einmal irgendwo gelesen und mir aus irgendeinem Grund jahrelang gemerkt.

Es gab immer noch etliche nicht ausgepackte Kartons in meiner Wohnung, also fing ich wieder an, Bücherstapel zu sortieren und in die Regale zu stellen. Bei ein paar Büchern war ich mir nicht sicher, ob sie nicht vielleicht doch Stella gehörten, ich legte sie erst einmal zur Seite, bei Gelegenheit könnte man sie gemeinsam durchgehen. Nicht, dass es noch viele Gelegenheiten geben würde. Aus der Wohnung über mir hörte ich ganz leise Weihnachtslieder und Kinderlachen, dort lebte eine alleinerziehende Mutter mit ihrem kleinen Sohn, ich hatte sie schon ein paarmal im Treppenhaus gesehen. Ich hörte ihnen einen Augenblick zu. Eine Männerstimme war nicht zu hören, sie hatten auch heute keinen Besuch bekommen. Ohne mich, dachte ich dann, diesmal kriegt ihr mich nicht. Ich pfiff vor mich hin und räumte Bücher von links nach rechts. Es dauerte eine ganze Weile, bis ich merkte, dass ich «Last Christmas» pfiff. Ein Punkt für euch, dachte ich, aber der Tag ist noch lange nicht vorbei.

Ich war immer noch in Schlafanzug und Bademantel, es war schließlich egal, es würde ja keiner sehen. Zum Frühstück aß ich ein Stück Pizza und trank ein Bier, denn auch das war jetzt egal, wirklich egal. Dabei fragte ich mich, ob ich das Bier nicht nur deswegen trank, weil Weihnachten war, also als Trotzreaktion, dann wäre mein ignoriertes Fest eigentlich gleich als misslungen zu betrachten, bevor der Tag für mich auch nur angefangen hatte. Dann hätte ich der Weihnachtsfraktion so viele Punkte geben müssen, das wäre nur noch schwer aufzuholen gewesen. Wer sich wehrt, der ignoriert nicht, dachte ich. Bier oder nicht Bier?, fragte ich mein Spiegelbild in der Balkontür und blickte auf die Straße hinunter, auf der immer weniger Verkehr zu sehen war. Vereinzelt fielen weiter magere Schneeflocken aus einem dunkelgrauen Himmel.

Bier zum Frühstück, dachte ich, wie ein Sechzehnjähriger, der zu Weihnachten von zu Hause abhaut. Vielleicht doch einmal erwachsen werden? Das hier ist mein erstes eigenes Weihnachten, es spiegelt nur mich allein, und offensichtlich spiegelt es dabei Dosenbier und Tiefkühlpizza, das klang doch etwas albern für einen Mann Anfang dreißig. Ich benehme mich wirklich, als wäre ich von zu Hause weggelaufen, dachte ich noch einmal, und dann fiel mir ein, ja nun, da war etwas dran. Bukowski für Anfänger, das war hier alles etwas würdelos und entsprach nicht dem stillen Vergnügen, das ich mir vorgestellt hatte. Entschlossen gab ich mir einen Ruck, ging ins Bad und putzte mir die Zähne, dann zog ich mir etwas Anständiges an, mit dem ich auch vor die Tür gehen konnte. Gehen soll ja nützlich sein, um auf klare Gedanken zu kommen. Ich kippte den Rest des Bieres in die Spüle und ging hinunter.

Auf der Straße war es fast menschenleer, es war Bescherungszeit in Deutschland. Wer jetzt draußen war, der war verspätet unterwegs zu seinen Lieben oder nur schnell Zigaretten am Automaten holen, um gleich wieder weiterzufeiern und den nächsten Gang zu essen. Das machte mir alles nichts aus. Ich streckte mich, lief schnell und guckte nebenbei in die Fenster der Wohnungen. Man konnte überall Tannenbäume leuchten sehen, man sah hier und da festlich gedeckte Tische und manchmal sogar Kinder, die Geschenke auspackten und auf dem Fußboden in einer Wolke von buntem Papier verschwanden.

Das war mir alles tatsächlich gleichgültig. Ich ging an den Häusern vorbei, ich besah mir das hundertfache Idyll und vermisste nichts. Außer einer geöffneten Kneipe. Anscheinend hatte ich die Millionenstadt doch etwas überschätzt, denn all die Bars, Clubs und Pinten ringsum waren geschlossen, den Schildern an den Türen nach zu urteilen, sogar tagelang. Ich hatte angenommen, mit anderen Weihnachtsignoranten einen Kneipenabend verbringen zu können, vielleicht sogar einen unterhaltsamen Abend, also im Rahmen der Möglichkeiten natürlich. Ein paar Zeitschriften am Tresen lesen, vielleicht mit der Bedienung nebenbei über die Weihnachtsspießer lästern, die sich gerade durch ihren Familienstreit quälten, so etwas in der Richtung. One for my baby and one more for the road. Ich hatte mir gutaussehende Kellnerinnen vorgestellt, es sollte schließlich auch Vorteile haben, ein Single zu sein. Stattdessen überall geschlossene Türen.

Ich stand vor einer Kneipe und las gerade einen dieser Zettel mit der trostlosen Auskunft zu den Öffnungszeiten, als ein Paar an mir vorüberging. Sie waren jünger als ich und liefen Arm in Arm, zwei Studenten vielleicht, das war naheliegend in dieser Gegend. Sie lachten und küssten sich alle paar Meter. Die Frau war auffallend schön, eine dieser Frauen, denen jeder Mann unwillkürlich hinterhersieht. Macht ja nichts, dachte ich, als ich ihr nachstarrte, meine Exfrau war auch wunderschön, es ist ja nicht so, als ob es das in meinem Leben nicht gegeben hätte. Was man einmal hatte, das kann man auch wieder haben, da weiß man dann schon, dass es geht, das kann man ganz entspannt betrachten. Schöne Frauen sind wie Fahrradfahren, das verlernt man nicht. Aber ob sich das Glück auch wirklich wiederholen würde, das konnte ich natürlich nicht genau wissen. Schon gar nicht, wann. Ich guckte dem Paar nach und dann die Straße entlang, es sah hier weit und breit nicht so aus, als wäre noch ein geöffneter Laden zu finden. Zumindest heute würde sich bei dem Thema Frau ziemlich sicher keine neue Wendung ergeben, wie es den Anschein hatte. Das war schlecht, denn seit ich die Frau getroffen hatte, spürte ich eine gefährlich sentimentale Wendung in meiner Stimmung, die zwar mit Weihnachten nichts zu tun hatte, wohl aber mit der Vorstellung, eine Frau im Arm zu haben und zum Beispiel auf einem Sofa oder auf einem Bett herumzuliegen. Oder sonst wo. Zur Not auch unter einem Tannenbaum, ich wollte nicht zu dogmatisch werden.

Mir kam schon das nächste Paar entgegen, Rentner diesmal, auch sie gingen Arm in Arm und kicherten, vielleicht hatten sie gerade eine besonders lustige Bescherung beim Rest der Familie erlebt. «Fröhliche Weihnachten», sagten sie höflich im Vorbeigehen. Es lag mir auf der Zunge, ihnen etwas wie «Ihr mich auch» zu antworten, aber damit war ich wieder weit weg vom friedlichen Ignorieren des Festes, damit war ich wieder im Abwehrkampf, und ich rief mich noch einmal zur Ordnung. Weihnachten ist doch ein großer Gegner, dachte ich, und dann fiel mir ein, das ist wieder falsch, wenn man diesen Gegner als Gegner betrachtet, dann hat man gleich verloren. Ein ziemlich gemeines Spiel, wenn man länger darüber nachdachte.

Ich ging zurück nach Hause, wahrscheinlich war es doch besser, allein Bücher zu sortieren und gründlich über die Autorennachbarschaften im Regal nachzudenken, statt auf den leeren Straßen herumzulaufen, wo alle Menschen, die man traf, vor Weihnachtserlebnis nur so glühten. Ein Elternpaar mit zwei Kindern kam aus einem Hauseingang kurz vor meinem. Sie hatten einen offensichtlich nagelneuen Schlitten dabei und zogen die johlenden Kleinen über die hauchdünne, schmutzig weiße Schneeschicht auf der Straße. Man hörte die Kufen auf dem Asphalt knirschen, weiße Weihnacht war wirklich etwas anderes, aber den Kindern schien es nichts auszumachen, sie schrien vor Begeisterung. Ich sah konzentriert weg und starrte in das Schaufenster einer französischen Buchhandlung, dessen Auslage mir rein gar nichts sagte. Nur den Schriftzug «Joyeux Noël» auf dem Plakat am Eingang, den verstand ich ganz gut. Die Familie kam an mir vorbei, der Mann hatte den Arm um die Frau gelegt und zog mit der anderen die Kinder hinter sich her. Die Frau hatte eine Hand in die hintere Hosentasche des Mannes gesteckt. Das hatte ich immer albern gefunden, so spazieren zu gehen, geradezu peinlich. Wie ein Teenagerpärchen. Jetzt gerade hätte ich aber nichts gegen eine Frauenhand in meiner Hosentasche gehabt, und je länger ich diesem Familientrupp da hinterhersah, desto weniger hätte ich überhaupt noch etwas gegen Gesellschaft gehabt.

Wenn man eigene Kinder hat, dachte ich und starrte immer weiter der Familie nach, dann ist Weihnachten vielleicht doch wieder schön. Die Freude der Kinder, die reicht bestimmt auch für die Eltern, das ist eigentlich naheliegend. Ich dachte, wenn man es so betrachtet, dann ist der Ausweg aus dem Weihnachtshorror gar nicht das Alleinsein, sondern das Gegenteil, dann ist es doch die Familie. Mit Familie kann man wenigstens irgendetwas nett an Weihnachten finden, weil immer irgendwer in der Familie gerade etwas nett an Weihnachten findet, das hatte ich so noch nie gesehen. Man musste das nur großherzig genug betrachten, dann ging es doch. Gönnen können, das galt auch für Weihnachten. Der Gedanke kam mir wie eine bedeutende Erkenntnis vor, und noch vor ein paar Wochen hätte ich das jetzt mit meiner Frau besprochen, wie man es mit bedeutenden Erkenntnissen eben tut, wenn man verheiratet ist. Aber das war endgültig vorbei. Ich konnte mir bedeutende Erkenntnisse nur noch selbst vormurmeln. Das war aber nicht das Gleiche.

Ich ging die Treppen zu meiner Wohnung hoch und spielte trotz allem kurz mit dem Gedanken, Stella anzuru-

fen, verwarf ihn aber gleich wieder, denn das hätte unmöglich gut ausgehen können. Vielleicht wäre sie sogar schon
weinend ans Telefon gegangen, und damit hätten die Probleme erst anfangen. Schaudernd stellte ich mir den wahr-
scheinlichen Gesprächsverlauf vor. Nein, kein Anruf, ganz
sicher nicht, was für eine absurde Idee. Ich nahm mir ein
Bier aus dem Kühlschrank, lehnte mich wieder an die Balkontür und guckte hinaus. Ein Bus fuhr vorbei, er war fast
leer, außer einem zusammengekuschelten Pärchen in der
letzten Sitzreihe. Sonst war kein Mensch mehr draußen zu
sehen. Die magere Schneeschicht auf der Straße und dem
Fußweg war über weite Strecken ganz ohne Spuren. Am Haus
gegenüber hing eine dieser albernen großen Weihnachts-
mannpuppen, die sich an einem Seil die Fassade hochzuzie-
hen scheinen. Der Weihnachtsmann schwankte im Wind
und drehte mir den Kopf zu, ein viel zu frohes Grinsen im
Gesicht, darüber glühende rote Bäckchen.

Ich nahm die Dose hoch und prostete ihm zu. «Auf die
Frauen», sagte ich zu ihm, denn er würde das als einziger
anderer männlicher Single ohne Gesellschaft weit und breit
sicher verstehen. Ich trank die Dose auf ex. Die Weihnachts-
mannpuppe schaukelte leicht an ihrem Strick, fast hätte
man denken können, sie hätte genickt. Dann drehte ihn der
Wind aber wieder um, und er musste weiter die graue Wand
anstarren. Ich holte mir noch ein Bier, setzte mich neben
einen Buchkarton und wühlte lustlos ein wenig darin herum.
Ich sah mir an, was ich gefunden hatte, Fotoalben aus der
Ehe, Bilder von der Hochzeitsreise. Stella hatte sie nicht behalten wollen, und wir hatten kurz überlegt, sie wegzuwer-
fen, aber das kam mir merkwürdig überzogen und effekt-
heischend vor. Ich hatte die Alben erst einmal eingepackt
und gesagt, das könne man immer noch später entscheiden.
Ich könnte es auch jetzt gleich entscheiden, dachte ich, was

weg ist, das ist weg, und das ist auch gut so, was soll man mit dem Ballast? Lieber ohne diese Betonklötze in die Zukunft. Aber vorher wollte ich mir die Bilder natürlich noch einmal ansehen. In der Wohnung über mir sangen Mutter und Sohn jetzt gemeinsam, und die Mutter sang sogar sehr schön, wie eine geübte Sängerin.

Vom Rest des Abends weiß ich nicht mehr viel. Ich hatte mich unglaublich betrunken. Als ich am nächsten Morgen aufwachte, wusste ich ziemlich gut, was ich von meinem Alleinsein zu halten hatte. Was ich dagegen nicht wusste, das war, warum im Wohnzimmer zwischen all den leeren Bierdosen eine ganze Reihe Weihnachts-CDs herumlagen, die Stella mir mit den Worten in einen Karton eingepackt hatte, sie wolle lieber durch nichts mehr an die gemeinsamen Weihnachtsfeste mit mir erinnert werden. Die CDs lagen aufgeklappt neben der Stereoanlage, ganz so, als hätte ich sie in der Nacht alle gehört.

SHAKTI SCHLÄFT
HEUTE SCHLECHT

Der Arzt schrieb etwas mit Rotstift auf meine Karteikarte, klappte sie zusammen und schob sie an die Seite von seinem Schreibtisch. Er legte die Hände um die leere Fläche vor ihm, drehte die Daumen und räusperte sich. Dann fragte er, ob ich Stress hätte. Ich sagte, na ja, es gehe so. Gerade wieder befördert worden, das sei nicht ganz einfach am Anfang und koste auch viel Zeit, man müsse immerhin etwas beweisen auf einem neuen Posten. Und dann noch frisch geschieden, gerade umgezogen, Stadt gewechselt, der Freundeskreis sortiere sich auch neu. Keine Zeit für Sport, Schlaf und vernünftige Ernährung, wie das dann eben so sei.

«Und wie ist das denn so?», fragte der Arzt und sah mich seltsam interessiert an.

Er hatte eine Lesebrille, mit der er normalerweise auf die Karteikarten der Patienten starrte, während er mit ihnen sprach. Er nahm sie jetzt ab und legte sie vor sich auf den Tisch. Ich dachte einen Augenblick nach. Ich war es nicht gewohnt, dass mir beim Arzt weiter gehende Fragen gestellt wurden. Ich war eher der Typ mit den obligatorischen vier Erkältungen im Jahr, da war ich jeweils etwa zwei Minuten im Behandlungsraum, und der Arzt hatte mir nichts zu sagen, außer dass ich besser ein paar Tage zu Hause bleiben solle und Hausmittel auch nicht schlecht seien. Jetzt saß ich hier schon mindestens zwanzig Minuten, und es war, wenn ich von der Haltung des Arztes ausging, kein Ende in Sicht, es war mir ein wenig unheimlich. Er sah mich immer noch an, als fände er meine Antworten interessant.

«Ich glaube, das richtige Wort ist unentspannt», sagte ich schließlich. «Ja, die Lage ist einfach ziemlich unentspannt.»

Der Arzt fragte, ob ich eigentlich an meiner Arbeit hinge.

«Man muss von irgendwas leben», erwiderte ich. Ich wusste nicht, was ich dazu sagen sollte. Ich hatte in den letzten Monaten nicht einmal Zeit gehabt, um über solche Fragen nachzudenken, das war mir zu philosophisch, ich hatte wichtigere Themen. Ich musste meine Arbeit schaffen, das war Programm genug. Ob ich diese Arbeit mochte, darüber konnte ich später einmal nachdenken, wenn zwischen zwei Terminen einmal ganz viel Zeit war. Oder, was wusste ich denn, bei Renteneintritt.

«Also nicht», sagte der Arzt, «das trifft sich ganz gut.» Dann erklärte er mir, dass ich ein beginnendes Magengeschwür hätte und wohl mal eine Auszeit vertragen könnte, gerne auch eine längere.

Er lehnte sich schwungvoll zurück, schlug die Beine übereinander, kreuzte die Arme vor seinem kugeligen Bauch und schloss die Augen, als wollte er mir jetzt einmal zur Belehrung Entspannung vorspielen. Er atmete ein paarmal tief ein und aus, bevor er weitersprach. Ich überlegte schon, ob er mir autogenes Training durch sein lebendiges Beispiel nahelegen wollte, als er endlich sagte: «Machen Sie doch mal nichts. Kommen Sie mal runter. Sie strahlen eine Unruhe aus, auch wenn man Sie nur ein paar Minuten sieht, das kann nicht gesund sein, das müssen Sie doch selbst merken. Merken Sie was? Merken Sie überhaupt noch was?»

In Wartezimmer des Arztes saßen etwa dreißig Personen, von denen ein erheblicher Teil hustete, als wenn es um ihr Leben ginge. Seine Arzthelferinnen keiften sich im Vorraum gut hörbar an, während dazu zwei Telefone unentwegt klingelten. Der Türsummer der Praxis schnarrte pausenlos, und im Labor, wo die Azubis arbeiteten, klirrte etwas heftig, aber er sagte mir, ich solle runterkommen. Ich fand das Ansinnen etwas seltsam.

Der Arzt schwang sich unversehens mit einem kraftvollen Ruck wieder nach vorne, beugte sich weit über den Schreibtisch und klopfte mir auf den Arm wie ein Sporttrainer. Er suchte schon wieder meinen Blick, ich fand diesen Arztbesuch mit jeder Minute gruseliger. «Pause, klar?», fragte er und wartete, bis ich endlich nickte. Dann schrieb er mir Tabletten auf und füllte einen gelben Schein aus. Er sagte, ich solle vorbeikommen, wenn die Zeit abgelaufen sei, er fülle dann die Folgebescheinigung aus und wir sähen weiter, man könne auch über eine Therapie nachdenken, über eine Ernährungsumstellung und überhaupt, da gebe es eine ganze Menge. Tabletten seien nur ein Teil der Maßnahmen, bei mir müsse es jetzt um mehr gehen. Und ich solle besser nicht glauben, dass so eine Erkrankung nebenbei abzuwickeln sei. Und es gebe übrigens noch weitere Untersuchungen, die er bei mir spannend fände.

«Meine Güte», sagte ich.

Er klopfte mir noch einmal auf den Arm und nickte mir aufmunternd zu, dann schob er mich zur Tür.

Während der nächsten sechs Monate ging ich nicht mehr zur Arbeit.

Die ersten paar Tage verbrachte ich im Bett und auf dem Sofa. Ich hatte Magenschmerzen, aber sie waren auszuhalten, ich war auch schon lange daran gewöhnt. Überraschend schön fand ich es, allein in meiner Wohnung zu liegen, die mir immer noch neu vorkam, auch nach mehreren Monaten noch. Ich las und hörte viel Musik. Die Fantastischen Vier hatten gerade «Jetzt ist sie weg» herausgebracht, ich spielte es ziemlich oft, ich konnte den Text auswendig. Ich schlief viel. Auch tagsüber schlief ich oft stundenlang, und ich musste keinem Menschen erklären, warum ich das tat. Ich musste nicht alle paar Stunden jemandem berichten, wie es mir jetzt gerade ging und ob es endlich besser wurde. Ich musste keine besorgten Blicke ertragen. Ich konnte einfach herumliegen, sozusagen mit amtlicher Genehmigung.

Am Anfang verbrachte ich zwei, drei Tage komplett im Halbschlaf, anscheinend hatte ich Nachholbedarf. Wenn ich zwischendurch wach wurde, hörte ich den Verkehr vor dem Fenster und freute mich über jeden Bus, der durch eine der großen Pfützen vor dem Haus fuhr, über die hupenden Autos und die lärmenden Müllwagen. Alles besser als Trecker, Rasenmäher oder muhende Kühe, dachte ich. Ich hörte Autos, Verkehr, ich hörte Menschen. Direkt unter meinem Balkon war ein portugiesisches Café, und ich hörte die Gäste murmeln und Geschirr klirren. Ich hätte nur eine Treppe hinuntergehen müssen, um im Café zu sein. Noch vor ein paar Monaten hätte ich dafür eine Stunde mit dem Zug fahren müssen, das erschien mir mit jedem Tag unglaublicher, das konnte nicht ich gewesen sein. Wie hatte ich das nur ein paar Tage lang ausgehalten und wie jahrelang? In einer der Schlafpausen stand ich auf, zog mir einen Bademantel an und trat auf den Balkon. Es war Ende März, und die Sonne gewann an Kraft; wenn ich mich in eine windgeschützte Ecke stellte, in der der Backstein sich schnell aufwärmte, fühlte es sich schon ein wenig nach Frühling an.

Ich sah hinunter. Man konnte draußen sitzen, dafür reichte das Wetter schon. Die Tische des portugiesischen Cafés standen direkt unter mir, und ich konnte Hände sehen, die nach Tassen griffen, Beine, die von Barhockern herabhingen, in die Haare geschobene Sonnenbrillen und Wölkchen vom Zigarettenrauch. Es war sehr beruhigend, das alles so nah zu wissen. Ich legte mich wieder auf mein

Sofa und guckte aus dem Fenster. Gegenüber war ein nichtssagendes Bürohaus, graue Normarchitektur, darüber ein schmales Stück blauer Himmel, eher bescheiden und überhaupt nur da, wenn ich mich noch etwas hinunterbeugte, um sehr weit nach oben zu blicken. Ich konnte in Ruhe lesen, ich verpasste bei diesem Ausblick nichts, hier musste ich nicht auf einen spektakulären Sonnenuntergang warten. Ich würde abends keine Grillen hören und keine Fledermäuse in der Dämmerung sehen, hier wuselten höchstens Ratten um die Mülltonnen der nahegelegenen Mensa herum.

Mit dem Ausblick konnte ich zufrieden sein, das hatte ich so gewollt. Meine Jahre auf dem Land hatten gereicht, da würde mir nichts fehlen. Ich machte mir eine Zigarette an und gleich wieder aus. Zigaretten taten im Magen weh, als hätte ich etwas Glühendes verschluckt, und mir wurde übel. Ich wusste, dass ich aufhören musste zu rauchen, bald sogar, wenn nicht sogar jetzt. Jetzt, dachte ich, jetzt im Sinne von jetzt. Also sofort. Es hatte keinen Sinn, auf den Abend zu warten, auf den nächsten Morgen, den nächsten Sonntag oder Gott weiß worauf, an dem Problem würde sich nichts ändern. Ich räumte die Zigarettenschachtel in die Kommodenschublade, damit sie mir nicht mehr im Blickfeld lag. Dann legte ich mich wieder aufs Sofa, beugte mich weit nach unten und sah einigen schmalen Wolkenfetzen zu, die langsam über das blaue Himmelsstückchen hinwegzogen. Ich hoffte, dabei einzuschlafen, aber der Gedanke daran, nicht mehr zu rauchen, machte mich zu nervös. Wahrscheinlich würde ich ohne Zigaretten überhaupt nie wieder einschlafen.

Ohne Schlaf stirbt man irgendwann, mit Zigaretten allerdings auch. Was für eine glänzende Auswahl. Wenn ich wenigstens noch eine rauchen würde, dann könnte ich bestimmt einschlafen, und wer schläft, der vergisst. Zumindest ein paar Stunden lang. Es war natürlich etwas schäbig, sich schon nach wenigen Minuten ohne Zigaretten passende Ausreden zurechtzulegen, aber ich war Anfänger mit dem Aufhören, ich musste meine Methode erst finden. Ich lag herum und dachte nach. Nach einer Weile kamen keine neuen Wolkenfetzen mehr nach, die ich hätte beobachten können. Eine halbe Stunde später holte ich die Schachtel wieder aus der Schublade. Ich zündete mir die nächste Zigarette an, rauchte ein paar Züge, machte sie wieder aus und schaffte es gerade noch rechtzeitig ins Badezimmer. Mein Magen hatte wirklich deutlich etwas gegen Rauch. Ich hatte in letzter Zeit sehr viel geraucht, zwei Schachteln am Tag oder mehr, ich dachte lieber nicht zu lange darüber nach, mir wurde sonst schon von der Erinnerung übel. Es war nicht einfach, die Dosis des Nikotins auch nur zu verringern. Ich beschloss, zunächst nicht mehr in der Wohnung zu rauchen, das wäre doch bestimmt ein guter Anfang, so versuchten es wohl viele, hatte ich gehört. Wobei ich so viele gar nicht kannte, die mit dem Rauchen aufgehört hatten, die meisten meiner Freunde rauchten noch, die Kollegen sowieso.

Arbeiten, ohne dabei zu rauchen, das wäre dann noch einmal eine Steigerung des Schwierigkeitsgrades. Ich rauchte die erste Zigarette des Tages, gleich nachdem ich die Augen aufgeschlagen hatte, ich rauchte zum Kaffee, ich rauchte auf dem Weg zur S-Bahn, und ich rauchte, während der Computer hochfuhr. Ich rauchte vor jedem neuen Arbeitsschritt, bei jedem Telefonat, bei jedem Gespräch. Ohne Zigarette hätte man gar nicht gewusst, wie lange man reden sollte. Ich rauchte abends im Bett und machte erst die letzte Zigarette aus, dann direkt darauf die Augen zu. Wenn ich nachts aufwachte, griff ich zum Nachttisch und rauchte eine. Aber letztlich war es nur eine Gewohnheit, man konnte es lassen, andere hatten es auch geschafft. Ich dachte an die wenigen Menschen aus meinem Bekanntenkreis, die aufgehört hatten. Lauter unsympathische Gestalten. Gesundheitliche Strebertypen, die plötzlich joggten und Biogemüse kauften, fanatische Richtigmacher. Ich würde wohl der erste sympathische Nichtraucher in meinem Freundeskreis werden müssen. Wenn ich dann noch Freunde hätte jedenfalls.

Ich ging vor die Tür, bestellte einen Kaffee bei dem Portugiesen und stellte mich mit dem Pappbecher rauchend an einen der Stehtische. Mein Magen fand die Kombination aus Zigaretten und Kaffee nicht lustig, aber ich rauchte gleich noch eine, denn wenn ich in der Wohnung nicht mehr rauchte, und das schien mir ein ebenso kühner wie vernünftiger Beschluss zu sein, dann musste ich draußen wohl etwas mehr rauchen, sonst konnte ich alle paar Minuten die Treppe hinauf- und hinunterrennen, das wollte ich nicht. Nach der dritten Zigarette ging ich schnell wieder hoch und legte mich hin. Ich hatte für eine Weile genug Nikotin im Körper, aber mir war elend und schlecht. Einschlafen, dachte ich, sofort einschlafen. Wenn ich jetzt einfach einschlafe, dann habe ich eine richtig lange Pause, dann muss ich nicht gleich wieder hinunter und die nächste rauchen. Einfach schlafen, das löst sowieso die meisten Probleme im Leben.

Ich schlief tatsächlich ein, wachte aber nach einer Viertelstunde von den Magenschmerzen wieder auf. Also zog ich mich wieder an, lief zum nächsten Kiosk und kaufte mir leichtere Zigaretten, irgendeine Sorte in weißer Packung mit «ultra» im Namen. Ich hätte meine Zigaretten jetzt mit Frau von Walther teilen können, aber Frau von Walther war schon im Ruhestand, und ich ging nicht mehr zur Arbeit. Der Portugiese, bei dem ich hinterher ein Brot mit Chorizo aß, um meine Eingeweide wieder etwas zu beruhigen, fragte mich, was ich hätte, ich sähe nicht gut aus. Ich sagte, ich hätte ein Problem mit dem Magen und anscheinend kein kleines. Er tippte kopfschüttelnd auf die Zigarettenschachtel, die neben meinem Teller lag, und fragte, ob ich noch bei Trost sei. Er sagte, mit Magenproblemen dürfe man um Himmels willen keine Zigaretten rauchen, da müsse man auf Pfeife umsteigen, das sei viel besser und zudem entspannter. Das bringe Ruhe rein, und der Magen, der brauche nun einmal Ruhe, *relaxamento*, das müsse ich doch wissen. Wobei ich ohnehin so ein Hektiker sei, da empfehle er Pfeife sowieso. Die mache alles langsam. Schon das Stopfen und Anzünden, das sei eine ganz andere Geschichte als bei den Zigaretten, das sei eher eine Kunst, und zwar eine ruhige. Er zeigte auf die Kasse, neben der seine eigene Pfeife lag.

Der Portugiese war ein korpulenter, gemütlicher Mensch, man konnte sich beim besten Willen nicht vorstellen, dass er es jemals bei etwas eilig hatte. Er brauchte immer eine Ewigkeit, bis er endlich einen Kaffee im Becher hatte, auch wenn die Studenten vor ihm noch so nervös waren, weil sie wieder in ihre Vorlesungen mussten. «*Fica tranquillo*», sagte er über die Schulter, während er an den Hebeln seines riesigen Kaffeeautomaten herumdrückte. Er hatte gut reden. Um so langsam und ruhig wie er zu werden, hätte ich schon Valium schlucken müssen. Bei dem Gedanken an Pfeifenrauch wurde mir sofort wieder schlecht, und ich ging sicherheitshalber hoch in meine Wohnung. Ich hatte das dringende Bedürfnis, mich neben meine Toilette zu hocken und mir in Ruhe die Kacheln anzusehen.

Zwei Wochen später rauchte ich tatsächlich weniger, trank weniger Kaffee und verzichtete sogar fast ganz auf das Bier am Abend. Ich setzte mir Stundenfristen für die Ziga-

retten und starrte auf die Zeiger der Uhr an der Bushaltestelle vor meinem Fenster, bis ich wieder rauchen durfte. Ich
ging viel spazieren, um mich abzulenken, ich aß dauernd
irgendetwas und sah lange auf Buchseiten, ohne etwas
wahrzunehmen. Zwar fühlte ich mich nicht wesentlich besser, aber ich hatte immerhin weniger Magenschmerzen. Ich
sagte allen Freunden, dass ich mit dem Rauchen aufgehört
hätte, und rauchte, wenn ich jemanden besuchte oder in
Gesellschaft in Kneipen ging, nur noch heimlich auf der
Toilette. Das half, die Anzahl der Zigaretten deutlich zu re-
duzieren, und es half auch, die Besuchszeiten bei Freunden
deutlich zu verkürzen und mehr Abende allein zu verbringen. Auf Toiletten zu rauchen fühlte sich wirklich bemerkenswert albern an.

Der Arzt sagte beim nächsten Besuch, ich hätte ein wenig
zugenommen, das sei endlich einmal ein gutes Zeichen. Er
klopfte mir wieder wie ein Trainer auf den Arm, dann ver-
längerte er meine Krankschreibung und sagte, ich solle mich
mit irgendetwas beschäftigen, mit irgendetwas, das nichts
mit meinem Beruf zu tun habe und möglichst auch nichts
mit Frauen. Die entspannten mich anscheinend nicht, nach
allem, was er so verstanden habe. Ich fragte nicht nach, was
er meinte, obwohl ich dachte, dass er kaum etwas verstanden haben konnte, ich hatte immerhin kaum etwas erzählt.
Aber er sah mich so aufmunternd an, dass ich in Versuchung kam, mich für einen schweren Fall zu halten. Ich
wollte keine tiefschürfenden Gespräche über Frauen anfangen, jedenfalls nicht mit ihm.

Stella hätte mir vorgeworfen, dem Thema auszuweichen,
fiel mir ein. Anscheinend war die gerade erst geschiedene
Ehe doch irgendwie erfolgreich gewesen, immerhin blieb
mir die Frau als moralische Instanz erhalten, auch wenn sie
gar nicht präsent war. Installation erfolgreich, dachte ich.

Ich überlegte ein paar Tage lang, was ich tun konnte. Für Sport ging es mir nicht gut genug, irgendwelche Hobbys hatte ich nicht. Ich las viel, aber das war nicht, was der Arzt gemeint hatte. Ich hatte mich immer gewundert, wenn Menschen Hobbys hatten und dies auch noch sagten, was konnte das denn schon sein? Briefmarken sammeln, Makrameeungeheuer verfertigen oder Wellensittiche züchten, wer bitte machte denn so etwas? Hobbys waren etwas für Verrückte. Es dauerte eine ganze Weile, bis ich auf etwas kam.

Ich hatte ein Astrologiebuch in meinen Kartons gefunden, das gehörte eigentlich Stella, und ich musste es ihr irgendwann zurückgeben, aber ich dachte, ich könne es genauso gut vorher lesen. Astrologie, darüber wusste ich fast nichts, noch so eine Bildungslücke, die könnte ich bei der Gelegenheit schnell schließen. Mehr Zeit für so etwas würde ich im Leben so leicht nicht wieder haben. Ich las mir das Buch durch. Ich wusste hinterher ein wenig mehr über die verschiedenen Sonnenzeichen, aber nach dem, was ich verstanden hatte, fing Astrologie damit erst an, und der eigentliche Spaß schien in den Details zu liegen, für die man mehr wissen musste. Also ging ich in den von Räucherstäbchenduft durchwaberten esoterischen Buchladen hinter der Uni und besorgte mir mehr Astrologiebücher. Da ich nun einmal damit angefangen hatte, wollte ich auch wissen, wie es funktionierte, wie die Aussagen zustande kamen. Dahinter musste eine Systematik stecken, und die hatte ich bisher nicht verstanden.

Ich las ziemlich viele Bücher aus der Astrologieecke, ich hatte nichts anderes vor. Ich konnte immer schon sehr schnell lesen, und jetzt hatte ich endlich einmal genug Zeit. Bei einem Internetservice ließ ich mein Geburtshoroskop berechnen und studierte die Deutungen zu den Konstellationen. Einige sagten mir nichts oder schienen sogar vollkommen abwegig zu sein, aber einige waren so dermaßen zutreffend, dass es geradezu erschreckend war. Ich zählte die Aussagen durch, die man astrologisch zu diesem Horoskop treffen konnte, dann zählte ich durch, wie viele dieser Aussagen ich treffend fand. Die Quote war verblüffend niedrig, aber sie reichte aus, um mich denken zu lassen, dass da etwas dran sein müsse.

Ich probierte das mit ein paar Bekannten aus, das Ergebnis war überall das Gleiche. Ein paar Sätze, die als Volltreffer empfunden wurden, und man war als Deuter schlagartig auf einer Stufe mit den Weisen aus dem Morgenland, das war so weit wirklich einfach. Und es war nahezu unmöglich, bei einer gewissen Anzahl von Aussagen keinen Treffer dabeizuhaben. Ich lernte noch mehr über die Astrologie, ich wollte mehr Vokabeln kennen, mehr Phrasen, mehr Insiderwissen. Es gab viel Technisches zu lernen, Astrologie war teilweise erschreckend nah an der Mathematik, und als ich las, dass man für einige Berechnungen sphärische Trigonometrie verwendete, beschloss ich, dass Computer auch rechnen konnten, und zwar viel besser als ich. So etwas musste ich nicht mit der Hand nachmachen. Sphärische Trigonometrie, allein der Begriff. Ich kaufte mir astrologische Profisoftware. Mein Computer konnte jetzt alles berechnen, was in dieser Wissenschaft nur vorstellbar war. Und alles ausdrucken, sehr schicke Grafiken, das sah nach etwas aus. Unter jedem Blatt stand «erstellt von» und dann mein Name, es wirkte, als hätte ich selbst stundenlang über diesen Berechnungen gebrütet.

Ich probierte die Deutungen wieder und wieder an Freunden aus, die Erfolge waren unglaublich. Insbesondere die Frauen wollten unbedingt, dass es funktionierte, anders konnte man die Bereitschaft, mit der sie an meinen Lippen hingen und auf wunderbare Botschaften warteten, gar nicht auffassen. Mittlerweile hatte ich mir eine große Bibliothek zusammengekauft, und ich saß bei diesen Deutungsgesprächen immer am Schreibtisch vor meinen Astrologiebüchern, beugte mich über die ausgebreiteten Horoskopzeichnungen und wirkte professionell. Bald riefen mich Freundinnen von Freundinnen an, um einen Termin zu vereinbaren, sie hätten da ein paar Fragen zu ihrem Leben.

Als ich zum ersten Mal ein Honorar am Telefon nannte, kam als Antwort nur: «Okay, das bringe ich dann mit.»

Das ist aber einfach, dachte ich und nannte im nächsten Telefonat ein höheres Honorar. Es gab kein Feilschen und keine Verhandlungen. Ich brauchte lange, um diese Gespräche vorzubereiten, denn ich machte es handwerklich richtig. Schließlich wollte ich nicht irgendeinen Unsinn erzählen, ich wollte erzählen, was ich im Horoskop las. Das konnte man natürlich immer noch für Unsinn halten, aber es war richtig erarbeiteter Unsinn, und das schien mir etwas anderes zu sein. Ich stellte die Frage, ob an der Astrologie nun etwas dran sei oder nicht, erst einmal zurück, die konnte ich mir immer noch nach den ersten hundert Kunden beantworten. Oder, besser noch, nach den ersten hundert zufriedenen Kunden.

In der Stadt praktizierten etliche Astrologen, ich sah mir deren Seiten im Internet an und blätterte durch das obskure esoterische Stadtmagazin, das im Buchladen hinter der Uni ausgelegen hatte. Einige Astrologen bildeten auch aus. Ich stellte mir ein astrologisches Beratungsgespräch vor, bei dem «Hier wird ausgebildet» auf einem Schild neben dem Astrologen stand. Ich konnte mir nicht ausmalen, wie so eine Ausbildung ablaufen sollte. Also rief ich bei einer der Damen an und bat um einen Termin. Mittlerweile dachte ich, ich sollte das richtig lernen, wenn es denn schon ein Markt war, auf dem ich anscheinend Erfolg haben konnte.

Wenn schon Hobby, dann bitte richtig, dann gleich lukrativ, dann war es auch kein Hobby mehr, und man war das peinliche Wort schon wieder los.

Bereits am nächsten Tag besuchte ich die Dame, die in den Flyern in ihrem Vorzimmer tatsächlich als «Ausbildungsleiterin» bezeichnet wurde.

«Wollen wir uns erst einmal Ihr Horoskop ansehen?», fragte sie, und ich hatte natürlich nichts dagegen. Dann erfuhr ich also gleich, wie Profis so etwas machten.

«Ich drucke Ihnen das eben aus», sagte die Dame und verschwand in einem Büro.

In einem ziemlich modernen Büro, wie ich feststellte, als die Tür aufging, die Ausstattung war gewiss nicht billig. Ein Drucker, der sich sehen lassen konnte, so einen hätte ich gerne zu Hause gehabt. Ich blickte mich in den anderen Räumen um, während sie im Büro meine Daten eintippte. Es sah aus wie in einem Seminarzentrum oder in den Konferenzräumen eines besseren Hotels. Keine billige Esoterikhöhle, keine heruntergekommene Hexenhütte. Das scheint sich zu lohnen, dachte ich, davon kann man tatsächlich leben. Die Räume waren in einem Neubau in guter Lage und nicht gerade klein. Wenn die Frau nicht kürzlich geerbt hatte, musste es hier um ein Geschäft gehen, das sich bezahlt machte.

Die Astrologin kam mit meiner Horoskopzeichnung aus dem Büro und sagte: «Sie haben ja einen großen Drachen im Horoskop, wie nett.»

Ich wusste aus meinen Büchern, dass ich einen großen Drachen im Horoskop hatte, eine nicht häufig vorkommende Figur, die mit ziemlich wundervollen Deutungen von besonderen Begabungen einherging. In meinem Fall könne man das so deuten, dass die Lösung zu den meisten Problemen in meinem Leben im Schreiben liege, erklärte die Astrologin, aber was sollte mir das schon sagen, dafür konnte ich mir auch nichts kaufen. Ich zog jedenfalls nicht am nächsten Tag los und kaufte mir ein Tagebuch, um einfach irgendwie und spontan mit dem Schreiben anzufangen, wie die Astrologin mir geraten hatte. Ein Magengeschwür bekommen und dann mit dem Schreiben anfangen, die Kollegen würden mich zu Recht für verrückt erklären. Dann doch lieber Astrologe. Das klang zwar noch abwegiger, brachte aber wenigstens Geld, und was Geld brachte, das war immer erklärbar, das verstanden die meisten.

Die Astrologin redete weiter über den großen Drachen, dessen Spitze so schön ins dritte Haus zeigte und Merkur und die Sonne im heiteren Löwen freundlich anstupste, und sie erklärte das viel besser, als ich es in den Büchern gelesen hatte. Als sie merkte, dass ich mich etwas auskannte, holte sie noch weiter aus. Sie erklärte systematisch, gründlich und kompetent, zumindest kam es mir so vor, ich konnte es noch nicht richtig beurteilen. Es machte Spaß, ihr zuzuhören, immerhin ging es um meine eigene Großartigkeit. Wer würde nicht gerne zuhören, wenn er als Besonderheit dargestellt wird? Man kann noch so sehr an der Methode zweifeln, es ist dennoch angenehm, wenn einem so etwas ernst vorgetragen wird, das klappt verlässlich immer wieder, bei jedem. Ich war mir bei diesem Besuch nicht mehr sicher, ob ich an der Methode zweifelte oder nicht. Es war ein System, es war sogar ein schönes System, und ich hatte immer schon eine Schwäche für schöne Systeme. Einerseits war es vollkommen verrückt, andererseits aber in sich wunderbar schlüssig. Ich schwankte zwischen spöttischer Distanz und nüchternem Glauben.

Schließlich fragte ich die Astrologin nach der Ausbildung. Sie sah mich amüsiert an und sagte lachend, danach fragten im Allgemeinen nur Frauen, es sei aber bestimmt nett, wenn einmal ein Mann dabei wäre. Und da ich schon so viel gelesen hätte, fiele mir das bestimmt leicht. Immer sonntags, den ganzen Tag. Sie nannte Preis und Dauer und sah mich gespannt an. Ich sagte, ich hätte Erfahrung mit Ausbildungsgängen nur für Frauen, und erzählte ihr von meinem Studium. Sie studierte mein Horoskop, während ich sprach, und versuchte meine Geschichten mit den Konstellationen in Verbindung zu bringen. Ich verfolgte, wie ihre Augen über das Blatt wanderten.

Die Astrologin hatte Psychologie studiert, sie hatte lange in ganz anderen Bereichen gearbeitet und Manager auf Präsentationen oder wichtige Auftritte vorbereitet, ganz ohne esoterische Aspekte. Erst nach etlichen Berufsjahren hatte sie sich neu entschieden und beschlossen, von der Astrologie zu leben. Man merkte ihr das deutlich an, sie wirkte nicht wie eine Frau aus der Esoterikszene. Sie sah auch nicht aus wie die älteren Damen aus dem esoterischen Buchladen, in dem ich mittlerweile Stammkunde geworden war. Ich hatte dort genug Gelegenheit gehabt, die Kundinnen und die Verkäuferinnen zu beobachten. Ältere Frauen, die Rosenquarz prüfend und tastend in beiden Händen wogen und auf die Schwingungen warteten, um sie dann zwischen den Steinen zu vergleichen, bevor sie nach endlosen gefühlvollen Minuten einen davon erwarben. Ich fand das immer erheiternd. Diese Szenen, wenn die Verkäuferinnen mit den Kundinnen, die genauso aussahen wie sie, lange und ganz ernst über irgendwelche Engelspüppchen sprachen, mit diesem besonders leisen, milden Tonfall, der etwas Singendes, etwas Beschwörendes hatte, als wenn es nicht darum gegangen wäre, irgendwelchen Talmi zu verhökern, sondern als wenn es tatsächlich darum gegangen wäre, etwas Heiligmäßiges weiterzugeben. Und bei allem diese lieben Blicke, in denen immer «Ich verstehe dich, du liebes Seelchen» mitschwang, alles untermalt von dem ewigen Geplätscher verschiedener Zimmerspringbrunnen und einer im Hintergrund laufenden CD mit Walgesängen.

Ich fand das schauderhaft, das war nicht meine Welt. Wenn ich hier einen Kollegen getroffen hätte, ich hätte an seinem Verstand gezweifelt. Die Astrologin wirkte dagegen ganz anders, eher wie eine Unternehmensberaterin. Mit ihr hätte ich mich wahrscheinlich in jedem Meeting über Fragen des Personalabbaus gut verstanden. Ich fand ihre Ausstrahlung beruhigend sachlich und dachte, als ich ging, wenn sie es kann, dann werde ich es auch können.

Schon am Sonntag darauf ging ich zum ersten Mal zum Unterricht. Vor der Tür der Praxis, es stand wirklich «Praxis» dran, und das Schild wirkte auch so seriös, wie das Wort vermuten ließ, standen etwa zehn Frauen. Drei ältere Damen, die gut in den esoterischen Buchladen gepasst hätten. Mode aus dem Tibetladen, Umhängetaschen mit Aktionsaufrufen für oder gegen irgendetwas in der Dritten Welt. Naturgraue Haare, deren Pracht natürlich wallend offen getragen wurde. Die jüngeren Frauen waren modisch differenzierter, einige sahen nach Büro aus, andere eher nach sportlicher Freizeit, nur eine entsprach in jedem Detail dem Klischee der Öko-Eso-Szene, von den hennagefärbten Haaren bis hin zu den geflochtenen Bastsandalen. Pluderhosen in Rostrot, selbstgebatiktes Oberteil in schauderhaftem Bunt, so liefen nur noch wenige Menschen herum, das musste wirklich ein besonders schwerer Fall sein.

«Hallo, ich bin die Shakti», sagte sie und gab mir die Hand, als ich neben ihr stehen blieb und klar wurde, dass ich auch zu dieser Gruppe gehörte.

Die Astrologin kam pünktlich auf die Minute und ließ uns herein. Sie setzte Tee auf und stellte Schüsseln mit Gummibärchen auf den großen Tisch im Schulungsraum. Gummibärchen, dachte ich, keine selbstgebackenen Dinkelkekse. Geht doch. Natürlich gab es eine Vorstellungsrunde, mit dem Grauen hatte ich schon gerechnet. Ich hatte im Marktforschungsinstitut in den letzten Jahren eine ganze Reihe von Consultants und Psychologinnen erlebt, die mir etwas über Management, Change-Management, Management by Objectives oder Gott weiß was beibringen wollten. Äußerst lästige Menschen, die immer auf Vorstellungsrunden beharrten. Spätestens nach dem vierten Berater aus dieser Reihe hätte ich bei Vorstellungsrunden am liebsten mit Gegenständen geworfen und tourettemäßig herumgebrüllt, aber ich wollte noch Karriere machen und beteiligte mich daher in gesitteter Form. Und nun eine Vorstellungsrunde in einem Astrologieseminar.

Ich war als Erster an der Reihe und sagte routiniert meinen Namen, meinen Beruf und mein Alter auf. Dann blickte ich die Frau neben mir auffordernd an. Ich hielt es für angeraten, gleich zu Anfang klarzustellen, dass zu viel Gerede nicht sein musste. Die Astrologin sah auf den Block auf ihren Knien, lächelte wissend und schrieb sich etwas auf. Ich merkte, wie ich aggressiv wurde. Nach meinen beruflichen Erfahrungen mit Consultants hatte ich eine schwere Aversion gegen Menschen, die bei Gesprächen etwas mitschrieben und dabei wissend lächelten. Die Frau neben mir sagte auch ihren Namen. Dann erzählte sie ohne weitere Veranlassung ihre Lebensgeschichte und redete sich in Fahrt. Die anderen Frauen beugten sich vor und hörten interessiert zu. Von der Schule abgehauen, nach Lanzarote ausgewandert, Massage gelernt, also nicht im erotischen Sinne, haha, die Damen lachten. Eine Frau nach der anderen erzählte von sich, ich hatte nach der dritten schon vergessen, was vorher erzählt worden war. Im Prinzip ging es immer darum, dass die Frauen irgendwie vom Weg abgekommen waren und jetzt nach etwas mit Sinn suchten.

Als könnte man Sinn in einem Seminar kaufen, ich fand den Gedanken vollkommen abwegig. Ich suchte etwas anderes, aber ich wusste nicht einmal, was das war. Ein Hobby, das konnte man schlecht laut sagen in so einer Runde.

«Ich bin Shakti», sagte die Frau auf meiner anderen Seite, als sie an der Reihe war. Sie war die Letzte im Kreis und hatte schon eine ganze Weile unruhig mit den Beinen gewippt und an ihrer Kleidung herumgefummelt, sichtlich nervös, weil sie bald dran war. «Und ich habe mir den Namen selbst gegeben», sagte sie.

Ich stöhnte leise und fasste mir dann schnell an den Rücken, um wenigstens so zu tun, als hätte ich wegen plötzlicher Beschwerden mit meinem Kreuz gestöhnt. Es war mir tatsächlich herausgerutscht, die selbstgetaufte Shakti hatte mich endgültig überfordert, und ich fragte mich, was zum Teufel ich hier eigentlich machte. Sonntagsseminare in Astrologie, offensichtlich doch den Verstand verloren, der gute Mann, von wegen Probleme mit dem Magen, wenn da mal nicht doch weiter oben etwas faul war.

Shakti sah mich an und sagte dann, nachdem sie seltsam lange auf den Boden zwischen ihren Füßen gestarrt hatte, dass sie gerne gleich zu Beginn etwas klären wolle. Sie habe nämlich in den letzten, für sie eher schweren Jahren gelernt, dass es besser für sie sei, Dinge gleich zu Anfang zu klären, das fänden wir doch bestimmt auch? Super, dachte ich, vielleicht können wir gleich einmal klären, dass wir hier nicht zu viel über Befindlichkeiten reden möchten, das wäre doch eine grandiose Wendung. Shakti sagte, sie habe das Gefühl, von mir gingen seltsame Schwingungen aus, und sie zeigte dabei tatsächlich mit dem Finger auf mich. Die anderen Frauen beugten sich vor und blicken mich mit besorgten

Mienen und skeptischen Blicken interessiert an, als hätte Shakti gerade erwähnt, dass da eine besonders fette Spinne auf meinem Kopf sitze. Sie komme damit nicht zurecht, sagte sie mit bebenden Lippen. Ich hätte so etwas unterschwellig Aggressives an mir, wie ein Raubtier auf dem Sprung, schon wie ich dasaß, in diesem schwarzen Anzug, mit Schlips und Kragen, als gehe es hier um einen eiskalten Geschäftstermin oder um Poker. Als gehe es nicht um das Erlernen einer hohen Kunst, bei der es auf Feinheiten ankomme, auf Empathie und auf Liebe.

Empathie, dachte ich, damit hatte es Stella auch immer. Immer schön die Empathie betonen, bis die eigenen Wünsche endlich erfüllt sind. Ich wurde immer wütender.

Shakti sagte, sie sei doch in so einem Kurs, um sich zu öffnen, und nicht, um Angst zu haben. Dann öffnete sie sich gewissermaßen tatsächlich und fing an zu weinen. Sie sagte, sie wisse jetzt schon, dass sie wieder nächtelang nicht schlafen könne, das sei immer so nach solchen Begegnungen, das gehe ihr so nach.

Ich saß da und staunte. Zwei der Frauen trösteten die schluchzende Shakti, die Astrologin verschränkte die Arme, wirkte ein wenig genervt, räusperte sich und wartete ab. Die anderen Frauen sahen mich an, als wäre jetzt eine Erklärung von mir fällig, hochgezogene Augenbrauen rings um mich herum. Ich dachte einen Augenblick nach und sagte dann, ich käme aus dem Business, ich sei nun einmal ein Manager und kein Student mit irgendwelchen Rosinen im Kopf. Ich sagte, ich wolle hier etwas lernen, sei mir ansonsten keiner Schuld bewusst und müsse mich wohl nicht in orangefarbene Walla-Walla-Hosen werfen und Anekdoten aus meiner ach so traurigen Kindheit erzählen, um hier teilzunehmen.

Shakti wimmerte bei meinen Worten leise vor sich hin und sah mich an, als sei ich ein stadtbekannter Sexualstraftäter, der gerade offen über seine letzten Taten redete. Die Astrologin räusperte sich noch einmal und schlug dann vor, die Situation anhand der Horoskope von Shakti und mir zu besprechen. Ganz sachlich. Sie sagte, so etwas komme vor und wir seien alle hier, um etwas zu lernen. Es gehe um Astrologie, und dann könnten wir gleich einmal anfangen, denn wir müssten, wenn wir später einmal tatsächlich eigene Kunden hätten, damit rechnen, dass das ganz andere Typen als wir selbst sein könnten. Shakti könne Kunden aus dem Business haben, Wirtschaftsverbrecher oder Türsteher und ich womöglich eine Frau aus dem biologischen Landbau mit anthroposophischem Hintergrund. Rat suchten sie alle irgendwann, sagte sie. Also bei mir zum Beispiel, sie deutete mit dem Kopf zu mir, diese Drachenfigur, wo zeige die denn hin? Und das, was Shakti da beschrieben habe, das mit den Schwingungen, verleite das nicht dazu, nachzusehen, was bei mir im Skorpion stehe? Der Mond, na sieh mal an. Und bei Shakti, diese Fische-Betonung, wie könne man die denn deuten, was sei da der Anfang?

Sie machte das gut. Ich dachte, ich habe keine Ahnung, ob sie eine gute Astrologin ist, aber mit solchen Situationen weiß sie anscheinend umzugehen, da kann man auch etwas lernen. So verkehrt werde ich hier nicht sein. Dann beschäftigte ich mich mit den zahllosen Aspekten in Shaktis Horoskop, die für besondere Empfindsamkeit standen, und ich riss mich zusammen und schaffte es tatsächlich, die ganze Zeit nicht von hysterischer Überspanntheit zu reden. Ich verstand, dass es für mich künftig sonntags ums Redenlernen ging.

In den nächsten beiden Jahren verbrachte ich nahezu jeden Sonntag bei der Astrologin.

Ich habe mich nie entscheiden können, was ich wirklich von der Astrologie halten soll, bis heute nicht. Aber es gab auch nie einen wichtigen Grund, die Zeit zu bereuen. Ich habe bisher nicht davon gelebt, Astrologe zu sein. Ich habe ein paar Euro nebenbei damit verdient, manchmal sogar ziemlich viele, aber ich hatte immer meinen anderen Beruf, der mich ernährt hat. Wenn ich eines Tages alt bin und die Rente nicht reicht, dann kann ich immer noch als Astrologe arbeiten. Man wird in diesem Gewerbe immer besser, je älter man wird. Ein Astrologe hat sogar alt zu sein, ein grauer Bart ist geradezu ein vertrauenerweckendes Markenzeichen. Ein langer Blick über die Lesebrille hinweg, das raspelnde Geräusch, wenn man sich am Bart kratzt, die Kunden wollen es so haben.

Ich werde dort hinziehen, wo die reichen deutschen Rentner sitzen, Spanien, Türkei, Griechenland, vielleicht auch auf ein Kreuzfahrtschiff, wo immer das dann sein wird. Ich werde ihre Frauen beraten und gut davon leben können. Zwei, drei Kundinnen am Tag, mehr sind gar nicht nötig. Sie werden wissen wollen, ob sie noch einmal jemanden kennenlernen werden, sie werden nach ihrer Gesundheit fragen und nicht ihr Übergewicht und auch nicht ihre Trinkgewohnheiten meinen. Ich werde nur weibliche Kunden haben, Männer gehen nicht zum Astrologen, auch in zwanzig Jahren nicht, darauf kann man sich verlassen. Ich werde Kundinnen haben, die mit dieser ganz besonderen Erwartungshaltung vor mir sitzen werden, mit dieser wilden Hoffnung auf ein klein wenig mehr Glück, auf ein wenig Aussicht. Zwei, drei Kundinnen am Tag, das reicht, um gut zu essen und zu trinken, um eine kleine Wohnung zu bezahlen und hin und wieder einen neuen Anzug. Ich werde nicht billig sein, und die Kundschaft wird nicht arm sein.

Ob ich aber tatsächlich über sie lachen werde, über diese alten Damen, die nach dem Beratungsgespräch wieder in ihr Appartement zurückgehen, wo ihr ignoranter Mann grummelnd auf sie wartet, weil es längst Zeit zum Abendessen geworden ist und weil die Frau gerade Geld beim Astrologen verschwendet hat, das kann ich mir bis dahin noch lange genug überlegen. Es gibt Konstellationen in meinem Horoskop, die ließen sich so deuten, dass ich ganz nett sein kann.

KRÜMELKARL

Ein Jahr nach der Scheidung von Stella lernte ich eine andere Frau kennen. Es war gar nicht schwer, ein einziger Kneipenabend reichte aus. Ich war nicht einmal in der Absicht losgezogen, eine Frau kennenzulernen, es passierte einfach so. Eine flüchtig getroffene Verabredung für eine bald stattfindende Party von gemeinsamen Freunden, der Austausch von Telefonnummern, es war alles ganz selbstverständlich, und als ich unvermutet schnell bei ihr im Bett lag, dachte ich, nanu, so geht es also auch.

Ich lachte, als ich zum ersten Mal bei ihr im Zimmer stand und merkte, dass sie keine Vorhänge am Fenster hatte. Sie fragte, warum ich lachte, und ich sagte, das sei kompliziert und es sei doch viel interessanter, sich noch ein wenig zu küssen, wir hätten damit doch gerade erst angefangen. Wir wachten am Morgen nach unserer ersten Nacht gemeinsam auf, wir hatten Arm in Arm geschlafen, das hatten Stella und ich nie hinbekommen. Neben ihr war es immer zu heiß oder zu kalt, zu eng oder zu unbequem, es war immer irgendetwas nicht richtig.

Die neue Frau und ich machten Frühstück, und es blieb alles ganz selbstverständlich. Wir saßen zusammen am Tisch, und ich hielt zwischendurch kurz ihre Hand, und dann lasen wir beide, und es war immer noch alles gut, und wir mussten nicht reden. Wir hatten beide das Gefühl, dass wir dazu noch genug Zeit hätten. Ich trank meinen Kaffee und versuchte mich zu erinnern, wann ich zum letzten Mal das Gefühl gehabt hatte, dass ich Zeit hatte und etwas in Ruhe machen konnte. Es fiel mir nicht ein, es musste lange her sein, aber jetzt war es wieder da. Keine Katzen starrten mich empört an, weil ich da war oder weil die Frau mich kurz darauf schon wieder küsste.

Nur wenige Tage später erzählte ich den gemeinsamen Freunden schon, dass ich mir gut vorstellen könne, mit der neuen Frau zusammenzuziehen, so vertraut fühle sich das alles an, und sie fragten, ob ich denn tatsächlich so verliebt sei, und rieten mir, ich solle es mal lieber langsam angehen lassen. Ich sagte, dass ich mit dieser Frau Alltag haben wolle, ganz normalen Alltag. Die Freunde sagten, dass klinge aber nicht nach großer Liebe, und ich sagte, habt ihr eine Ahnung. Die Frau und ich konnten ganz normale Dinge einfach so zu zweit tun. Ich sagte, das sei so etwas von wundervoll, das könnten sie sich gar nicht vorstellen. Und das konnten sie auch tatsächlich nicht.

Sie wohnte in einer WG im eher unappetitlichen Teil des Hamburger Bahnhofsviertels. Es war eine große Altbauwohnung in einem etwas heruntergekommenen Haus, vor der Haustür wurde mit Crack gehandelt, und nachts warteten junge Stricher vor den Bars mit den «Ab 18»-Schildern auf schwule Freier. Das war keine friedliche Szenerie. Wenn ich bei ihr schlief, konnten wir vom Bett aus hören, wie nachts die Tatbestände des ganzen Strafgesetzbuches nur wenige Meter entfernt durchdekliniert wurden. Manchmal lasen wir später in der Zeitung, was an Mord, Diebstahl, Raub und sonstigen Verbrechen wieder direkt vor unserer Hausnummer passiert war. Wenn man vom Land kommt und sich die Großstadt als wild und gefährlich vorstellt, war es die ideale Szenerie zum Klischee.

Die WG-Bewohner waren alle noch jung, viel jünger als ich, eher Schulabgänger als gestandene Studenten. Sie hatten oft Gäste aus ihren Heimatregionen in der Provinz, Kommilitonen, Schulfreunde, Verwandte, die auch endlich einmal Hamburg sehen wollten, daher gab es in der Wohnung einen regen Besuchsverkehr. Ich gewöhnte mich daran, nicht überrascht zu sein, wenn ich morgens in der Küche wildfremde Jugendliche beim Kaffeetrinken traf. Sie würden schon zu irgendeinem der Bewohner gehören, ich fragte bald nicht mehr nach. Einer dieser Gäste war jemand, den wir später Krümelkarl nannten.

Als ich ihn zum ersten Mal sah, saß er auf dem Wohnzimmersofa mit einer Gruppe von jungen Reisenden aus Mecklenburg-Vorpommern, die sich für eine ganze Woche in einem der Zimmer einquartiert hatten. Die Gäste waren alle sehr erlebnishungrig und neugierig auf das Hamburger Nachtleben, von dem sie die seltsamsten Vorstellungen hatten, als ob Hans Albers noch leibhaftig über die Reeperbahn stapfen würde, den Seesack über der Schulter, während am Straßenrand filmschöne Blondinen lächelnd darauf warteten, endlich von ihm angesprochen zu werden. Sie stellten sich die Reeperbahn als ein malerisches Gomorrha vor, als eine wahre Offenbarung für Mecklenburger Landjungs. Da war vermutlich sogar etwas dran, es war eine Frage der Perspektive. Sie saßen am großen Wohnzimmertisch und planten den abendlichen Ausflug im Kiez mit Reiseführern und Stadtplänen. Clubnamen wurden gerufen und markiert, Kneipen aufgezählt, Straßenbeschreibungen vorgelesen. Herbertstraße, die auf jeden Fall, da war man sich sofort einig.

Die Szene hatte etwas von Klassenfahrt. Nur ein junger Mann, den sie Karl nannten, war auffällig ruhig. Er sprach kaum und wenn, dann nur sehr leise, wobei er den Kopf wenig hob und sich eher widerstrebend im Raum umsah, als nähme er nicht gerne zur Kenntnis, was alles um ihn herum war. Man konnte seinen Blick kaum erkennen, so dreckig und fettverschmiert war seine Brille. Es schien ihm nichts auszumachen, er schien es nicht einmal zu bemerken. Ich habe diese Brille auch später nie in einem anderen Zustand an ihm gesehen. Er saß auf dem Sofa und starrte meist auf den Boden. Gelegentlich wurde er auf einen Satz in dem Gespräch um ihn herum aufmerksam und machte einen Ansatz, sich einzumischen. Seine Beiträge brachen aber schon nach wenigen Wörtern wieder weg, seine Sätze fanden kein Ende, die Grammatik knickte ein, er winkte ab und versank wieder im Nachdenken, wobei er angestrengt und etwas verwirrt aussah. Seine Freunde schienen das gut zu kennen und achteten wenig auf seine Bemerkungen, sie waren es wohl gewohnt, dass seine leisen Halbsätze ins Leere liefen.

Als sie die Pläne für den Abend schmiedeten, nahm man als selbstverständlich an, dass er mitkäme. Eine Beteiligung an den Vorbereitungen erwartete von ihm aber anscheinend niemand. Die Gruppe hockte noch lange über den Hamburger Stadtmagazinen und beriet weiter über Bands, DJs und Clubs, er saß nur daneben, rauchte, starrte ins Leere und wirkte lange Zeit so, als hätte sich diese Gruppe nur zufällig neben ihn gesetzt, weil um ihn herum gerade alles frei war. Seine Kleidung war im Gegensatz zu der seiner Mitreisenden überhaupt nicht modisch. Seine Freunde, die alle vom flachen Land kamen, gingen in Hamburg tagelang shoppen und kauften, was das Budget nur hergab, sie nutzten die Gelegenheit, endlich einmal in einer Stadt zu sein, in der es außer Takko- und KiK-Märkten noch andere Geschäfte gab. Karl trug, was Menschen so tragen, denen Trends vollkommen egal sind, eine einfache Jeans und ein schlichtes schwarzes Sweatshirt, das nicht mehr ganz in Form und schon etwas ausgeblichen war. Ein Look, mit dem man schon seit dreißig Jahren ganz gut durchkam, ohne sich dabei allzu sehr festzulegen. Seine Kleidung wirkte, wenn man genauer hinsah, etwas schmuddelig. Seine Haare hingen ungekämmt lang über die Brille, man konnte ahnen, dass es sich vor etlichen Wochen einmal um eine Frisur gehandelt haben musste. Er hatte offensichtlich überhaupt kein Interesse an seiner Erscheinung.

Ich beobachtete ihn eine Weile und fing dann einen seiner normal und zurechnungsfähig wirkenden Freunde in der Küche ab und fragte nach dem seltsamen Vogel, der da auf dem Sofa saß. Er sagte, ja, der Karl, der sei komisch, aber der sei schon immer in der Clique gewesen und früher irgendwann, da sei er auch mal anders drauf gewesen, noch zu Schulzeiten, da sei er noch ganz richtig im Kopf gewesen, ganz normal eben, wie alle. In den letzten Jahren habe er dann irgendwie abgebaut, das sei ihnen auch aufgefallen, ein bisschen seltsam sei der wohl wirklich, mittlerweile.

«Der tut aber nix», sagte er und winkte beschwichtigend ab, während er sich ein Bier aus dem Kühlschrank nahm, «da musst du dir keine Sorgen machen, der tut wirklich nichts.»

«Nein», sagte ich, «das sehe ich, dass der nix tut.»

Karl blieb länger als seine mitreisenden Freunde in Hamburg, wahrscheinlich hatte er den allgemeinen Aufbruch schlicht verpasst und sich dann gedacht, dass er auch einfach bleiben könne. Er fand ein Zimmer in einer anderen WG und kam später öfter vorbei, um den Freund zu besuchen, bei dem er anfangs mit seiner Clique übernachtet hatte. So konnten wir ihn etwas besser kennenlernen. Er hatte seit einigen Semestern eher ziellos in verschiedenen Städten eine Vielzahl von Fächern studiert und war schon seit Monaten in krampfhaftem Nachdenken gefangen: Er wusste einfach nicht, was er weiter tun sollte. Das kam mir bekannt vor, aber Karl wusste es in einem solchen Ausmaß nicht, dass ihm das Grübeln über die eigene Lage zur schwersten Arbeit geworden war, so unvorstellbar schwer und zeitraubend, dass er für alle anderen Jobs und die Anforderungen des Alltags schlicht unbrauchbar war. Natürlich hatte er sich zwischendurch Jobs gesucht, um von irgendetwas zu leben, von den Eltern bekam er längst nichts mehr, die weigerten sich, für so einen verpeilten Vagabunden zu bezahlen, wie er erzählte. Er klang, als könne er das ganz gut verstehen. Karl hatte schon alle möglichen Jobs gemacht, Friedhöfe geharkt, Kartons gestapelt, war in Gewerbegebieten nachts Streife um Fabrikzäune gelaufen und hatte noch einige andere eher schlichte Beschäftigungen ausprobiert, er wurde aber stets schnell wieder entlassen, denn er passte einfach nicht auf. Guckte in die Luft, dachte nach und vergaß den Rest um sich herum, genau wie bei uns auf dem Sofa.

Er sah nach innen und grübelte. Kaum dass er in seiner Umwelt noch etwas wahrnahm, was ihn nicht sofort wieder in sich zurückwarf, wo er den neu aufgetauchten Aspekt von allen Seiten betrachtete, jeder möglichen Verzweigung des Themas hinterhersann und lange überlegte, was daraus wohl am besten zu folgern sei. Es gab niemals ein Ende dieser Gedankenknäuel, kein Knoten löste sich jemals auf, kein loses Ende war der Anfang des Ariadne-Fadens, aber immer dachte er, dass er mit dem nächsten Einfall weiterkäme, mit der nächsten Erkenntnis oder wenigstens mit der nächsten richtigen Frage.

Er saß oft allein in der Küche der WG am Fenster und drehte Zigaretten, damit konnte er sich erstaunlich lange und ziemlich erfolglos beschäftigen. Da er kaum darauf achtete, was er tat, waren der Tisch und sein Stuhl hinterher mit Tabakkrümeln und verlorenen, angerissenen Blättchen übersät, daher auch sein Name, Krümelkarl. Er räumte den Dreck hinterher nicht weg, denn er merkte nicht einmal, dass er welchen gemacht hatte. Wenn er sich auch nur ein Brötchen schmierte, richtete er ein unfassbares Chaos an, da ihm alles herunterfiel und er mit fahrigen Bewegungen Brötchen, Butter, Belag, Messer und Teller durcheinanderwarf. Man erkannte sofort, wenn er in der Küche gewesen war, er hinterließ Spuren wie ein dreijähriges Kind. Den deutlichen, erdbeerroten Marmeladenabdruck seiner Hand auf der weißen Kühlschranktür hielten wir für ein besonders gelungenes Fotomotiv, wir verschickten es als Postkarte ohne Kommentar an seine Freunde in Mecklenburg, die den Witz prompt verstanden und mit der nächsten Post Grüße aus der Heimat an Karl ausrichten ließen.

Wir stellten uns vor, dass es wahrscheinlich gereicht hätte, ihm das Hamburger Telefonbuch zu geben, um ihn bis an sein Lebensende geistig zu beschäftigen. «Hier, lies mal», hätte man nur sagen müssen, und das wäre es dann mit ihm gewesen, das hätte sein Schicksal besiegelt. Er saß und dachte und krümelte Tabak um sich herum. Manchmal murmelte er plötzlich einen kaum verständlichen Halbsatz, brach ab, seufzte und stützte wieder das Kinn in die Hand, während er die andere Hand hob, als müsse er sich einen kurzen Moment Ruhe erbitten, einen kleinen Augenblick nur, von dem doch jeder wusste, dass es selbst mit Monaten nicht getan wäre. Sein Blick ging kurz darauf wieder aus dem Fenster, zum Hinterhof.

Im Haus gegenüber stand die seltsame alte Frau am Fenster, die den ganzen Tag in Unterwäsche durch die Wohnung lief und alle paar Stunden die Fensterrahmen von außen putzte, wobei sie in hysterischem Tonfall die Tauben anpöbelte, sodass der ganze Innenhof etwas davon hatte. Eine dieser Irren, von denen in Großstädten in jedem Block mindestens eine zu wohnen scheint. Sein Blick ruhte auf dieser Frau, jeder andere Mensch hätte irgendetwas zu ihr gesagt. Bei Krümelkarl waren wir uns allerdings nicht sicher, ob er sie wirklich jemals wahrgenommen hat. Er starrte ausdruckslos aus dem Fenster, sagte kein Wort und tastete mit orientierungslosen Fingern nach dem Tabakspaket.

Vorstellungsgespräche, von denen er gar nicht wenige hatte, scheiterten schon daran, dass er versuchte, sich dabei eine Zigarette zu drehen. Unsere vorsichtigen und sehr freundlichen Hinweise auf die Möglichkeiten therapeutischer Hilfe wies er leise zurück. Es war ihm zwar klar, dass Hilfe nicht schlecht wäre, wie er selbst sagte, er verstand das durchaus. Aber er müsse sich vorher erst noch über ein paar Dinge klar werden, sagte er, bevor er sich solchen neuen Fragen widmen könne. Auch wenn das dann sicherlich interessant sei, sagte er, so eine Therapie, gar keine Frage, bestimmt sei das sogar sehr interessant. Aber, das müssten wir verstehen, er sei nur jetzt gerade noch nicht so weit. Demnächst sei das bestimmt anders, und dann komme er gerne wieder auf uns zu, wegen Telefonnummern und so. Er nickte uns freundlich zu und sah dann wieder aus dem Fenster.

Als er eines Tages mitbekam, dass ich etwas von Astrologie verstand, bedrängte er mich, ihm etwas über den Schützen zu erzählen. Er wusste nur sein Sonnenzeichen und sonst fast nichts zu dem Thema, kannte nicht einmal seinen Aszendenten, wie die meisten Menschen, die von Astrologie nur das wissen, was auf den Würfelzuckerpäckchen oder in den Jahreshoroskopen in den Modezeitschriften steht. Ich antwortete mit ein paar einfachen Schlagworten und eher ohne Begeisterung.

Solche Gespräche verliefen meist unerfreulich für mich. Entweder die Leute hassten die ganze Esoterik oder zumindest die Astrologie, und dann ließen sie ihre Aggressionen an mir aus, nachdem ich ihnen ein paar Sachen erklärt hatte, oder sie waren im Gegenteil darauf aus, sofort irgendwelche Botschaften von mir zu erfahren. Ich bin Krebs, und mein Mann ist Löwe, was halten Sie denn davon?, und dazu dieser gierige, saugende Blick, dieses gebannte Innehalten, ein Lechzen nach Schicksal und Fügung, nach morgen wird alles gut, nach der Prinz kommt, er kommt doch bestimmt, oder kommt er nicht? Und dann steht man da, will einerseits als Astrologe seriös sein, aber als Mitmensch auch nicht unhöflich, deshalb sagt man nur, dass es so einfach auch nicht sei, und sieht die Enttäuschung im Blick des anderen. Solche Gespräche waren für alle Beteiligten unerfreulich.

Karl sah mich an und sagte: «Erklär mal. Bitte. Reicht ja in Stichworten. Nur so, dass ich mehr als gar nichts weiß.»

Ich antwortete tatsächlich in Stichworten, etwa mit dem Streben nach Horizonterweiterung, mit der Reiselust und dem Interesse an religiösen oder philosophischen Fragen. Das Schütze-Prinzip, der Planet Jupiter, das neunte Haus, Erweiterung, geistige Ausdehnung, höhere Ziele, aber auch Übertreibung, Selbstgefälligkeit. Wenn man solche Gespräche einmal beginnt und sich tatsächlich auf den anderen einlässt, dann kann man sich ihnen manchmal stundenlang nicht mehr entziehen, und ich wollte eigentlich längst ins Bett. Nach den paar hingeworfenen Brocken saß ich gähnend auf dem Sofa.

Krümelkarl starrte mich mit offenem Mund an, ließ seine Zigarette im Aschenbecher ungeraucht verglimmen und bat mich, das mit dem Horizont zu wiederholen, nur bitte schnell noch einmal das mit dem Horizont. Er wirkte plötzlich ungewohnt wach und interessiert, er sprang hektisch auf und suchte in seinen wie immer unordentlich herumliegenden Sachen nach etwas. Seine Hosentaschen bargen

Schätze wie bei kleinen Jungs, Taschenmesser, Kastanien, Schrauben, Bonbons und mehrere Streichholzschachteln, Dinge, die er in der Stadt aufgesammelt hatte, weil sie ihm für einen Augenblick interessant oder nützlich vorgekommen waren. Schließlich zog er einen zerknitterten Zettel hervor, eine herausgerissene Seite aus dem esoterischen Stadtmagazin, das mir mittlerweile gut bekannt war. Es war die Ankündigung eines Vortrages über sibirische Schamanen, er habe sich diese Einführung gerade am Vorabend angehört, erzählte er aufgeregt.

Er wirkte jetzt euphorisiert: «Das ist es, da muss ich hin. Sibirien. Gleich! Kam mir gestern schon so vor, als ich das gehört habe, und du sagst es jetzt auch. Reisen, Horizonterweiterung, religiöse Fragen. Das ist es. Völlig klar! Das muss ich machen.»

Es war vergeblich, ihn darauf hinzuweisen, dass es keineswegs meine Absicht gewesen war, ihn spontan zu einer Weltreise zu motivieren, und dass die Astrologie nur eine Symbolsprache sei, die direkte Aufforderungen zu Reisen oder anderen Handlungen einfach nicht hergab, beim besten Willen nicht. Aber das wollte auch sonst nie jemand wissen, dass die Astrologie keine wörtlich zu nehmende Sprache bietet, dass man, wenn man sie denn überhaupt ernst nimmt, immer nur über Möglichkeiten reden kann.

Krümelkarl schob meine Einwände ungeduldig beiseite, er war Feuer und Flamme von der Idee und enttäuscht, dass ich mich hartnäckig weigerte, ihm mehr über den Schützen zu erzählen und womöglich noch augenblicklich sein ganzes Horoskop auszudrucken und zu erklären. Er zahle doch auch dafür, sagte er und fing schon an, in seinen Hosentaschen nach Geld zu graben. Ich erklärte, dass ich nicht einmal ein Notebook in der Wohnung hätte, keinen Drucker, gar nichts. Er fragte nach Büchern, die ihm weiterhelfen könnten, und notierte sich dann tatsächlich Buchtitel von astrologischen Grundlagenwerken. Bereits am nächsten Tag ging er zu unserem Entsetzen tatsächlich aufs russische Konsulat, wo er in einer Wachheit, die man ihm längst nicht mehr zugetraut hätte, die Einreisebedingungen klärte. Am Nachmittag desselben Tages traf er sich mit dem reisenden Schamanen, der den so verlockenden Vortrag gehalten hatte und der jetzt in einer Pension in Harvestehude residierte und Privataudienzen gab. Am Abend kam Krümelkarl wieder vorbei und erklärte uns vergnügt, alles geregelt zu haben und eigentlich schon startklar zu sein. Es gab nur noch das kleine Problem der Reisekosten, denn Geld hatte er so gut wie keines mehr, und Sibirien war nicht eben billig zu erreichen. Er hatte daher den Plan gefasst, sich in aller Eile wieder einen Job zu suchen, irgendeinen Job, ganz gleich was, so egal war es selbst ihm noch nie gewesen. Er wollte jeden Cent eisern sparen und dann aufbrechen, so schnell es nur ging.

«Ich mach irgendwas, nur ein paar Monate, drei, vier, was weiß ich, und dann weg, Sibirien. Alles geklärt, klappt alles, ich hab die Adresse, ich hab den Kontakt, ist alles besprochen. Nur noch ein Job, bis das Geld reicht, und los. Ich bin ein Schütze, und ich muss hier raus. Dringend.»

Er bedankte sich bei mir für die Beratung. Ich sagte, niemand habe ihn beraten, aber davon wollte er nichts wissen.

Karl fand keinen Job. Schon nach wenigen Tagen der höchsten geistigen Anspannung fing er an, über die Probleme der Jobsuche und alle denkbaren Möglichkeiten des Gelderwerbs nachzudenken, und verfing sich wieder hoffnungslos in dem Geflecht seiner Überlegungen. Die unerwarteten Hindernisse irritierten ihn maßlos, er sank nach kurzer Zeit zusehends in sich zusammen, saß in bekannter Weise auf dem Sofa und führte murmelnd Selbstgespräche.

Gelegentlich hob er eine Hand und winkte ab, man wusste weder, wem es galt, noch, worum es eigentlich ging.

Ich verlor kurz darauf den Kontakt zu der WG, weil ich mit der neuen Frau in eine andere Wohnung zog, wir wollten viel mehr von uns und viel weniger von allen anderen mitbekommen. Wir genügten uns vollkommen und konnten beide gut auf den besonderen Charme einer WG verzichten. Die Freunde aus der vorherigen Wohnung trafen wir nur noch selten und verloren daher auch Krümelkarl schnell aus den Augen. Er hatte uns noch erstaunlich liebenswürdig beim Umzug geholfen, obwohl wir ihn nicht darum gebeten hatten. Er hatte zufällig mitbekommen, dass wir auszogen, und es irgendwie tatsächlich geschafft, sich den Termin zu merken, für seine Verhältnisse eine heroische Geistesleistung. Als wir am Umzugstag anfingen, den Transporter zu beladen, stand er ganz selbstverständlich vor dem Haus und fasste mit an. Er trug noch einige Kartons die Treppe zur neuen Wohnung hoch und setzte sich dann mitten im Umzugschaos auf ein halb demontiertes Sofa, um ein wenig nachzudenken. Da hockte er dann, bis die anderen Umzugshelfer alle wieder weg waren und wir ihm abends, nachdem wir alle Möbel an die richtigen Stellen geschoben hatten, außer dem Sofa, auf dem er saß, endlich sagten, dass der Umzug vorbei sei und er nicht mehr helfen könne, vielen Dank auch. Er sah uns überrascht an, nickte und ging einfach.

Erst ein paar Monate später trafen wir beim Einkaufen jemanden aus dem damaligen Freundeskreis wieder, mit dem er zuerst einst nach Hamburg gekommen war, um ein lustiges Wochenende bei uns zu verbringen. Natürlich fragten wir nach Krümelkarl.

Nein, er war nicht nach Sibirien gegangen, erfuhren wir, obwohl er noch ziemlich lange den Eindruck erweckt hatte, auf gepackten Koffern zu sitzen, und jedes Buch über Schamanismus, das sich irgendwo auftreiben ließ, gelesen hatte. Weiter konnte man uns allerdings kaum etwas über ihn berichten. Als er nach einigen Monaten vor sich selbst endgültig zugeben musste, Sibirien nicht erreichen zu können, beschloss er eine andere Form der Horizonterweiterung und lieferte sich selbst in die Psychiatrie ein.

Danach hörte keiner mehr jemals etwas von ihm.

EPILOG

Und dann wieder Kartons. Immer wenn sich etwas im Leben ändert, trägt man Kartons durch die Gegend. Neue Stadt, neue Liebe, neuer Job. Scheidung, Heirat, andere Wohnung wegen der Kinder. Immer trägt man Kartons über Treppen, in Umzugswagen, durch Flure. Räumt Dinge hin und her, faltet Kartons wieder zusammen und lehnt sie vor der Wohnungstür an die Wand, wo sie in sich zusammensacken, wie es die menschlichen Umzugshelfer drinnen am Abend auch irgendwann tun. Die Pappen stehen ein paar Jahre im Keller, irgendwo ganz hinten, man hofft, sie lange nicht zu brauchen, und irgendwann ist es doch wieder so weit. Manche werden jahrelang benutzt, immer noch einmal.

Dieser eine Umzugskarton, auf den irgendjemand aus Spaß mit rotem Edding «Dildos und Sexspielzeug, Schlafzimmer» geschrieben hatte, er war jedes Mal eine große Freude für meine Helfer. Zu schwere Bücherkartons, die Plage des unsteten und flüchtigen Lesers auf Erden.

Kommende Generationen werden das nicht mehr verstehen, mit ihren E-Book-Readern, manches wird tatsächlich einfacher. Aber ich gehöre noch zur Generation Buchkarton. Bücherkartons, die immer in der falschen Reihenfolge vor dem Regal stehen. Bücher, die sich in den Kartons seltsam eigenmächtig verwirrt haben, in der Folge dann Buchreihen in neuen Regalen, mit denen irgendetwas nicht stimmt. Kein Schiller neben Goethe, aber Hemingway neben Heine. Man denkt, das kann man später noch umsortieren, und tut es dann nie. Beim allerersten Umzug damals gab es auch noch zu schwere Plattenkartons, das hat sich dann nicht wiederholt. Ein wenig später, da waren es schon CDs, da passte plötzlich viel mehr Musik in einen Karton, heute gäbe es dafür nur noch Dateien auf einem winzigen Stück Hardware.

Als ich nach der Scheidung von Stella aus meiner Hamburger Single-Wohnung auszog, um mit der nächsten Frau zusammenzuziehen, schob ich die Bücher in der neuen Wohnung einfach irgendwie ins Regal, ganz egal, Hauptsache drin. Bücher, die dann zweireihig standen, in krudester Nachbarschaft, das konnte alles später noch gemacht werden. Erst einmal das neue Zusammenleben genießen, erst einmal in Ruhe ein Paar sein und Alltag haben. Erst einmal wieder heiraten, erst einmal glücklich verheiratet sein. Erst einmal Kinder bekommen, Familie werden, dann doch noch einmal schnell umziehen, denn schwangere Frauen wohnen nicht so gerne im fünften Stock eines Altbaus ohne Fahrstuhl. Dann die Jahre mit den Kleinkindern, wer kommt schon dazu, in dieser Zeit die Bücher aufzuräumen, da hat man ganz andere Prioritäten, da ist man abends viel zu müde, um Joseph Conrads verstreute Werke zusammenzusuchen, die auch noch in verschiedenen Zimmern stehen. Kinder ziehen im Spiel die Bücher aus den unteren Regalreihen, man räumt sie abends irgendwie zurück, die Werke stehen im Laufe der Jahre immer wilder, es ist auch egal, wer hat Zeit für Bücher?

Die Frau, mit der ich nach der Scheidung von Stella zusammenzog, sie ist später als Herzdame in meinen anderen Büchern und Blogtexten bekanntgeworden, die Kinder als Sohn I und Sohn II. Sie fangen gerade an, richtig miteinander zu spielen. Sie sind zwei und vier Jahre alt, sie können nun endlich miteinander reden und sich abstimmen. Man kann sie gelegentlich ins Kinderzimmer schicken, die Tür hinter ihnen zumachen und sich um andere Dinge kümmern. Zum Beispiel um Bücher.

Ich habe neue Regale gekauft, nach etlichen Jahren habe ich endlich wieder genug Regalmeter für alle Bücher. Irgendwann habe ich angefangen, sie wieder so hinzustellen, dass es keine zweite Reihe mehr gibt. Zweite Reihen sind bei Büchern eigentlich unerträglich. Ich fand das immer unmenschlich, wenn ich es bei anderen gesehen hatte, diese armen Bücher, die sich nicht richtig zeigen durften. Es ist nur mit sehr gründlicher Ablenkung zu erklären, dass es auch in meinen Regalen jahrelang zweite Reihen gab. Ich hob die Bücher von den Brettern, ich sah mir an, was hinter ihnen zum Vorschein kam. In der zweiten Reihe standen viele Bücher aus der Antiquariatszeit, manche noch in ganz ähnlicher Sortierung, in der ich sie damals aus dem Laden nach Hause getragen hatte. Sie riechen immer noch etwas nach Rauch und nach damals, wenn man die Seiten aufblättert und die Nase hineinsteckt. Ich fühle mich wieder in den Laden zurückversetzt, wenn ich an ihnen rieche. In einigen steht vorne mein Name drin, noch mit Füller geschrieben. Es gab also einmal Zeiten, da habe ich mit Füller geschrieben, ich sehe es mit Staunen.

In einem steht vorne der Name Stella, er fällt mir zufällig beim Umräumen auf. Es ist das Astrologiebuch, das ich dann doch nie zurückgegeben habe, das erste, das ich je gelesen habe. Ich habe nicht mehr viele Astrologiebücher, nur noch ein paar sehr gute, ich stelle das Buch dazu und räume weiter an der Literaturgeschichte herum. Bücher mit römischen Bandnummern, Meterware. Lessing, Goethe, Schiller, dann die Romantik, ein irgendwann ironisch gemeinter Freiligrath, aber wenigstens kein Marx und Engels, erst recht kein Lenin, kein Kropotkin. Die Bücher sind verstaubt und die Lederrücken matt, aber natürlich habe ich heute kein englisches Sattelfett mehr greifbar, um ihnen zu neuem Glanz zu verhelfen. Einige der Bücher sind schief, weil sie zu lange quer in irgendeiner Ecke lagen, vielleicht stehen sie sich wieder gerade.

Ich ordne die Bücher im Regal, trete zurück und sehe mir das Ergebnis an. Ich trage Stapel von links nach rechts und durch die Zimmer. Früher haben Herbert und ich uns einen Spaß daraus gemacht, zu vergleichen, wer am meisten Bücher zwischen zwei Händen halten konnte, als hätte man ein Akkordeon mit Überlänge im Arm. Wir haben das mit der Ramschware gemacht, denn wenn sie runterfiel, dann war es nicht weiter schlimm. Ganze Regalreihen konnten wir nach etwas Übung auf diese Art herumräumen. Wenn wir im Laden die Lyrik gegen die Anthologien tauschten, dann ging das mit ein paar wenigen Bewegungen. Ich probiere es wieder aus, aber so viele Bücher wie damals schaffe ich nicht mehr, mir fällt alles runter. Ich rücke die Bücher so lange zurecht, bis sie stehen, wie sie früher wahrscheinlich einmal gestanden haben, und sehe mir wieder das Ergebnis an. Die Raumausstatterin wäre wohl ganz zufrieden mit mir, denke ich. Zu einem Kamin hat es bei mir nicht gereicht, aber immerhin doch zu ein paar Metern spätbürgerlichem Bildungsballast, wie Herbert gesagt hätte.

Mein großer Sohn hat in einem Regal die drei Bücher entdeckt, die ich geschrieben habe, die kennt er, und er weiß auch, dass er darin vorkommt.

«Guck mal, guck mal», sagt er aufgeregt und zeigt sie mir, «da sind deine dabei.»

«Ja», sage ich, «ich weiß.»

Dann betrachtet der Sohn die neuen Regale, er fährt mit dem Finger über die Buchrücken der Werke, die bisher versteckt hinter den anderen Büchern standen und die alle noch nichts für Kinder sind. Er hat in ein paar hineingesehen, und er hat keine Bilder gefunden, außer in den *Asterix*-Bänden, die dann prompt aus meinem Regal verschwunden sind und jetzt irgendwo im Kinderzimmer liegen. Der Kleine schreitet die Bücherregale ab, mit dem Finger tippt er Buch um Buch an, er zählt leise, so weit er eben zählen kann, und verhaspelt sich noch vor der zwanzig, dann fängt er wieder von vorne an und kommt wieder nicht weiter.

«Das sind aber sehr viele, die du nicht selbst geschrieben hast», sagt er schließlich und guckt kritisch auf die für ihn unabsehbare Menge an Büchern von anderen Autoren.

«Ja», sage ich, «da hast du recht. Ich war wohl irgendwie ziemlich lange mit anderen Dingen beschäftigt.»

Eine etwas andere Landjugend

Die Liebhaber seiner Mutter, Rentner, die zu Trinkern werden, alternde Imbissbesitzer, Aussteiger, die es nur bis an die Ostsee schaffen – Maximilian Buddenbohm hat in seiner Jugend in Travemünde eine Menge skurriler, liebenswerter und merkwürdiger Menschen kennengelernt. Über diese Menschen und über die Nöte und Freuden eines Heranwachsenden schreibt er lakonisch, witzig und pointiert.

rororo 62680